王延中/主编

中国社会科学院民族学与人类学研究所
中国民族研究团体联合会/编

民族发展论坛

第一辑

社会科学文献出版社
SOCIAL SCIENCES ACADEMIC PRESS (CHINA)

序

2012 年 11 月，中国社会科学院民族学与人类学研究所决定举办高层次、跨学科、国际化的系列学术讲座。讲座主要围绕民族学、人类学领域的重大选题，国际学术前沿，党和国家重大决策和中心工作，特别是关于民族地区与少数民族发展的一些重大理论与现实问题，邀请该领域的高层领导、学术大家、专家学者进行学习辅导和学术交流。同时，邀请来访或顺访的国际学术机构的知名学者介绍国际学术前沿问题。讲座由中国社会科学院民族学与人类学研究所所长或其他所领导主持，由创新工程综合管理项目给予或从外事活动经费中划拨一定经费作为支持，动员全所同志参加会议并交流互动，并欢迎所外专家学者、博士后、研究生旁听交流。这样的活动一般每月安排一期，主要目的是宣讲大政方针、开拓研究视野、活跃学术气氛、凝聚发展共识。

中国社会科学院民族学与人类学研究所作为全院编制内人数最多的研究所，历史悠久，学科众多。按照研究领域，大致分为民族学（民族问题研究）、人类学、民族史（历史学类别）、民族语言学（语言学类别）四个主要学科群。由于分属不同的学科类别，各个学科之间尽管都举办过或大或小、或多或少、或长或短的本学科的学术讲座、内部讨论、学术报告活动，但缺少把各个学科都包括进来的综合性的学术论坛。我在中国社会科学院很多研究所参加过这样的活动，甚至进行过专题讲座。深知一个研究所必须有所一级的科研交流活动才能更好地进行学科建设，最大限度地凝聚学术共识。在广泛征求大家意见基础上，中国社会科学院民族学与人类学研究所决定举办所内各学科学者均可以参加的综合性的系列学术活动，并把这个活动命名为"民族发展论坛"。

举办"民族发展论坛"是加强所内科研组织管理、活跃所内学术气氛的举措之一，所内学者不仅可以从专家讲授的报告中受益，而且可以结合报告内容探讨重大理论和现实热点问题，结合专业知识、社会现实，活跃中国社会科学院民族学与人类学研究所的学术气氛，促进学术研究的深化和研究所的转型，对研究所的学科建设也是一个促进。为了更好地发挥这些讲座的作用，留下这些高水平学术活动的文字成果，我们根据报告人的演讲录音整理了演讲稿，并决定按年度或篇幅送交出版社结集出版。这些演讲稿大部分送请报告人审定，部分稿件由编辑工作组进行编辑加工。第一辑稿件主要是 2012 年底至 2013 年的演讲稿，内容涵盖了从十八大报告精神解读到 2013 年底"民族发展论坛"演讲者的报告，也包括 2013 年 4 月国家社会科学基金 2013 年特别委托项目"21 世纪初中国民族地区经济社会发展综合调查"培训班进行专题培训的各位学者的学术报告。2014 年以后的重要演讲稿也将陆续结集出版。

在本书即将出版之际，我谨代表论坛组织者中国社会科学院民族学与人类学研究所和中国民族研究团体联合会对应邀前来进行学术报告的各位领导、专家学者深表感激之情，对承办系列讲座活动及演讲稿整理任务的科研处、办公室、网络中心、影视人类学研究室等有关部门的各位同志，尤其是承担联络、组织和编辑整理任务的刘真同志表达衷心的感谢，对一直支持中国社会科学院民族学与人类学研究所科研成果出版任务的社会科学文献出版社的领导及相关同志表达诚挚的谢意。

王延中

2015 年 3 月 25 日

目 录 Contents

第 一 讲

中国特色社会主义道路的历史定位与当代价值

——中共十八大精神辅导报告

李 捷[*]

首先，我非常感谢民族所[①]和中央民族大学邀请我到这个地方和大家一起交流学习体会。我需要说明一点，十八大的精神内容非常之多，而且在16日（2012 年 12 月）的时候，习近平同志主持了第一次中央政治局会议，就深入学习贯彻和宣传十八大精神做了全面的部署，其中也讲到了一些需要着重领会的要点，对我们十八大做了一个重大的判断，就是中国特色社会主义发展进入一个新阶段，这个是需要深入领会的，包括这次大会的主题，包括这次大会把科学发展观作为党必须长期坚持的指导思想和马克思列宁主义、毛泽东思想、邓小平理论、"三个代表"重要思想一道写入我们党章，也包括对中国特色社会主义一些新的阐释，同时这次十八大报告还提出了八个基本要求，就是八个方面的必须坚持。另外提出全面建成小康社会（十六大第一次提出来全面建设小康社会的这个目标），而且提出 20年分两步走，前十年打基础，后十年夺取决定性胜利，现在我们已经进入夺取全面建成小康社会决定性胜利的阶段，而且头五年特别重要，所以，提出了总的要求和总体的部署。

十八大报告里经济建设和经济改革、政治建设和政治体制改革、文化建设和文化体制改革，以及社会建设和社会管理体制改革，包括生态文明建设做了全面的部署。对党的建设新的伟大工程的总体布局和总体要求都

[*] 李捷，《求是》杂志社社长，时任中国社会科学院副院长兼当代中国研究所所长，研究员。该讲座时间为 2012 年 11 月 20 日 10：00～12：00。

[①] 即中国社会科学院民族学与人类学研究所，余同。——编者注

提出了一些新的要求。会议要求对上述这些方面都要做深入的领会和贯彻。学习十八大精神，是今年一直到年底还有明年上半年全党的一个中心工作，这个学习领会恐怕也不是一时能完成的。我今天仅就这一个问题，即报告中讲到的中国特色社会主义道路谈一些我的学习体会，而不是对整个十八大精神做一个全面解读。

需要说明的是，我讲的内容有些是报告里的精神，有些是我结合报告、结合我常年研究的一些体会，所以，这里面有很多东西恐怕不一定讲得都对，但是我想借这个机会，我们既然叫作论坛，我主要的目的，不是给大家一个标准性的解读和标准型的答案，主要的目的还是想通过这样一种方式跟大家一起来敞开思想，进一步探讨我们发展中的问题。

下面我就围绕着这么一个主题展开，主要讲三个方面的内容。第一，中国特色社会主义道路是怎么来的，我们应该从怎样的一个历史大视角把历史与现实还有未来结合起来看这个问题。第二，着重谈一下结合十八大精神怎么理解中国特色社会主义的基本内涵。第三，谈一下怎么理解在中国特色社会主义道路里科学发展观处在一个什么样的地位。

一 中国特色社会主义道路是怎么来的

大家一定会注意到一个重要的提法，因为过去我们单讲中国特色社会主义道路是怎么来的，一般是以十一届三中全会启动了改革开放为标准，一般都从这个角度去讲，最多是回溯到新中国成立以后60多年的历史，但实际上从去年胡锦涛同志的"七一"讲话开始，到"七二三"讲话，一直到这次的"十八大"，大家可能会注意到有一个重要的提法，90多年来我们取得的全部成就和经验结晶集中到一点，就是形成了一个道路、理论和制度，所以，要倍加爱护、倍加珍惜。为什么这么说？这个理论有一个怎么来看我们整个近代中国历史发展道路的问题。从1840年以后，随着我们逐渐沦为半殖民地半封建社会的过程，中华民族伟大复兴的历史任务就提出来了，中国特色社会主义道路实际上是中华民族伟大复兴这个长期历史过程最终形成的这么一条道路。现在历史证明，将来也必将证明中华民族伟大复兴必须要坚定不移走中国特色社会主义道路，所以，这就是这次十八大为什么会把坚定不移走中国特色社会主义道路这个问题写到报告的主题词里，这次报告的主题词就是两个：第一个是坚定不移走中国特色社会主义道路，第二个是全面建成小康社会。

1840 年以来客观上提出了一个中华民族伟大复兴的历史任务，这个任务是不是由中国共产党人提出来的呢？不是。中国无数仁人志士在中国共产党成立以前，做了无数的探索，到了孙中山的时候，这个探索应该说是第一次伟大的历史性的飞跃，认识上、行动纲领上和革命道路上都有一个新的突破，在这个时候孙中山先生第一次提出了伟大复兴的问题，而且提出了一个重要的口号叫作"振兴中华"。大家都知道他在辛亥革命成功之前曾经写过一个重要的著作《建国方略》，已经把后来中国共产党领导现代化过程中所必须要做的一些重大的事情，在他的规划里都第一次提出来了。所以，这应该说是在中国共产党之前，我们中国的民族资产阶级政党所达到的认识的最高峰，关于道路问题认识的最高峰。

中国共产党人恰恰是孙中山先生未竟事业的最好继承人，中国共产党把这个接力棒接过来，继续向前奋斗。在这个过程中，我们实际上是两大历史任务，这在我们党的十五大报告，就是 1997 年十五大报告正式提出来的，但实际上我们走的路一直是这样做的，只是没有这么一个完整的概念而已，包括口号——民族独立、人民解放，这些都一直在提。我们第一个历史性的任务就是要完成民族独立、人民解放，这个历史任务是为第二个历史任务扫清障碍、铺平道路、准备条件。第二个重要的历史任务就是我们现在所走的中国特色社会主义道路所要解决的中心问题，就是国家繁荣富强、人民共同富裕。大家一看到这两个词就知道了，跟民族独立、人民解放一样，它是个漫长的历史过程，而且这个过程要比求得民族独立、人民解放更加漫长。我们用了多长时间求得了民族独立、人民解放呢？基本上是 100 年，我们求得了民族独立、人民解放，从 1840 年到 1949 年，我们用了 100 年完成了这个任务。

在即将完成第一个重要任务的时候，在新民主主义革命即将胜利的时候，毛主席在中央七届二中全会上就讲了，继续新的伟大革命的任务，提出了到现在还是催人奋进的精神，就是两个务必。在阐述两个务必精神的时候，毛主席讲道，中国革命的胜利只是万里长征走完了第一步，以后的路更漫长、更艰巨、更伟大。这就是告诉我们实际上第一个 100 年只是中华民族伟大复兴的序幕和开端，事情远远没有完。我们现在走到第二个阶段，就是我们现在正在经历的。我是搞历史研究的，用历史的视角和方法来看问题的话，我们现在已经走过和正在走的恰恰是第二个100年，这就是我们现在所说的，从1949年新中国成立开始，到新中国成立100周年的时候，我们要基本实现现代化。国家经济总量已经不成问题了，现在强调的是质量，国家到那个时候的综合国力的质量、人民生活水平的质量都会有一个大的飞跃，但是这个时候是不是已经实现了国家繁荣、人民共同富裕呢？我看没有。今后还会继续努力，我相信在中华民族伟大复兴的道路上，还会有下一个100年。而这下面的100年完成了以后，恐怕我想那个时候，我们再看国家的繁荣富强和人民的共同富裕，那无论是量还是质恐怕都有更大的提升。如果我们从这样一个历史角度来看问题，就一点不奇怪，中央为什么说我们90多年来的奋斗最后集中到一点，就是中国特色社会主义道路理论体系和制度。

我这几年一直在谈我的一个学习体会，我们应该用一个大的历史观来看问题，看中国、中华民族伟大复兴的道路，这个大的历史观是什么呢？就是从1840年以来，以前的历史当然也是很重要的，但是我说首先还是1840年以来。1840年以后中国历史就是近代史和现代史，当代史是从这里走来的，还有将来史、未来史，实际上是贯通一起不可分割的。所以，只有从这样一个大的历史观，你才能把握中国特色社会主义道路的发展脉搏，也才能从这样一个历史观看十八大报告的主要精神，你就会明白很多提法为什么只能这样讲，而不能那样讲。为什么我们取得了巨大成就的同时，还要讲为我们的发展自豪，但是不能自满，很多东西我觉得都是需要这样来看的。而且你有了这样一个大的历史观，你再把过去中国近代以来的历史，和过去时、现在时和将来时连在一起看，你就会发现一个很有意思的情况，中国和世界的关系变得越来越紧密，而且发生了一个重大的变化。过去中国是被迫打开国门，我们本来游离于世界大潮之外，但是被迫打开国门，就像毛主席说的，我们总是想向西方学习，但发现先生总是欺负学生，先生总是侵略学生，于是逼着中国人必须要走自己的道路，必须要自强自立。在这样一个基础上，我们和世界的关系发生了一个重大的变化。特别是十一届三中全会以后，改革开放之后，我们不仅受世界的影响，我们的很多事情，中国的很多事情也在影响和改变着世界，世界在影响着我们，在改变着我们，中国的发展也在改变和影响着世界，现在中国和世界的关系越来越紧密，形成了你中有我、我中有你的一个大的格局。这个大的格局对我们的正效应是显而易见的，同时任何事情都是有两面性的，没有一件事只有利没有弊，事情在理想中，可以只有利，没有弊，但是在现实中的事情，所有的事情都有两面性，所以，在这样的情况下，这样一个两面性的格局，它的负面性的效应也越来越显现出来，包括民族的问题，这是一个新的特点。如果你要这样把这个关系和中国自身的发展交织起来再看的话，那么你就会确确实实地意识到进入新世纪，进入现代我们说的新阶段，确实是进入了一个新的发展阶段，很多特征都不一样了，包括我们中国和世界的联系都不一样了。

为什么要花时间讲这个事情呢，主要是想给大家一个启发，我还是觉得应该用这样一个视角来看问题，可能很多事情就能够看得更加远一点、深一点，对大家认识问题、研究自己的专业可能会有启发。其实这个问题也是中华民族伟大的史学前辈提出来的，在座的都很清楚，司马迁先生当年写《史记》的时候就讲过，究天人之际，通古今之变，成一家之言。这里面最重要的一点还是通古今之变。所以，古代的中国史学家有一个传统，从来是把过去、现在打通在一起看的，不是孤立来看的，史学的方法、史学的视角始终在中华民族的史学传统里面都是非常强调的，所以，也包括做史学的这种客观公正性，就是史德，这是历来都非常强调的。

由于这两大历史任务，中央现在逐渐概括出来三个历史性转变，并在十七届四中全会关于加强改善新时期党的建设的决定中正式提出。第一个历史性转变是从半殖民地半封建社会到民族独立，人民当家做主，是迈向新社会的历史性转变。这个转变是由中国共产党领导全国各族人民共同完成的，但是这个转变还是从1840年开始，是一个漫长的过程，经过了100年，无数仁人志士，使用了各种各样的方法来探索，从敢言到革命。

第二个历史性转变时间比较短，实际上是第一个转变的顺势而为之作，是从新民主主义革命到社会主义革命建设的历史性转变，这个我们基本上用了七年不到八年的时间就把它完成了，但我们曾经设想用三个五年计划来完成。当然为了完成这个转变，毛主席专门派人到苏联去请教，研究苏联整个转变的过程，当时感到苏联就是用三个五年计划完成它的初级工业化阶段的。所以，毛主席提出转变的时间、过渡时期总路线大概用三个五年计划或者更长一点时间，就是依据苏联的经验，也是经过计算的，但实际操作的过程大大地缩短了。正因为这样缩短了以后，给我们后来的发展遗留了一些问题，历史决议里都讲了，包括后来我们为什么要走到改革开放这条道路上，都跟这个转变中过急过快、形式过于单一，特别是我们当时对公有制的理解有关。我们当时借用的是苏联的一个概念，叫作生产资料的公有制要成为国家的唯一经济基础，事实证明这种纯而又纯的目标显然也是脱离实际的。尽管存在许多问题，这些问题我们都实事求是地承认、不回避，但这一次历史性转变，即从新民主主义革命到社会主义革命的转变的伟大历史作用和意义是不可低估的。从此，我们才有可能沿着社会主义的现代化道路，实现中华民族伟大复兴，同时我们也是在这样一个历史成就的基础上，再加上我们改变了以前的不足和传统观念的一些认识，最后才走到了中国特色社会主义道路上来。

现在也有一些人，有一种模糊认识，以为现在既然搞了改革开放又允许各种非公有制经济共同发展，两者都要毫不动摇，那你早知今日，何必当初呢。所以，也有一些人就主张索性你就将现阶段叫作新民主主义社会，不叫社会主义初级阶段，这是现在的一个观念，但这个观念在方法论上有一个根本性的问题，实际上这个转变是不可逆转的，历史有惊人的相似之处，但实际上历史又是不可以重复的。历史发展从量变到部分质变，再到最后的总体质变，这样一个发展阶段，历史是分阶段的。它经过了一个从量变到部分质变，到全局性质变之后，这个历史就变得不可逆转了。大家可能会问，苏联解体、东欧剧变怎么解释？即使是像苏联、东欧这种状况，它虽然整体变了，但你再看看它整个社会历史发展的过程，就会发现很多东西。因为经过这样一个长时期的社会主义发展过程，它的整个社会结构和经济基础，实际还有很多地方存在问题。表面上好像休克疗法很起作用，表面上是实行了资本主义市场经济，但是深入社会内部去观察，它实际上做的是一个夹生饭。所以，社会主义的发展方向不可逆转，如果人为想要逆转的话，我想我们中国的情况不会比苏联更好，只会比它更糟。这也是一个很重要的问题，值得进一步研究。

第三个历史性转变就是十一届三中全会以后。我们认识到社会主义改造本身遗留了很多问题，社会主义改造以后我们发展过程中又经历过很多的曲折。改革开放之初，我们认识到一定要从高度集中的计划经济体制转变到充满活力的社会主义市场经济体制，实现从封闭半封闭到全方位的历史性转变。这个转变刚才我说到过，要用历史的视角来看问题。我看到有一种倾向，有的人容易把这种转变看作一点，要么认为十一届三中全会就完成了这个转变，要么认为在小平同志南方讲话十四大确立了市场经济体制总体的方向和目标以后，总的来说都愿意把它看成一点来解释整个社会历史现象。实际上我们说这个历史性转变是一个长过程，它孕育在十一届三中全会之前。所以，小平同志反复讲，1975年的整顿在某种意义上是改革的实验，十一届三中全会以后，我们虽然认识到了高度集中的计划经济体制的弊端，认识到必须要搞改革，因为不搞改革我们没有出路，但是朝哪个方向改革，传统的思维定式是起作用的，突破这个传统思维定式也要有一个过程，所以，我们在改革开放之后经过了长达十年之久的不断的实验，包括我们党内不断的思想交锋，不断的讨论、总结，最后才走到充满魔力的社会主义市场经济体制这样一条路上。包括全方位的开放，也不是三中全会以后就一下子全方位开放了，我们对外开放的格局，如果你仔细研究一下的话，也经过了十多年的发展过程。这种历史性转变，往往有一个点，就是它是有一个标志性事件的，比如说遵义会议，比如说三中全会。但是我在一次研讨会上——当时研究的是遵义会议的问题，我就谈了我的一个观点：研究这些问题的时候，往往聚焦在标志性事件上，其实，一个历史性转折的过程是一个长的过程，在这个长的过程中，我们为了研究的便利，而且确实是一个客观实际，有一个从量变到质变的过程，所以，我们确立一个标志性事件作为标志是对的。但是历史研究的任务绝不仅仅如此。我觉得应该把这个标志性事件之前的为它做准备、为它开辟道路的一系列的事件也纳入研究范围。在这些伟大的历史转折之前，要有一系列的事件为之做准备，为之铺平道路，最后促成一个关键点，伟大的历史转折才能瓜熟蒂落、水到渠成。完成关键性事件是不是就完成了整个转折呢？会开完了这个事情就算结束了呢？也不是。实际上这个会议之后还会有一系列的事件，包括一系列的会议作为这个伟大事件发生的各种各样的影响的最后落实，它的影响必须要落到实处，必须要有结果。这个结果必须要关注到这个事件后来一系列的东西，如果我们把这个过程整个放开来看的话，它就是一个长的历史过程，如果这样来看，我觉得很多事情就会看得比较清楚了。所以，当年为了研究十一届三中全会前的一系列的事件，我曾经写过一篇小短文，实际上也是一个尝试。我当时就写了"文化大革命"

是怎么结束的，我觉得十一届三中全会很多东西的发端实际上是要拉到"文革"的后期来看，就像一条涓涓溪水逐渐汇入一条汹涌澎湃的大河，最后又奔逃咆哮地涌入了大海，成为不可逆转的历史发展趋势，这才叫历史，我觉得是这样的。

由这样三个转变联系起来看，我们可以得到这样几条结论，就是中国特色社会主义道路怎么来的。第一，中国特色社会主义道路是在中国彻底完成民主革命任务以后，为了继续完成国家繁荣富强、人民共同富裕的历史任务开辟出来的。第二，中国特色社会主义道路是以新中国成立后的 30 年发展积极成就为基础、为起点的，是在这个基础上的创新发展。说到新中国成立以后的 30 年，很多人会马上想到"文化大革命"，想到"大跃进"，想到饿死多少人，这些都是事实。但不争的事实是尽管付出了这么大的代价，犯了这么多的错误，但是这 30 年绝对不是一个可以一否了之的 30 年，它有很多可圈可点的成就，而这些成就确实是在无数的错误之中取得的，这恰恰说明了中华民族的伟大，说明了中国共产党的伟大。在无数的、严重的错误之中，我们中华民族、中国共产党没有停止向社会主义现代化这个目标迈进的脚步，从来没有停止，这就是它的伟大之处。所以，你看中华民族的发展历程从 1840 年以来，一直是这样，前赴后继，愈挫愈勇。在这里面大家可能会问了，有哪些成就呢？时间关系我不一一列举，但我把它点到为止。

第一个方面的成就是我们到了 70 年代中后期解决了工业基础从无到有的问题。1978 年，党中央正式宣布我们经过了 20 多年的发展已经建立起一个独立的、比较完整的工业体系和国民经济体系。这个话看起来很专业，但实际上很简单，就是一个工业从无到有、从不会制造到成功配套的过程，而且我们可以造原子弹，在高科技里占有了一席之地。也可以卫星上天，这对中国人来说是个划时代的历史性进步。

第二个方面的成就表现在制度上。尽管受到"文化大革命"的冲击，但几个基本制度还是保留下来，这就奠定了后来发展的基础，包括人民代表大会这个根本的政治制度，包括中国共产党领导的多党合作政治协商制度，也包括民族区域自治制度，等等。我们都把它们保留下来，继续发展。另外，这时候还积累了很多成功的经验，时间关系我不细说了。

第三个方面是积累的经济教训。大家都会说你刚才说的，反面的有没有啊？反面的当然有，这就是第三个方面，中国特色社会主义的由来如果忽略第三个方面也是不行的。我们究竟从过去的失误中吸取了哪些正面的经验呢？我觉得如果集中概括起来可以有如下几点，这几点恰恰是我们改革开放的立足点和起步的开端。

第一，我国正处于或长期处于社会主义初级阶段，这一点教训太深刻了，不仅中国犯了超越阶段的错误，苏联也是如此。苏联一直到它解体之前，包括戈尔巴乔夫在内，他纠正了很多错误，但戈尔巴乔夫也没有认识到这是一个制度性问题，是一个超越阶段的问题，他们一直到解体前始终认为自己处在一个已经建成了社会主义，正在向共产主义过渡的阶段。所以，一旦在这个阶段他们发现了很多问题，出现不可解释、不可理喻的现象之后，他们就对后来的社会主义前途丧失了信心，对坚持自己党的领导地位丧失了信心，于是，就采取了一切右的措施。所以，当年毛主席在延安的时候，他正确地说，总结历史教训往往是从极左一下跳到极右，就思想方法而言从极左到极右是相通的，就是主观主义和片面性，包括缺少对话，不是左就是右，这个教训实在是太大了。

第二，必须始终坚持以经济建设为中心，这是毫无疑问的。新中国的发展很长一段时间偏离了经济建设这个中心，1956年的八大确立了这么一条路线，但是反右派斗争严重扩大化之后，毛主席就改变了这一路线，到了1958年5月召开八大二次会议的时候，就把八大的路线否定了，认为两条道路和两个阶级的斗争仍然是我们的主要矛盾，从此走上了一个以阶级斗争为纲的错误的不归路。毛主席有一个特点，以往的错误都是他能够自己发现、自己纠正的，但是唯独这一次由于从思想理论上偏离了正确的轨道，而他自己又不自觉，以为还是他在捍卫马克思主义理论的纯洁性。为了党和国家不改变颜色，正是在这样一种情况下，他陷入了矛盾，不能自拔，他的错误最后就只能到他去世以后才能由我们党来逐渐地纠正，这是一个深刻的教训。所以，必须始终坚持以经济建设为中心，这也是中国特色社会主义道路的出发点和立足点，到现在我们始终坚持这一点。发展是我们的硬道理，也是解决中国问题的关键，必须要以经济建设为中心。但是这里面需要说明的是经济建设为中心，不等于始终都必须要追求经济总量的扩张。我这里用了一个"始终"，这个"始终"的意思是我们研究问题都要历史地看，不能理想化。其实我们如果客观去看的话，改革开放以后，必然有一个现代化的三步走战略，第一步是解决温饱问题，解决温饱问题主要靠在短期内经济总量的扩张、总产量的过关。粮食总产量不过关怎么解决温饱问题？棉花总产量还有其他纺织工业的总产量不扩张的话，怎么解决大家穿衣的问题？所以，从十一届三中全会，一直到后来，我们党的文件从来没有说哪一个文件只要追求总量扩张就可以了，都是讲要追求效益。而且很早我们就提出环境保护的问题，我国的第一次环境保护工作会议是1973年召开的，可见我们对这件事情的认识还是比较早的。但是客观历史事实就是这样，发展不能按照理想来看，我认为这是一个必经阶段：以总量扩大为中心，逐渐发现这条路不行了，客观上进入一个新的阶段，才会内在地提出一些要求。在这种时候，你再着手去解决其他的问题，才符合客观发展的实际，这是我们今天的状况，等下还会再讲。不管怎么样，以经济建设为中心，发展仍然是硬道理，这个基本的规律是不变的，不同的时期有不同的要求。现在发展是硬道理的本质要求必须要做到科学发展，再来强调盲目的总量扩张就不行，但是总量扩张的阶段历史地讲也是一个必经的阶段。

第三，四个坚持：坚持社会主义道路，坚持人民民主专政，坚持中国共产党领导，坚持马列主义、毛泽东思想，坚持四项基本原则。这是小平同志提出来的。小平同志提出这个以后一直是争议很大的一件事。改革开放之初，邓小平同志自己讲，自从他提出四个坚持以后，他的一些右派的朋友就和他分道扬镳，一直到1993年他都在讲这个话。他说提出这四个坚持，一直有人在议论，他说的议论是不同意，他说得比较缓和隐晦，实际上就是反对。但他说他不后悔提出四个坚持，关键问题是怎么理解这四个原则。有些人认为这四个原则是四个棍子，打人的棍子，也有很多好心人担心发生政治运动，甚至早晚有一天需要又平反冤假错案。实际在某种程度上耀邦同志犯错误，犯的也是这个，他是一种好心，担心我们党再犯政治运动扩大化的错误。事实证明，这四项基本原则是必须要坚持的，问题在于它会不会成为我们的思想框子，我说有这种可能性，但是问题就在于四项基本原则必须要正确地坚持。如果你正确地坚持了以后，就可以避免重蹈历史的覆辙，我们改革开放30多年，证明了这一点。什么叫作正确地坚持呢？就是大家都很熟悉的一句话，要在发展中坚持，在坚持中发展，前提必须要发展，必须要解放思想。所以，我们现在讲解放思想、实事求是、与时俱进、求真务实是科学发展观的精神实质，我写的这篇体会又补了一句，其实也是中国特色社会主义的精神实质。为什么这么讲？其实你仔细想一想，我们改革开放从现在退回到 30 多年前，我们那个时候怎么理解社会主义？我们现在对社会主义有什么样的突破性的进展？你就会很清楚。

当时我们怎么理解人民民主专政，退回到 30 多年前，特别是"文化大革命"时期，那个时候提出来全面专政论，把人民民主丢到一边，三中全会以后开始一个新的，我们叫作对极少数的敌对势力和敌对分子要坚持专政，我们现在还有政法委，还有专政的机器，但这不是我们主要的方面。社会主义政治建设的主要方面是扩大人民民主，而且要通过党内民主扩大到人民民主。所以，我们对这个问题的理解应该说有一个突破性理解，坚持党的领导的同时也在用改革的精神坚持和改善党的领导。赵紫阳当总书记的时候提出一个叫作改革，对党也要坚持改革，这个显然是错误、不妥的提法。但是改革的精神我们要坚持的，所以我们现在在党的领导问题上，实际上叫作以改革的精神来坚持和改善党的领导，这一方面大家可以看一看，特别是这一次我们提出来叫作学习型的说法：努力建设学习型、服务型和创新型的马克思主义执政党。提出这个目标，我们党的核心领导地位是要靠我们全心全意服务人民才能够奠定的，所以，这一点在这个认识上也有很多的突破，对马克思列宁主义毛泽东思想更是如此。我们现在所做的已经实行八年的中央马克思主义理论研究和建设工程，确实是做到了能够努力地分清哪些是马克思主义的基本原理，哪些是我们教条化的理解，哪些是个别的不对的错误论断，还有哪些是属于我们附加在马克思主义基本原理的我们自己错误的认识，这些都认认真真地加以剥离。包括毛泽东思想，什么是毛泽东思想，怎么坚持毛泽东思想，这些问题的破题是小平同志破的。大家都知道十一届三中全会以后，1981 年 6 月通过了第二个历史决议，这个历史决议从起草到制定都是在小平同志的领导下，搞了一年多，最后形成的，关键的问题就是什么是毛泽东思想？这里把毛泽东思想三个活的灵魂、六个主要的方面做了完整的概括，而且把毛泽东思想的含义做了科学界定，这些都不是毛泽东同志在世时做的事，都是毛主席去世以后小平同志主持第二个历史决议时做的。目的是为了什么？小平同志自己讲得很清楚，就是为了在新的历史条件下坚持和发展毛泽东思想，特别是要发展，所以，可以看到实际上这四个坚持，这四项基本原则，如果我们做好了正确地坚持，就是在发展中坚持，在坚持中发展。改革开放以来，我们最大的思想解放就是在这四个问题上思想解放，我们最大的实践创新和在实践方面的基础理论创新，恰恰也是围绕着这四个基本问题的创新。所以，对这个问题我们必须要有全面完整的认识。

第四，必须始终坚持改革开放，这也是非常重要的。改革开放不是一个简单的历史阶段，比如说从三中全会开始进行改革开放，然后到了全面建成小康社会或者是基本实现现代化以后，我们就不搞改革开放了，不是这样的。现在看来，至少社会主义的初级阶段必须始终坚持改革开放。大家都知道小平同志提出了一个中心两个基本点的基本路线，是党在社会主义初级阶段的基本路线，而且小平同志始终讲，改革开放要 100 年不动摇，基本路线也要坚持 100 年不动摇。现在看起来，社会主义初级阶段恐怕要比 100 年时间还要长，至于长多少，这个现在还不好做论断。但是我们看一看改革开放走过的历程，包括我们新中国的 60 多年历程，你就会知道这个时间肯定要远远超过 100 年。所以，在这样的历史过程中我们要始终坚持改革开放、锐意进取。

第五，坚持自力更生、艰苦创业，为把我国建成富强、文明、民主、和谐的社会主义现代化国家而奋斗。这个目标是动态的，它不是一成不变的。大家都知道建成社会主义现代化的国家这个目标不是我们改革开放以后的独创，老一辈革命家就提出了四个现代化：现代工业、现代农业、现代国防和现代科学技术。三中全会以后我们对四个现代化这个概念重新做了界定，在 30 多年前党的十二大上就提出了建设两个高度：高度文明和高度民主的社会主义现代化国家。后来到了党十五大的时候，我们形成了三大纲领，提出了三大文明建设，就是物质文明、精神文明和政治文明三大建设，提出了经济、政治、文化三大建设纲领，这时候我们就提出来富强、民主、文明的社会主义现代化国家。到了党的十六大以后，我们提出了构建社会主义和谐社会的口号，十七大的时候，又把和谐作为一个奋斗目标，加到我们的奋斗纲领里面去。这个奋斗目标本身也随着我们对中国特色社会主义总体布局的认识，随着我们在总体布局的基础上提出和完善我们的建设纲领而不断地往里面增加新的内容，它是动态的。因此在这些问题上，大家都会发现有一个重要的问题，就是一定要把过去时、现在时和未来时连接在一起，你才能把握住很多事情。

刚才这五点合在一起看大家就很清楚了，这些内容恰恰是中国特色社会主义道路的最基本的东西，也就是我们所处的历史方位——社会主义初级阶段，这是最大的问题了。同时也是一个中心两个基本点的基本路线，这就是我们中国特色社会主义道路奠定的，它既来源于我们正确经验的总结，同时更来源于我们深刻的、痛定思痛的这种对经验教训，特别是教训的总结。

第四个方面，是中国特色社会主义道路的开辟和发展离不开改革开放和社会主义建设的伟大实践。这方面大家都很清楚了，我不多说了，有兴趣的同志去看看整个改革开放以来中国特色社会主义道路的开辟和发展，会发现一个很有意思的现象：我们现在经常讲的是大道理，但当年中国特色社会主义历史发端都是一些和我们老百姓生活息息相关的具体的态势。最初的发端是小平同志提出的一个论断，非常深刻，也非常朴实，叫作贫穷不是社会主义。他首先回答的不是什么是社会主义，长期以来没搞懂什么是社会主义，他破题的时候不从这个阶段开始，他先告诉你什么不是社会主义，贫穷不是社会主义，大锅饭不是社会主义，于是一个个破题。闭关自守也不是社会主义，他每打开一个什么不是社会主义的题，就打开了一个思想解放的线索，一个闸门，接下来就有一批重要的实践。从底下很多中国特色社会主义道路的开辟，一个是这个特点，从最朴素的道理开始，也是从最贴近老百姓生活的，最贴近我们党和国家前途命运的道理说起，这是一个特色。第二个特色是这条道路的开辟和发展离不开各地积累的经验，群众是真正的英雄，一直到现在这都是一个中国特色社会主义，包括理论，包括制度。它开辟、发展的过程都离不开各地的创造，这是一个铁定的规律。谁忽视了各地的创造，谁如果仅仅是在办公室里，在北京首都去冥思苦想逻辑和理论的推理，谁就会在指导思想和根本方法上发生严重的偏差，而导致我们实践的错误，这一点是被实践所反复证明了的。所以，我们改革开放整个这条道路离不开实践，特别是离不开各地实践的新鲜创造，这一点我觉得是非常重要的。

二　中国特色社会主义基本内涵

这个我刚才已经说到了，我不多说了，四个基本问题实际上和四项基本原则有很多吻合之处。现在十八大有一个概括，中国特色社会主义总依据或基本国情是中国现在处于并将长期处于社会主义初级阶段，总布局现在是"五位一体"，这个我估计将来还会继续发展。军队方面在国防和军队现代化的过程中，提出了一个建设社会主义军事文明的任务，将来会不会再加什么，咱们都不好说，五位一体的格局也许不是最终的格局，还会随着实践不断地扩展。总任务是实现社会主义现代化和中华民族伟大复兴，这个理由大家都能看得到，这里面既有社会主义本质属性决定的社会主义现代化，也有我们民族的宿命，中华民族伟大复兴。这恰恰说明了中国共产党的一个优良传统，我们从来都是把阶级的使命和民族的使命融为一体，同时肩负起阶级和民族的使命，而且把它作为一个完整的使命，而不是作为两个使命来实行的。我们党有一个规律，凡是处理好了这个关系的时候，党的事业就发展了，什么时候把这两者其中一方面突出出来的时候，我们的事业就会遭受挫折，大家想一想"文化大革命"就清楚这一点了。包括在抗日战争和解放战争中，我们始终都是把民族和阶级的口号融为一体，变成一个完整的口号，这是我们的一个特点。

社会主义道路的内涵这次讲得很清楚，这里面比较难记，但实际上也很好记。很好记在哪儿呢？刚才已经讲过四项基本原则了，讲过了一个中心两个基本点，实际上这条道路的表述框架就是一个中心两个基本点，然后接下去是五位一体的建设布局，最后是我们这个总路线的奋斗目标。大家想一想如果改革开放之初，我们就提出来促进人的全面发展，就把共同富裕的问题，作为一个突出的问题提出来的话，那么我们的改革开放肯定迈不开步子。当时提的口号就叫作让一部分人、一部分地区先富起来，但是到了现在这个发展阶段，我们必须要提出促进人的全面发展，逐步实现全体人民共同富裕，这个逐步是一个漫长的时间概念，切不可理解为我们要一步登天，现在就实现共富。但现在如果不把共同富裕作为一个目标的话，我们就会犯历史性错误，同时如果想一蹴而就实现共同富裕，我们同样也会犯历史性错误。正确的办法就是把它变成一个长期的奋斗目标，但又是从现阶段起每一个阶段都必须为之努力的，包括要有制度和政策的设计的这样一个奋斗过程的目标。

理论体系很清楚了，这个我就不多说了。制度，大家一看一大堆，好像不太好记，实际上也比较好记。这个制度核心讲了三个层次的制度，就是中国特色社会主义制度是有层次的，这个层次在我们现在的表述上是三层：第一层根本政治制度是人民代表大会制度；第二层是基本制度，包括多党合作、政治协商、民族区域自治、基层群众自治，还包括法律体系、基本经济制度；第三层是各种具体制度，也就是我们经常讲的体制和各项具体制度，这完整构成了一个制度体系。同时我们说明了将来还会随着实践的发展出现新的内容。比如说这个表述本身就没有包括生态文明制度，但是十八大报告关于生态文明建设那一部分的最后一点要求就是要建立、健全生态文明制度，里面提到了几个具体的制度，将来这个方面也会随着实践的发展不断地发展。这里面就有一个问题，这个道路、理论、制度三者是个什么关系？2011年胡锦涛总书记"七一"讲话里把这三者并题概括出来以后，理论界展开讨论，这三者到底是什么关系？是一个平行的关系，还是一件事的三个方面？这次十八大报告做了一个科学的回答。道路是实现途径，理论是行动指南，制度是根本保障，这三者实际上有一个根本的统一，它不是三张皮，它是一个统一体，它统一于什么呢，统一于伟大实践。为什么会统一于伟大实践，刚才我已经讲了这个道理，大家都很清楚，我们其实现在还在继续发展，发展的动力来源于实践，创新的源泉也来源于实践。所以，三者是统一于伟大实践，而且还在不断的发展之中，道路也在发展，理论体系也在发展，制度也在发展。

十八大报告又特别提到了中国特色社会主义的实践特色、理论特色、民族特色和时代特色，这些年大家包括理论界都关注，基层干部也提出这个问题来，中国特色社会主义到底是什么特色？怎么理解这个特色？这次"七二三"讲话就明确提实践特色、理论特色、民族特色、时代特色，去年"七一"讲话也提出来了，那时候除了民族特色没有提之外没有提其他特色，这次把这几个特色都提出来了，十八大报告上更加完整。怎么理解这几个特色？最近这一段时间理论界也有讨论。我认为实践特色是根本。时代特色是向往，大家都知道时代发展是大潮，顺之者昌，逆之者亡，这是孙中山先生讲的。民族特色是我们的立足点，既是中国的立足点，也是中国共产党的立足点，中国共产党必须要把自己本民族的事情做好，把本国的事情做好。毛主席当年在延安的时候，人家问他，王明的错误你说到底是什么问题？毛主席想了想说，他的根本问题就在于关心咱们自己的事情太少，关心人家的事情太多。人家的事情就是指苏联和斯大林那边，关心自己的事情就是讲关心中国的事。所以，这应该是我们的一个传统，而且当年在重庆的时候还是抗日战争时期，国外一些记者和周总理谈的时候提建议，其中一位就说你们中国共产党人首先是国际主义者，还是一个中国人。他这个话是有含义的，那个时候都传说共产党就是拿卢布的第五纵队，所以，他就有意问周总理。周总理当时一点儿磕巴都没打，记者话音刚一落，周总理马上接过来说，我们中国共产党人首先是中国人，说了这个话以后，很多记者都为周总理这句话鼓掌。这恰恰是中国共产党的一个特点，我们党在历史上也是，什么时候我们稳稳站着这个立足点，一切从这个出发的时候，我们的视野会往这个方向发展。什么时候我们偏离了这个立足点，我们就受挫折了。理论特色是集中体现，这个不用说了，理论是集中的概括，中国特色如果不上升为理论特色的话，它永远不会最后形成一个鲜明的特色，所以，理论特色是一种体现。这是我个人的一个体会，在十八大开幕前，11 月 7 日的《人民日报》刊登了对我的一个访谈，我当时就谈到这几句话。从现在看来，还没有人对这个事情提不同意见。

中国特色社会主义怎么样能够坚持？这次十八大报告里面概括了八个必须坚持，叫作夺取中国特色新胜利的基本要求，具体内容我也不多说了。人民主体地位很好理解，核心就是发展依靠人民，发展为了人民，发展成果由人民共享，核心就是这个问题，这是我们党的宗旨的体现，在发展问题上的主体地位是我们党的宗旨的体现。必须坚持解放和发展社会生产力，这一点是社会主义本质所要求的，小平同志讲了，社会主义本质就是解放和发展社会生产力，逐步地消除两极分化，消灭剥削，最终达到共同富裕，前提是必须要解放发展社会生产力，没有这个大前提，一切都谈不到。解放和发展生产力是需要有一个途径和抓手的，就是必须要坚持推进改革开放，只有改革开放才能极大地解放和发展社会生产力，这也是30 多年的历史所反复证明了的，而且我刚才讲了，这个改革开放不是一阵子，是贯穿于整个社会主义初级阶段的，是一个漫长的历史过程，整个的历史过程中，都离不开改革开放作为这个推动社会生产力发展的最重要的抓手。

改革开放在不同的阶段会遇到一些不同的问题，在 30 多年以后现在这样一个新的阶段，碰到的突出问题就是两大问题了：一个是公平公正的问题，包括司法公正等；还有一个收入就是分配过于悬殊的问题，我们现在正式表述叫作收入分配差距逐渐拉大。实际上我们大家都心里有数，现在收入分配悬殊的问题是影响我国社会发展、社会稳定的一个大问题，不仅仅是一个经济问题。为了解决这个突出的问题，现在必须要强调坚持维护社会公平正义，必须坚持走共同富裕道路。这次习近平同志及中央常委第一次和中外记者见面的时候又谈到坚定不移走共同富裕道路，都是一个意思。这两点有一个共同的特征，和改革开放一样，它都是一个长期的实现过程，最重要的还是发展的阶段所决定的，它是由发展阶段所提出，它的解决和解决的程度、实现的程度也必须要受到我们发展程度特别是社会生产力的发展程度，还有其他方面的发展程度的制约，不是一蹴而就的过程，是一个逐渐发展的过程。

接下来还要促进社会和谐、坚持和平发展，这都是我们重要的保证条件。没有稳定什么事也办不成，如果没有和平作为主流，没有发展作为主流，国际上特别是我们周边战事不断，也不可能有一个安宁的推进改革开放和社会主义现代化建设的环境。一个是内部的环境，就是稳定和谐；另一个是外部的和谐条件，就是和平发展。最后一点是根本保证。所以，这八个坚持有内在的逻辑联系，如果你把这个逻辑联系记住了，这八个坚持也都能够理解，也就能够记住了。这次十八大关于党章修改的决议案决议的时候，有一个新提法，原来我们一直提坚持党的基本理论、基本路线、基本纲领、基本经验，现在增加了一个基本，就是把这八个必须坚持作为基本要求加到里面，形成了五个基本。

三　科学发展观既是十年经验的总结又为未来发展指明了方向

刚才是围绕着十八大报告的一些创新点，介绍了中国特色社会主义的基本内涵，下面谈一下科学发展观的问题。这个问题实际上大家都比较清楚了，我只是把几个重要的判断加以强调。十八大报告在总结、回顾五年的成就，特别是十年经验的时候，做了一个重要的判断，就是经过改革开放 30 多年，新中国成立 60 多年，到现在已经进入一个新的发展阶段。这十年的奋斗历程最终形成和贯彻了科学发展观，而且科学发展观告诉我们，它是由一系列的新思想、新观点、新论断组成的，那么这些新思想、新观点、新论断相互之间是什么关系？叫作紧密相连、相互贯通的关系。它不是孤立的，时间关系这个我不细举了，将来学习的时候，我相信大家对这些问题的认识还会加深。这里面实际上有一个现象，现在中国特色社会主义理论体系是三个方面，一个是邓小平理论，一个是"三个代表"重要思想，一个是科学发展观，它们的形成和提出都有不同的特点。小平同志在世的时候，他一直不赞成把他的思想概括成邓小平理论，所以，邓小平理论的提出和概括主要是在小平同志去世以后，为什么说主要呢？十四大也对小平同志的理论做了概括，但是那个时候的概括不是用邓小平理论，当时说的是邓小平同志所创建的建设有中国特色社会主义理论的要点是，底下列举了若干。然后到了十五大，小平同志去世以后才正式提出邓小平理论。另外，小平同志的理论提出来后，大家在研讨的过程中感觉到邓小平有一个特点，他自己并不追求一个完美的理论体系，刚才我们已经讲到了，改革开放发展起步的时候，小平同志的理论有一个特点，他都是解决实际问题的，因为他往往是用最朴实的话语得出一个论断。你看他跟毛主席的著作有一个很大的不同，毛主席著作很多都是文章，小平同志很多都是讲话，特别是跟外宾的谈话，那么文章和讲话有一个重大的区别在哪儿呢？文章得出的每一个重要的论断都是要做分析的，要有推导的，它总有一个起因，然后逐渐推到最后得出结论；或者先是结论，然后再对这个结论做分析、做阐发。在谈话中它就有另一个特点，谈话很多时候没有这种推导过程，提出来就是一种判断，就是一种论断，比如小平同志提出来发展是硬道理，他也没有做进一步的阐发，讲贫穷不是社会主义的时候，他也没有做进一步的阐发，依据是什么，为什么要这样，他很多东西都是判断。这个是跟毛泽东创立毛泽东思想的时候有很大的不同的，小平同志的这些理论在实施贯彻特别是写到党的决议和党的报告里面时，经过了理论工作者进一步的梳理、整理、阐发，最后形成了一个完整的理论体系，但是这个理论体系实践的导向、时代的特征以及这一理论的管用性和实用性的特点是非常明显的，这是小平同志的特点。

"三个代表"重要思想，大家都知道以江泽民同志为核心的党中央这13年成就是辉煌的，这确实在我们发展史上是很重要的一笔，但是"三个代表"重要思想并不是说在这13年之初就提出来的，是基本上接近了最后，快要到结尾的时候，最后的两三年才概括提出来的。所以，在它提出来以后很快就确立为我们党的指导思想，这就是十六大，当时大家接受起来有一个难度。这个难点就在这儿，很多理论一提出，从提出、概括到最后确立为指导思想有一个比较长的过程，毛泽东思想是这样，邓小平理论也是这样，而"三个代表"重要思想在提出来短短两三年以后就要确定为党的指导思想，这个时候不但是广大的党员干部当时需要有个思想认识过程，理论工作者也需要有一个认识过程，尤其是要把"三个代表"重要思想从建党理论理解为整个指导我们伟大事业和伟大工程相互促进，相互发展的理论，这有一个过程。另外"三个代表"重要思想是这"三个代表"怎么能够成为一个思想体系，这是要做进一步阐发的，所以，这个难度和特点就在这里。

到了科学发展观，它又有一个特点。它产生得比较早，大家都知道2002 年 11 月是十六大，当时为什么会推迟一个月召开呢？因为当时江泽民同志要以国家主席的身份访美，在访美回来之后再开十六大，所以，十六大推迟了一个月。开完这个会以后，紧接着就是胡锦涛同志带着书记处主要成员到西柏坡重温"两个务必"。到了第二年的两会，我们的政府和政协、人大换届的时候，突如其来的"非典"暴发了，而就是"非典"的暴发促成了科学发展观的提出。所以，它提出得比较早，是在 2003 年夏天提出来的，也就是胡锦涛同志到广州去视察抗击"非典"的情况时提出来的，并在当年全国人口环境工作座谈会上做了进一步阐发。科学发展观在这时基本上接近于成形了。所以，它的这个过程就是从提出到确立为指导思想，中间还经过了十七大的一个过渡阶段，这个被大家接受比较自然。连贯起来，就可以看到我们党指导思想上的这种与时俱进和理论创新，而这个过程，虽然都叫作理论创新的最新成果，但各自产生的特点还是不一样的。

科学发展观怎么提出来的？我们这一段是对十七大报告的概括，叫作"三个要素"。第一个立足初级阶段基本国情，邓小平理论也是立足基本国情，这个基本国情本身就是邓小平理论的基石，社会主义初级阶段理论是邓小平理论的基石，也是中国特色社会主义道路的基石，这是共同点。第二个也是一样的，总结我国发展实践，这几个理论都来源于实践，又是实践的升华，同时又指导未来的实践。第三个就有点不一样了，它是借鉴国外发展经验，适应新的发展要求提出来的。所以，借鉴国外发展经验也是科学发展观形成和贯彻中的一个重要的方面。实际上"三个代表"重要思想提出的时候，就提出了可持续发展，而可持续发展恰恰是借鉴了国外的这种新的发展理念，后来就更多了，包括生态文明建设本身，也是借鉴国外的发展经验。在社会管理方面，我们也有很多是需要向国外去借鉴的。当然最基本的东西还是基本国情和我们的实践，我之所以把这个问题提出来，是想让大家在学习贯彻科学发展观的时候注意到它有这么一个新的特性。

科学发展观是根据我们现在发展的基本特点提出来的。改革开放 30 多年以后积累了一个新的特点，这个新的特点，十八大没有再重申，但是它已经讲到了，因为党情、国情、世情都表明我们已经进入新的阶段，新世纪新阶段的新的阶段性特征，十八大做了一个系统的分析，当时概括了八个方面，这八个方面我本来列在这儿，也不是要一一地跟大家去说的，这八个特征有一个共同的前提就是经济实力显著增强，前一句话是 30 多年发展到今天的一个结晶，到了什么程度？就是到了这个程度：我们现在是整个世界经济体的第二位，显著增强这是不争的事实。后一句话就是讲我们现在碰到的问题。二者之间的反差非常大，经济总量很大，但经济发展水平总体还不高，自主创新能力不强，结构性矛盾、粗放型增长方式都没有改变，下面的这八个特征都是这样的。

这次为什么十八大报告在部署经济方面标题用了两个加快，一个是加快完善社会主义市场经济体制，一个是加快转变生产方式，这两方面我们现在都还有很多事情要做，都还是这样的表述。人民生活总体水平也是这样，协调发展上也是这样，民主政治建设上也是这样，都是有一个同时，都是同一个结构在表述的，文化也是这样，社会活力也是这样，对外开放也是这样，一共是这样八个特征。按照我的理解，我把它概括成两个积累，第一个积累是什么？改革开放 30 多年，新中国成立 60 多年巨大成就的积累，看不到这一方面不行，而且这一巨大成就是方方面面的，整个社会主义现代化建设总体布局里贯穿于各个方面，包括国防等方面。另一方面的积累就是诸多复杂问题的积累，看不到这一方面也不行。所以，现在有一个特点，这种发展过程中的两重性质特别明显，你必须要同时看到，你看到了问题，但问题背后其实说明你已经取得巨大成就，时间关系我不可能展开，我只举一个例子，大家就很清楚了。比如现在大家在热议的，就是商品房的价格居高不下，尤其是北京。中央花了那么多的力量去弄它，它也居高不下，这里面你就看到问题了。但另一方面你也要看到，我们住房进入商品房形成一个市场，是从 90 年代住房制度改革开始的，经过了这么长时间的孕育和发展，而且中间几度出现了烂尾楼的事情，但是你仔细想一想这个市场的培育形成经过了这么多年，到现在它是从不成熟到比较成熟，或者叫作接近于成熟，但它的问题在哪儿？就是这种秩序太乱了，监管不力，它的突出问题在这儿，所以，你就看这一个问题本身既有巨大的问题，诸多问题的积累，同时它背后也隐含着我们这么多年发展的一个成绩，如果说这个问题产生的一个重要依托还是我们的这种住房市场的培育，从不成熟、从初起不具规模到初具规模，到接近于成熟，实际上就是希望。如果我们下一步把住房秩序搞好整好，把监管弄上去，再加上一些配套措施的话，可能我们商品房市场就会进入比较成熟的一个新的阶段。所以，这又是一个特征，两大趋势同时存在，同时也要看到很多时候，我们现在讲机遇期没有变，但是这个机遇是用挑战的方式表现出来的，现在坐等机遇等不来。我的一个体会，很多机遇是应对挑战自己创造出来的，挑战是客观的，但是努力是主观的。如果把这种客观和主观的努力加在一起的话，应对了挑战，即是抓住了机遇，挑战即是机遇，这种特征也特别明显。所以，在这样一种情况下，科学发展观就应运而生了。

这个话大家都很清楚，不细说了，科学发展观无疑是今后一个时期的指导思想。第一要推动经济社会发展，这个都很清楚，我都不去解释了，核心立场是以人为本，这都是在十六大阐述的基础上进一步完善，原来叫作以人为本是科学发展观的核心，现在表述为核心立场、基本要求没有变，根本方法也没有变，这都是一致的。那么全面贯彻落实科学发展观关键还是在加快经济发展方式，这是非常重要的一点，没有转变经济发展方式什么都谈不上。这个在我们党的十七届五中全会上，2010 年的全会上做出了关于十二五规划的一个建议，这里面有一句非常关键的话，叫作加快转变经济发展方式是我国经济社会领域的一场深刻变革。我觉得到现在为止，包括我们理论界对这一段话的解读还是不够的，怎么理解它是一场深刻的变革，怎么理解经济转变方式不仅关系到经济，还涉及社会领域，甚至涉及政治体制改革、文化建设等各个领域，是一场深刻的变革。我的一个体会，我们把这个事情拉开来看，大家也不用急，我会用很简短的几句话把这三个发展阶段讲清。

第一个发展阶段是松绑发展，大致从改革开放之初到 1992 年南方谈话和十四大。这个时候松什么绑呢？就是松传统社会之绑，我们每一次解放思想，每一个问题上的解放思想都是推动我们实践的巨大的活力，释放出来解放和发展社会生产力的巨大的效应，包括经济效应和社会效应，推动迅速发展，这一个阶段非常成功。第二个发展阶段是建立发展，就是我们初步建立了社会主义市场经济体制之后，从十四大以后一直到十六大之后的一段时间，就是到国际金融危机发生之前，我们都处在借力发展，借经济全球化发展之力，这一段时间应该说中国是经济全球化这个大潮的最大的受益者，但由此也带来了很多发展中的问题，这都是后话。正因为这样到了国际金融危机发生以后，进入一个新的阶段，就是要转型发展，以科学发展为主体，以加快转型经济发展为主线这样一个转型发展，即第三个发展阶段。而且这个转型发展从经济发展方式开始，但它会引起经济社会的一场深刻的变革，这个事情正在发生，就发生在我们身边，这个阶段我们现在看到的是巨大的挑战，我们怎么能够通过主观的努力把这种挑战化为我们抓住机遇、加快发展的动力，这是非常重要的。但现在我们的问题就在这儿，我们应该突出的问题，大家共同感觉到的问题，就是现在改革缺乏像改革之初，十一届三中全会之初那种改革上下一致的共识。所以，这次我们叫作凝聚力量、扩大共识，最后结成合力。再一个是改革的内在动力不足，现在我们经常讲内生动力不足，为什么呢？往前走有风险，但是照旧发展还可以得红利，再加上眼前很多的部门利益、既得利益等。所以，这一次确实是一个深刻的变革。改革开放之初，由于"文化大革命"，形成倒逼机制，不改不行，只有改、往前走，尽管前面有风险，但只要往前走，我们都能得利。现在是得到的东西和失掉的东西同时存在，而且可能刚开始如果不改还可以得现利，一改的话可能这种现利至少减半，这种东西就影响我们形成共识、形成合力。这次十八大是顺应人心，在十八大报告今年（2012）年初征求各界意见的时候，包括各个部门和理论界意见的时候，我看大家都有一个共识，都有一个共同的希望，就是希望要加大改革力度，提高改革在党的代表大会报告里的分量，这次报告做到了这一点。

我们再扩大点看，实际上现在国际金融危机以后，各国都进入了新的反思，这个反思核心是现在整个的国际社会上所谓的人心思变。奥巴马为什么能够上台，为什么能够连选连任，恐怕跟这样一个大的潮局——人心思变有关系。所谓的人心思变，核心问题就是所谓旧有的，按照国际分工取旧有的现代化发展和后现代化发展的模式，这样一种方式已经不能够再适应国际金融危机以后的深刻的变化，提出了巨大的挑战。在这样一种情况下，各个国家特别是各个主要的发达国家和新兴国家，都在考虑和调整自己未来的发展战略，这就叫作人心思变。在这一轮的竞争里，我们可以高兴的是：第一，问题的提出，我们提得最早，因为我们有危机意识，强烈的危机意识；第二，我们提出了一条比较系统的思路，我们也相对比较早，美国是现在正在形成一条完整的思路，我们也在形成一条完整的思路。所以，如果说以往的国际竞争主要是靠科技实力、综合实力和军事实力的话，那么未来的国际竞争还要加上一条发展战略的竞争。我个人认为，发展战略的竞争在未来的国际竞争中为更加重要的竞争，实际上也是国家软实力的突出表现。国家软实力不仅表现在文化整合力上，更体现在国家发展问题的判断力和发展策略、战略拟定上，这一点是一个国家软实力的集中表现。未来的竞争恐怕要在这个方面展开较量，谁能在下一轮发展战略调整上抓住先机，形成战略转型，谁就能在未来国际竞争中独占鳌头。正因为如此，十八大才会举世瞩目，正因为如此我国才会将十八大未来的发展放在转变经济发展方式上，这就是我的一些学习体会。耽误大家很多的时间，不当之处欢迎批评指正，谢谢各位老师。

第 二 讲

巴尔干半岛早期民族刻板印象的形成

〔保〕埃尔娅·查内娃*

首先我要感谢王所长和民族所的各位同人，今天我很荣幸来到这里，还要感谢我的合作伙伴方素梅，我们在过去有过多年的合作，我非常荣幸能够来到民族所，在过去的十年中，我在我们所里做过几次演讲，讲的内容都是关于巴尔干半岛的问题。

我做这个研究的一个主要动机是因为当前的巴尔干局势。它们正在民主化，在民主化的过程中，出现了很多的现象：风起云涌的族裔运动，非常活跃的自愿性问题，还有当地民族对它的民族价值观的态度的变化，这些都发生在当前的民主化过程中。

巴尔干半岛聚居着七个主要民族，还有几十个小的族群，以及几百个当地土著后裔群体。七个主要民族，大家可能也都知道，包括我的祖国保加利亚，以及罗马尼亚、希腊、亚美尼亚、阿尔巴尼亚等。这些民族说不同的语言和方言，信仰不同的宗教，主要的宗教有伊斯兰教和基督教，基督教里面包括东正教、新教和天主教，此外还有犹太教。在整个巴尔干半岛的历史中，这些民族冲突的社会、经济和政治利益一直交织在一起，而这些有着不同社会和文化特点的多样性人口，他们在过去和当前的政治实践中，又生产着不同的观念和理论，还有各种计划，这些东西又融入该地区不同的民主冲突中。因此，无论在过去还是现在，它都显示出了很显著的民族主义的特点。

* 埃尔娅·查内娃（Elya Tzaneva），保加利亚科学院民族学与民俗学研究所副教授，学术委员会主任，主要从事族性和民族理论、仪式亲属关系、危机处理和民族文化等方面的研究。该讲座时间为 2013 年 1 月 15 日 14：00～15：30。

　　这些从过去带来的民族的、疆域的和民主心理的问题，使当前巴尔干国家正在向政治、经济、思想多元化的方向转型，而过去的这些问题又加剧了当前这种转型的复杂性，同时也影响了他们融入现代民主世界的国际结构中。

　　冷静分析 19 世纪巴尔干民族认同的各个方面，这个时期正好是民族认同形成时期，对于当前有着重要的现实意义，因为过去和当前的过程有着密切的相似性。一些学者认为我们当前所面对的正是 19 世纪的巴尔干复兴，类似于巴尔干复兴运动，而族裔的复兴是一个不可分割的部分。不过与过去的复兴不同的是，当代的复兴就像安东尼·史密斯（Anthony Smith）在 1981 年的著作中所说的，来源于浪漫民族主义。尽管浪漫民族主义通常被认为是进攻性的，也是狂热的，但是它所释放的热情和主张已经被纳入现在基于民主国家的新的全球政治秩序的形成之中。

　　我做巴尔干研究的另外一个动机在于它的历史心灵层面，因为人们通常会这样认为，欧洲过去需要，现在仍然需要巴尔干国家作为它自身的局限性和失败的借口，以此来解释它自身的存在和存活，就是欧洲需要巴尔干作为借口。赫尔曼·凯泽林伯爵（Count Herman Keyserling）在他 1928 年出版的一本非常著名的书籍《欧洲》中说过一句话，"如果巴尔干不存在的话，它们也会被发明出来"，就是说要有巴尔干国家作为借口。

　　这是有关于保加利亚的历史，在巴尔干民族以及民族刻板印象形成期间，巴尔干国家其中也包括保加利亚是在奥斯曼帝国的统治下，从 14 世纪末奥斯曼帝国征服保加利亚，到 1878 年保加利亚解放延续了近 500 年。奥斯曼帝国统治时期的特点是压迫以及弊政，因此，它偏离了保加利亚作为一个天主教欧洲国家的发展道路。尽管保加利亚保留了东正教的宗教和文化，但是官方却受到穆斯林土耳其人以及希腊天主教徒的统治。前面提到的文化复兴恰恰是在 1700 年奥斯曼帝国走向没落的时候兴起的，最终导致了武装解放运动，保加利亚在 1877 年至 1878 年的俄土战争后赢得独立，但于 1908 年才宣布独立。

　　我们无论在讲话中还是在写作中，或者是思考巴尔干这个民族，从它的启蒙时期一直到整个 19 世纪以及 20 世纪初，巴尔干半岛民族的特点可以归纳为以下几个特点：持续动荡，对抗盛行，巴尔干化，政治、民族、宗教互不相容，蛮荒落后及民族之间的仇恨。

这种思考方式当然是基于巴尔干人的民族刻板印象本身，就是把我们与他们区分开来的一种典型方式，是有关于他者的一种刻板印象，但是这种刻板印象是不是某个特定民族的公民所体现出来的、被大家认可的一些特点，则又是另当别论的。刻板印象和实际显示出来的特点是两回事，而这种刻板印象的形成来源于人们看待他们自身的方式，而这种看待他们自身的方式又主要来自神话，在神话中定义了这种理想化的价值观和行为。因此，族裔刻板印象是一个族群总体性的表征，由这个群体成员认为的典型特征所组成。通常族裔刻板印象的使用是带有贬义的，即使它的特点是正面的，因为它常常忽略掉个体的重要性和独特性。文献中一般认为，巴尔干人刻板印象的形成过程主要由过去和当前的政治形势，邻居在这个过程中所处的位置和作用所决定。

关于这个主题，最近一项研究的导论部分就说得很正确："面对和比较不同类型的民族刻板印象，无论是从历史层面还是从心理层面，只是理解巴尔干半岛的一种方式。保加利亚人总是憎恨希腊人，不喜欢土耳其人，喜欢塞族人，嘲笑罗马尼亚人吗？希腊人是否讨厌土耳其人，对保加利亚人有优越感，对塞族人持妥协的态度，对阿族人持忽略的态度？阿族人与塞族人是否一直有着民族宿怨，而对土耳其人充满着仰慕？罗马尼亚人是否总是对他人撒谎？塞族人是否如人们想象的那样野蛮？"（Nikola Robev，National Library，Sofia）

下面是有关族裔刻板印象形成的一些根源的说法。在民族归属感形成之前，巴尔干人也包括保加利亚人，体验到的是在他们传统文化中对不同制度的依恋和忠诚。19 世纪，巴尔干人将在群体成员资格中体验到的某些忠诚要素移置并投射到他们的民族意识形态和刻板印象中。

我和同事做的一些初期研究的结果是这样的，自身和相邻民族在实现社会地位之前，在族裔刻板印象中反映它们之前，这种刻板印象的形成是有着一定的文化背景的。在这个地区，总体的文化模式有着某些相似性，刻板印象的产生和演变，既是为了适应自然环境，也是为了便于与其他民族的社会互动。

在当时所有巴尔干民族的文化中，家庭和亲属集体为每个个人提供了族裔认同和成员资格。关于希腊人的一些说法也同样适用于保加利亚人和巴尔干民族，这种说法就是"作为个体，他不属于任何组织，也不是任何组织的一部分，不能加入任何组织"。通过树立一个主要的、持久的终身忠诚模型，直系家庭提供了创建和保持忠诚于所有其他更大社会制度的必要基础，始于亲属关系，而止于国家。

保加利亚人和所有巴尔干民族还忠诚于 19 世纪的其他一些社会制度，就是邻里、村落社区。专业组织在公众生活、教育和文化中所起的作用，以及它们的政治活动，为 19 世纪的保加利亚人提供了一种成熟的社会意识和联合行为。

这些社会制度为人们组织了众所周知和熟悉的空间，在一定程度上都是集权化和层级化的，还有就是民主化，即局外人要加入这个群体，以及里面的人要出来的话，他们必须跨越的障碍。保加利亚文化的特点也和刚才说到的这些障碍的特点是有关的，在每一个层次，对"外国人"或者"陌生人"而言，有着无数渗透的可能性，在很多情况下由传统来调节。保加利亚人对于"外国人"的观念要比其他的巴尔干东正教文化更为温和，保加利亚衡量外国人和外部世界的行为标准，是他们自身传统社会组织成员资格的一种功能。

正如前述，19 世纪的保加利亚人将以前在群体成员资格中体验到的某些忠诚要素，移置到了他们新近正在形成的民族形象和刻板印象之中。以下是一些俗语，来自 17 和 18 世纪，但现在仍然在巴尔干民族中使用，反映了他们对于他者形象的一种典型的思维方式。

对邻居的忠诚被清晰地移置到对相邻民族的忠诚，所有巴尔干民族都有这样的俗语，如"邻居的狗不向邻居叫唤"；"远亲不如近邻"；"如果没有邻居的帮忙，婚丧嫁娶都是不可能的"。显然，这些话并没有把其他民族阻挡在障碍之外，他们没必要去跨越这个障碍，而且他们已经成为"我们"，这都是正面的。但也有另外一种俗语就比较负面，"邻居的母鸡比我们的鸭子还大"；"关好门，别让邻居偷你的东西"，反映了巴尔干民族对他者的某种负面的观点。

在巴尔干民族中有大量的俗语，关于相邻民族的一种认识，以下就有一些例子，但是这些俗语其实在意思上都是负面的，如"不受欢迎的客人比土耳其人还坏"；"如果狼在森林里，那么就是土耳其人进了村"；"希腊人比九个吉卜赛人还会撒谎"；"希腊人进了草地，连草都不会再长了"；"希腊人就像驴，是不能骑的"；"别人给了 Vallachian 一根黄瓜，但他拒绝

了，因为这根黄瓜长得畸形"；"人们既不可能用南瓜做成碗，也不可能与
Vallachian 成为朋友"；"吉卜赛人的家里是没有奶酪的"；"就像吉卜赛人喝
醉了酒一样"；"像吉普赛人一样黑"；"保加利亚人不可能当兵"；"可以吃
犹太人的食物，但不能在他家里睡觉"；等等。有些俗语对保加利亚人和其
他民族进行了直接的对比，比如，"病了的保加利亚人像醉了一样，而醉了
的土耳其人像病了似的"，就是直接拿自己民族和其他民族进行比较。这些
俗语通常表达了对于他者的一种道德评估性的态度，强调他们的负面特征，
令人不仅相信他们的他者性，而且在某种程度上相信这是很坏的。

这里讲到了自我的一种认识，保加利亚人对本民族的认识首先是建立
在与其他民族的比较之中的，而这些民族和他们有着日常的接触，包括希
腊人和土耳其人，但他们同时也将自己归属于整个斯拉夫民族和东正教。
和保加利亚人这种双重比较一样，塞族人和其他民族，尤其是俄罗斯人也
是这样形成他们独特的民族自身的形象的。这种跟其他民族的族裔并置，
通常是由不同的标准所界定的，我们之前所提到的例子中已经说明了这些。
土耳其人、希腊人和其他斯拉夫人的族裔心理形象的建立，并不是通过普
遍的指标，而是建立在每个民族某些具体的鲜明特征的基础之上。

下面对我们今天的这个讲座做两点总结。第一，我们所讨论的建立和
加强民族团结、民族认同，前提和基础是保加利亚社会的传统结构，方式
就是我们一直在讲的族裔刻板印象的形成。第二，这种刻板印象的形成是
对历史环境的一种适应性战略，基于当前集体的整个目标，当前目标对于
保加利亚以及巴尔干国家来说，就是疆域的解放，是国家的解放，可能这
就是属于它们当前的集体性目标，主要就是这两点结论。

提问环节

主持人：现在我们还有时间和查内娃教授做一些学术交流，我们
所长期研究民族问题，包括语言、历史、宗教、文化，尤其是研究国
外的一些民族问题。巴尔干半岛被称为火药筒，她（查内娃教授）从
保加利亚来，我们就会形成保加利亚和巴尔干半岛民族之间的相互认
同和不同的刻板印象，不同民族和族裔之间有什么不同的看法，这些
介绍对我们有帮助。我们周边也有很多国家，我们自身也有一些看法，

我们和日本之间、我们和东南亚国家之间、我们和俄罗斯之间都有一些互相的认知和差异。除了这些民族国家层面的刻板印象之外，在一个国家内部的不同族群，或者叫作族裔、后裔之间，不同文化之间有不同的看法，来自不同省市的人看法也不尽相同，比如京派、海派。这样一些看法不一定是民族的概念，但它有群体的相互认知和相互积淀。所以，就这些问题，查内娃教授的介绍给我们一个镜子，给我们一个参照，使我们认识到世界不同群体的人群之间，因为这个群体一旦形成以后，必然会对其他群体进行评价，这些评价的确有正面的，也有不一定那么正面的，甚至是一些负面的看法。当这些形成以后，它会对民族的情感，对民族之间的关系，包括一个国家内部的民族团结都带来一些影响，从这个角度来讲，她的这个研究，对心理学和社会心理认知方面的一些研究很有价值。我们再次谢谢她，看看大家有什么问题来请教。

我先来问一个问题，巴尔干半岛不同族裔之间的相互评价，很多是历史形成的，也可能是当前有一些利益纷争，这种历史形成的评价和现实的利益纷争到底哪个因素在一个时期内，比如涉及保加利亚人和塞族人也好，或土耳其人也好，他们之间利益纷争的因素是主导性的，还是只是说历史形成的那种评价一直延续下来没有变化？我们听一下查内娃教授的看法。这个问题很难，虽然她已经做了准备了，但这个不是她的专业。两个因素，一个就是历史上的评价因素作用大，还是现实当中利益矛盾对这个评价因素作用大？

查内娃：其实，这种观念还是随着历史变化的，主要还是和现实密切相关的，随着现实的情况变化而改变的。当然这个历史的刻板印象和变化有一个过程，像对德国人、对美国人的看法也在发生变化，可能在二战期间和现在又不一样。刻板印象的形成有其历史的积淀，但是刻板印象自身是可以变化的，有现实的变化的刻板印象。

问：查内娃教授用族裔象征主义来解释巴尔干现在的nations，您怎样评价族裔象征的适应性？我们知道在世界其他地方利用族裔象征主义解释不了一些nations，您对这个问题怎么看？

查内娃：刚才在我的发言中也提到了，用这种方法有一个前提条件，就是立足于这个民族的传统文化，我提到了宗教和传统文化中特有的一些东西，这种方法才能适用于民主国家建构的解释中。安东尼·史密斯和其他民族主义方面的作家对此都有相关论著，特别是安东尼·史密斯。他是一个非常聪明的学者，可以参看他有关原生主义和建构主义的辩论，因为这是很专业的，还有刚才说的象征主义。这种象征主义并不能很好地应用到实践中，需要在实证研究的基础上，要做实证调查研究。

问：我问一个相关的问题，族群象征主义在这个案例中是对巴尔干保加利亚民族建构起了一定的作用，那么您说的民族刻板印象对保加利亚民族建构的作用是不是很大？现在对它的民族认同的作用是否显著？对它的民族关系的影响大不大？在历史上它起到了一种建构作用，现在是不是持续起着一种民族认同的作用，现在对它的民族关系的影响大不大？是不是比现实中的民族关系，现实利益各方面造成的影响还要大，还是说大家只是当一个笑话在讲：我们对别的民族有这样的刻板印象？我就问一下这个，关于建构和民族认同方面的影响。

查内娃：在现在全球化的过程中，好像人们已经不再说这种民族的刻板印象了，因为现在是一个比较个性化的时代，但是有一些主观性的观点，人们好客、喜欢不喜欢、大方啊，这些还都是有普遍性的。这里有一个例子，这种民族的刻板印象还是存在的，有一个人要移民到比利时，但是他对比利时人有一种印象，觉得他们的食物并不是很好，这就是他提到的刻板印象。但现在的趋势是越来越不提民族的刻板印象了，这个过程并不激烈地表现出来，但也是在缓慢之中变化着的。

问：民族重组是否会影响民族刻板印象？

查内娃：民族刻板印象是在缓慢变化中，不明显，但确实存在。以保加利亚为例，保加利亚国内还有 10% 的其他族裔的人，包括希腊人、吉卜赛人，这种冲突时有发生。但从总体来说，这种刻板印象不可能很快就发生改变，它是一个很慢的进程，即使有冲突发生也不会从根本上去改变原来就形成的观念。这还是一个很微妙的过程，我们做研究的不可能去立刻做一个结论，还是需要一定的细致的态度，一种敏感的方式去研究这方面，不要立刻就得出这种结论，这是一个缓慢的过程。

　　问：感谢查内娃博士的精彩演讲，我有三个小问题。第一个问题是您给我们充分展示了巴尔干诸民族在历史心理层面的认知差异包括民族刻板印象，我想问这个认知差异和刻板印象的经济利益争夺是否有关联，历史上民族之间的政治权利纷争，包括战争、经济利益和资源利益的争夺，是否强化了族裔之间的认知差异？第二个问题您可能知道我们的前所长郝时远先生曾经讲过帝国霸权和巴尔干火药筒。我们一提起巴尔干，大家就知道是火药筒，那么这个火药筒与我们之间的认知差异，或者误读有什么样的关联，换句话说第一次世界大战的时候，族裔差异和文化认知的不同，是否给西方霸权干预巴尔干半岛的事务提供了一次机会？第三个问题是按照您的看法现在西方的哪一种理论和哪一种设计更有利于消弭多民族国家内部的这种认知差异？

　　查内娃：一战可能是利用了这种差异。奥斯曼帝国和奥匈帝国瓦解以后产生了很多的国家，这些国家之间的各种矛盾由此而产生，可能这就是为什么这个地区是一战、二战导火线的主要原因，因为新形成的国家相互之间的这种矛盾。现在的情况不是这样，保加利亚也是欧盟国家，欧盟让各加盟国家们怎么做，它们就会怎么去做，应该再也不会有这种矛盾产生，因为有欧盟的制度在那里。经济的繁荣，人民的基本生活得到了保障，也就不会有这种种族的冲突。

第 三 讲

战争、生物与文化：人类是天生暴力的还是天生社会化的？

〔英〕罗伯特·莱顿*

　　我想感谢大家给我这个机会，让我在这儿给大家做演讲。事实上今天我要给大家讲的题目，涉及人类社会，也是人类学里面比较根本的问题，或者是一个很重要的问题：到底是什么因素能够使得社会维持一个基本的秩序，又是什么因素会引起社会的纷乱，会引起战争，正如我的演讲题目一样，"人类的本性到底是暴力的还是天生社会化的"。

　　其实对于社会秩序以及社会战争这样的问题，在西方有很多非常著名的哲学家，这也是西方哲学家经常争论的哲学问题，这里我引用了两位哲学家的基本观点，一位是托马斯·霍布斯，另外一位是亚当·弗格森。

　　大家或许会以为社会纷乱以及战争这个问题是一个古老的问题，但事实上现在在欧美的很多学者当中，不仅仅是人类学家，包括哲学家也在经常争论这个问题。在这个演讲里面，我可能引用的主要是现代的一些，或者近现代的一些学者的观点，他们分别代表的是互相对立的两种态度，其中有我要引用的亨廷顿的一些观点。他在 2002 年出的书，书名就是《新野蛮人》。另外还有一位德国的科学家、生物学家做的一些研究，我会引用他们的一些观点。在演讲结束的总结部分，我会再重新梳理一下这两个对立

---

　　* 罗伯特·莱顿（Robert Leyton），英国杜伦大学人类学系教授、伦敦林奈学会会员、英国皇家人类学会会员、社会人类学家协会会员，2012 年当选英国科学院院士。曾长期生活在澳大利亚原住民社区进行田野考察，研究澳大利亚原住民岩画艺术等。目前主要的工作是与山东工艺美术学院合作研究山东省农村地区传统手工艺市场，促进公平收益的形成，这项研究以法国的生产合作模型为借鉴。该讲座时间为 2013 年 3 月 26 日 14：00～15：30。

的观点体系。

一　两种对立观点的提出和例证

在我演讲开始的地方，我还是先给大家介绍一些基本概念，这个基本概念事实上是一位专门在新几内亚做田野民族志考察的社会学家给出来的，他提出战争是为了争夺彼此的资源而在两伙人之间发生的敌对关系。事实上对于战争这个社会现象，不同的科学家给出过不同的观点，我现在列举两种。

一个是从生物学的角度来看，有的学者提出战争本性会不会是基于人的生物特征，比如一些男性比较好战，女性不是特别的好斗。然而当我们把这个视角放深远，这种观点能不能成立，就是说当我们考察小规模争斗和国际大规模战争的时候，这种观念能不能站得住脚。

我们现在就回到争论最初的地方，这里我列举的就是托马斯·霍布斯的主要观点。托马斯·霍布斯的主要观点是，他认为人类的本性就是争斗的，就是人与人之间彼此不断地争斗，只有当一个人战胜了另外一个人，产生了所谓领导者，或者说统治者的时候，这个争斗才能够得以平息。有相关的学者提出支持的观点，就是在观察和研究大猩猩的行为模式的时候，他认为大猩猩的某些暴力行为事实上就证明了人类 DNA 和基因里面存在暴力因子。还有一位美国的政治人类学家也提出类似观点，他说可能当人们只有贫困到了一定的程度，生活到了一定的境地的时候，他们才会开始出现暴力的行为，因为这种暴力的行为可以在某种程度上消解对穷苦生活某种压力的不适应。上述这几位学者都是从各自的角度支持托马斯·霍布斯的基本观点。

代表这种观点的一个对立面，就是有学者提出，人类是地球上最具社会化的生物，也是社会化程度最高的生物。亚当·弗格森的基本观点认为人类天生就是社会化的，甚至在国家统治者出现之前，人与人之间的关系就是一种温暖的、互惠的、彼此之间紧密联系的关系。另外还有一些人也在研究大猩猩的行为模式，但是他们给出相反的看法，认为大猩猩的团队也是极具社会化的，它们彼此之间也有社会化的联系，一旦有争斗发生，是会破坏这种社会化合作关系的。生物进化论对这种看法也有支持，提出通过物竞天择和生物法则，那些生性比较社会化、比较愿意跟同类和平共处的物种能够更好地延续下来。

事实上在人类学的研究中，最早提出人类本性是战争的，是一位叫查冈的美国人类学家，他主要在南美洲做原住民的考察。这个原住民部落在南美洲生活，他们的主要生计模式是种植作物和香蕉，他们的社会不是首领制，没有一个社会的头领在管理他们，所以查冈认为这个原住民部落其实就代表人类比较原始的状态。他的理论是，在这个原住民部落中，谁杀的人越多，娶的妻子就越多，这个人获得的胜利就越大。他的基本观点就是，原始居民一个部落向另外一个部落发起攻击的主要目的，实际上就是争抢女性。基于查冈的观点，他认为原始部落其实就代表了人类社会如何进化的一个案例。

前面所提到的对于大猩猩行为模式的研究，在有些方面是存在争议的。确实有证据表明一些母的大猩猩会从一个团队中脱离，然后到另外一伙大猩猩的团队中进行繁殖。也就有可能存在这种情况，可能一个大猩猩团队中的雄性会到另外一个大猩猩团队当中去争抢雌性大猩猩。

还有一个具有争议的研究结论，在两个不同的大猩猩团队的边界地区通常会发生这种争抢母大猩猩的行为，并会发生相应的争斗。但在观察实验之中，我们只看到两例使用暴力手段从其他大猩猩团队当中争抢雌性的事件。

我再多说一点，对大猩猩的行为展开比较有名和比较重要的系统研究是在冈贝这个地方产生的。因为通常大猩猩生性比较胆小、害羞，所以对它们的研究需要用很多的方法，比如用香蕉等食物引诱它们出现。但是有一些学者就认为这种方式事实上是在作弊，他们认为不能用香蕉吸引大猩猩的注意并对它们进行研究。其实人类用香蕉引诱的行为也会带来它们之间的暴力冲突，比如不同团队里面的大猩猩会争夺香蕉，进而发展成两个团队之间的争斗。

还有一个例子，可能研究得不是那么深入。在冈贝这个地方展开的另外一个研究，就是在很多年前研究两组大猩猩团队，但是在做回访的时候，发现其中一组大猩猩已经不存在了，它的领地已经被另外一组大猩猩占领了。

上述事实表明，大猩猩之间的争斗实际上都是小规模的争斗，基本上都是发生在两组大猩猩边界之内的。

二　对查冈田野调查结果的质疑

现在我要列举查冈田野调查的一些不正确的地方，我来举几个重要的和有争议的地方。第一个就是查冈在当地做个案调查、访问当地居民的时候，有44%的居民声称自己曾经杀过人，但是做家谱调查的时候，只有30%的人死于暴力冲突事件。只有16%的受访者提出自己杀过不止一个人，但是这个数字也和前面死于暴力冲突30%的居民数对不上。还有一个问题，查冈在调查的时候，调查有多少当地居民的爸爸是曾经杀过人的，但是他的受访者通常都是20岁以下的青年。同时20多岁的人也基本上都没有杀过人，在他们社区里面最早开始杀人的居民至少得有30岁以上。如果说受访者的年龄是40岁以上的话，他们同时基本上停止生育了。也就是说调查出来的结果表明，杀过人的父亲生3个孩子的话，那没有杀过人的父亲只生1个，这种3∶1的比例事实上是被夸大的，因为如果将受访者的岁数往后推的话，得出的结果是杀过人的父亲生1.67个，没有杀过人的父亲生1个。当然通过这种调查得出一个准确的结果也不是特别容易，因为有随机性在里面。所以我也请教过杜伦大学从事进化人类学研究的学者，假如说所有会杀人的居民，只有他们能娶到妻子、繁殖后代，那些不杀人的居民他们就娶不到妻子，无法繁殖后代，经过多少代，杀人的居民能够完全取代不杀人的原始居民。他告诉我答案就是经过190代之后，暴力的、会杀人的原始居民才会完全取代不杀人的，也就是5000～6000年的时间。事实上，人和大猩猩从生物学上面开始分界也是5000～6000年时间。但是根据调查只有40%不到的当地居民说他们杀过人，他们有暴力行为。如果依据自然选择、物竞天择的理论，这个过程远远不需要5000～6000年的时间来完成。

我这里并不是完全反对人类的暴力行为是受基因影响的，我想说的是如果暴力这个因素是存在于人类基因之中，是在生物特性之中的话，那么人类最初开端的情况可能就需要更多考察了，情况可能又发生很多变化。事实上暴力在人类社会之中，只能说是人类社会的一部分，比如在人类社会之中会有很多的因素引起人类群体之间的争斗。对于这个原始部落来说也是一样，因为他们并不是完全封闭、完全独立地生活在一个区域，他们也是在长年之中受到比如外来的传教士和一些开金矿的人的影响。他们不是狩猎采集民族，而是种一些作物，我的观点是他们很难代表人类最原始的状态。

我的依据来自两个表格，一个狩猎采集民族社群的暴力情况统计表，是通过狩猎采集民的家族流传下来的家谱里的一些信息做成的。这个表是南美洲一个土著居民部落的情况表，这个部落死于暴力冲突数量的人口比例是10%。另外一个是南部非洲的田野调查的数据，数据显示只有6%的居民死于暴力事件。

问题是为什么狩猎采集民族他们内部发生暴力冲突的比例相对较低。其中一个重要的原因是狩猎采集民的人口数量较少，人口密度很低，所以他们难以用很多的人力去守护他们广阔活动的疆域。第二个重要的原因是两支不同的狩猎采集民，他们之间其实是互相依附的关系，在很多方面需要彼此的帮助和配合。如果说你想要在社团中很好地生存下去，就必须和周围的人，乃至周围的社区保持友好的、合作的关系。这也就印证了亚当·弗格森的基本观点，人与人、人与社会之间一个很重要的关系是协作的、互惠的，人的生存和人类社会的存在还是以协助和帮助为基础的。

事实上我在澳大利亚原住民社区的田野考察中发现，1932年，在两个不同的社区之间发生过比较大规模的争斗，但是尽管这样他们也在很小心地控制这个争斗的规模。当地的妇女把可能致命的武器都藏了起来，所以男性只能用一些不具有杀伤力的武器去争斗。这个战争通常是白天打，太阳下山之前就结束了，而且经常会出现两个部落的部落民正要打的时候，发现彼此都认识，就开始寒暄起来了，又重新变成朋友的情况，所以也有不断和好的过程。

以下是考古学的证据。在美洲东北部的沿海地区有一些村庄，19世纪，村中开始在边界出现具有防御功能的建筑。在这之前也出现了很多从欧洲来的殖民者的侵略争斗事件。从考古证据来看，早在冰期结束的时候（公元前9000年），人们开始在北美洲沿海地区定居并以狩猎采集为生。但是考古学证据表明，公元前9000年到公元前3000年，没有明确的证据表明，人类存在因为暴力冲突的受伤和死亡。公元前3000年以后开始有一些证据证明人类在冲突中受伤，但都是轻伤，并没有致死的案例。争斗的出现事实上也应和了冰期结束、海平面下降，更多的领土出现、更多的生物资源也出现，同一时期，渐渐出现了人类之间的争斗，因为那个时期有很多值得争斗的自然资源。比较成规模的人类之间的战争行为出现在很久之后的公元 500 ~ 2000 年，这刚好印证美洲的弓箭等武器来自亚洲，在同一时期开始出现了一些比较大规模的人类争斗。所以我认为人们事实上需要的是更加全面的或者更加完善的进化模式，而不像查冈做的田野调查一样简单给出的结论，也不像前面的哲学家提出来的人类生性暴力这样简单的结论。

就像生物进化论、达尔文自然选择的观点所提出的那样，没有任何一种适应是绝对优于其他适应的，每一种适应都要符合它所在的生态环境。在达尔文提出生物进化论的后期，他的理论在普遍得到大家认识、不断走向成熟以后，还有更多的观点印证到人类社会中，就是说他提出的生物的基因和生物的特性，事实上并不是一个纯粹个体的过程，它是和不同物种之间互相互动、互相影响所形成的，所以人类社会也是这样的。

这里我提出一个叫适应的全景图的概念，意思就是说联系到人类社会的某种特质的形成，是要将其放在整个生存的系统之中来考察，也就是说包括它所生存的环境，包括动植物，包括生存资源，它们彼此互相协同作用，共同促使了人类社会的形成。

有一个比较好的例子来说明我的观点，猎豹在追逐羚羊的时候，是要跑得很快才能追上羚羊的。所以说当这个猎豹追羚羊的时候，只有跑得最快的猎豹，或者说跑得越快越好，它才能抓住更多的羚羊。对于羚羊来说也是如此，只有能够跑得快、能躲过猎豹的羚羊才能有机会生存下来并且繁育后代。事实上这种模式就形成了跑得快的猎豹能追到羚羊，能够生存下来；跑得快的羚羊能够躲开猎豹，能够生存下来。这就形成了一个循环，两者之间互相促进，互相去选择各自群队中跑得快的物种。另外一个例子就是达尔文提出的一种特殊的蜜蜂，它专门采一种花的蜜，然后两者经过好多代的自然选择之后，也形成了一种互相适应的关系，彼此可以很和谐地生存在一起。

以刚才那个原始部落为例，什么是他们生存状态的全景图呢？另有一个人类学家，他在另外一个距离很遥远的、完全不同的原始居民社区中开展田野调查。他提出在那个社区之中居住的人，他们生存的社会环境事实上非常特殊，就在于他们彼此之间非常难以去信任彼此。他们从事一种刀耕火种的生存方式，在当地如果种植农作物的话，农作物就非常难以存活，因为经常会出现一个社区的居民到另外一个社区去抢夺他们种植的作物的情况。而且在他们的社区之中，如果出现了经过联姻的和平共处关系，但是有人破坏了这个契约、这个制度，杀掉了另外一个人的话，那他就已经死了，所以也就没有机会再进行复仇了。这样也就促使这种社区形成这种状态，就是他们很难去相信别人，而这种暴力的、比赛看谁杀人更多的风气反而在这个社会中比较占主流。

这里我又要问了，之前霍布斯提出的观点，是不是人类社会一定需要一个统治者，需要一个至高统治阶级的存在？有一点是确定的，如果有一个统治阶级存在，有一个稳定的中央政府存在的话，当地暴力冲突的程度能够大大地降低。

20多年前我在法国一个村庄做田野考察的时候，根据统计，在他们整个社区的历史之中，只出现过两起自杀，从来没有出现过谋杀。但是想要维持这么一个联邦政府，代价也不小，也是非常昂贵的。以我为例，我就要向国家缴纳50%的税。法国有一位社会学家也提出类似的观点，如果想要维持稳定的中央政府，需要付出较高的金钱方面的代价。拥有土地的农民，他们种的地一般就是供自己食用，只有很小的一部分被允许在集市上出售，获得一定的经济收益。一些比较大的国家，比如像英国、法国、德国等国家，会向偏远的小规模社区出售武器等暴力工具。

在一些非常穷苦的地区，如果他们想要提高居民的经济生活、增加居民收入的话，只能控制中央政府的规模。所以说当这些比较发达的、强大的国家向这些边远的小规模的社会出售大规模的战争用的武器时，很容易使得当地爆发内战，因为不同的群体都想要拥有这些武器来控制国家政府，进而掌握政权。以两位德国人类学家在印度尼西亚展开的田野考察为例。他们的田野考察证据表明，不同社群之间的争斗往往都是小规模的争斗。如果说当地的争斗规模不断地扩大、不断地激烈，当地原有的调节争斗的机制、缓和争斗的传统方法就开始不起作用了。

结　论

我的结论是，人类既不是生而和平的，也不是生而暴力的，导致战斗的只是一些特殊的情况。事实上，指责别人比自己暴力，指责其他的一些人类社区说这个社区比自己的社区暴力得多的人，往往其本身也是暴力的，他们只是想要维持自身的一个正统性去指责对方。因此，我们要想真正地了解他们的暴力情况和社会化的情况，需要把每一个社区放在他们自己的社会环境、社会生活背景里面去考量。

世界上一些非常发达的、掌握很多资源的强大国家，在降低小规模国家出现暴力、出现冲突的状态方面，是能够起到一定作用的。小规模的社会，对于控制暴力，尤其是控制大规模的暴力，则存在力所不能及的方面。谢谢！

提问环节

问：战争对人来说是一个灾难性的事件，跟中国更接近的就是灾害。中国的历史往往是灾害、饥民和战争的历史。当然最近几十年稍微好一点，请问在您的研究里，世界其他区域是否有这样明显的战争导致共同体衰弱，导致老百姓离开自己的土地变成流民，然后再变成由这样的流民引起战争的情况？在其他的区域引起战争是不是最重要的原因？在现代化控制这些灾难的后果之前，这些自然灾害对战争贡献的比例是不是更大一些？

莱顿：据我的研究，我到现在还没有说看到哪一个小规模的社会也好，人类社群也好，完全因此战斗本身而完全消失或者瓦解。你提出的自然灾害这一因素很正确，在经历了"一战""二战"之后，证据表明，没有哪一个国家完全因为经历了战争而完全被瓦解了，完全不存在了。恰恰像疾病、灾荒和洪水等这类的自然灾害，却能够彻底使一个社会消亡。同时，你的问题也让我想到了因纽特人的例子，因为他们生活的自然环境比较恶劣，所以他们会经历大规模、远距离地迁移，但也仅仅是因为他们的生活环境和自然因素造成的，人类之间的争斗和战争只能占一个比较小的比例。

问：最近我们国家发生了一件青少年犯罪事件，因为是名人的后代，就引起了关注。但是有一些犯罪心理学家分析说，并不是因为父母教养，而是在国际上大家认定，有一种人是暴力性人格，不是后天的教育形成的，天生具有较强的暴力性，社会环境和教育无法改变它，这种暴力性格怎么评价？因为您的研究认为，人类不是天生暴力也不是天生不暴力的，是因为情景。

莱顿：我同意你的观点，我认为基于我的研究，确实在每一个社会之中都有一些人天生就比较暴力的，他们有这个暴力倾向。举例来说，英美联军在征兵的时候，会专门做心理上的评估，征募天生就有暴力倾向的人入伍。在军队的调查中也显示，很多人天生具有暴力倾向，以至他们在退伍之后，需要接受相应的帮助，降低他们暴力的倾向，以便他们重新回归社会。

问：一般来讲民族主义导致的暴力还是很多的，就是在群体暴力上，族性或者民族主义是不是助长了这种暴力？还是像您说的，国家控制降低了这种暴力？

莱顿：你这个问题问得非常好。以某一个单一民族或者人类社区来说，他们都存在一定的解决纷争的机制和方法，他们有传统的机制控制中间的暴力行为，当然这种控制能力是有一定限度的。比如在非洲，人类学家做过一个考察，显示在非洲部落之间存在一些争斗。但是有一个非常有趣的现象，在非常邻近的社区之间的争斗，他们往往只用一些棍子和非常简单的武器。争斗发生的社区彼此离得越远，他们用的武器越致命。因此，当一场争斗用到非常致命的武器时，那这个争斗一定发生在距离非常远的社区，即以后都不会见面的社区。

主持人：您提的"人天生是暴力的还是社会化"的问题非常大，可能一两篇文章不一定能够说清楚，但是您可以提供更多的证据，我归纳是不是有这么两类证据，一类是规范性的，再一类是经验性的。您的结论和证据，究竟是一种经验性的说法还是规范性的说法？

莱顿：这个题目确实很大，我其实针对这个题目写了一本书，去年刚刚出版，整本书都是在讨论社会秩序和战争的问题。你提出的是经验性的还是规范性的问题，如果你要是这么划分的话，那所有的这些个案和证据，都可以归到经验性的证据里面。我的结论事实上也是一个开放的结论，并不是绝对的，如果你愿意对这方面做思考，欢迎你基于其他经验性的证据，给出规范性的想法。

问：莱顿教授这个题目很重要，因为现在人类未来面向着走向和平还是走向战争的问题。莱顿教授用托马斯和亚当两个人的观点来说明，有人认为人是暴力的，有人认为人是非暴力的。莱顿先生认为，其实战争是有很多因素的，不仅仅是本性的，所以我在这里想到的是，冰期以前战争很少，后来的战争主要是为了争夺资源。在这里我想到的是，人类的文明来自文明的相互交流和促进，主要是由商务和战争来促进的，黑格尔讲过一句话，战争是社会进步之母。然后莱顿先生也用羚羊和猎豹之间的争斗告诉大家，其实战斗有时候也是生物进化的一种方式，我在这儿想以后的人类怎么办？因为你讲的我们其实有战争也有协作，以前人类的战争从来没有中断过，但是最大的战争就是第一次世界大战、第二次世界大战，然后我们担心会不会发生第三次世界大战，如果发生第三次世界大战会很可怕，因为很多国家有核武器，这个地球会不会爆炸，会不会还有这样的战争出现？如果说没有这样的战争出现，会表现为什么？可不可控？人类的协作性有哪些可能性？我还有一个问题是，莱顿先生提到的一点——女性相对不好斗，但是现在我发现很多女性参与政治，甚至掌握权力，女性的参与执政会不会减少战争？我们以后的人类该如何促进协作而不是战争？

莱顿：回答第一个问题。事实上通过两次世界大战，人类（包括欧盟的主要国家）学到的是，人类事实上是需要合作的，需要彼此依靠着才能生活的，这也是欧盟组织的一个重要机能，他们有一个很重要的部门是专门维持世界和平、维持世界秩序的。我不是生物学专家，所以我不能给你更具体的例子证明到底基因和暴力之间有没有什么确切的联系，但是我也希望女性越来越多地出现在政坛上面，掌握越来越多的权力，更好地管理人类社会。

第 四 讲

当代斯里兰卡的五个献血案例模式的人类学分析

——论公众伦理与道德形象

〔英〕鲍勃·辛普森*

今天的演讲主要探讨两个方面的问题:第一个是以全局的视角探讨全世界人民都面临的问题。第二个是以我的个案研究为立足点,给大家一个比较清晰的例子,这个个案研究能够充分体现人类的生物学伦理,以及人类社会是如何产生关系和发生互动的。

现在全人类、全世界面临的一个问题,就是基于不断发展的生物科学技术,人体各个器官的捐献和流通,在这个系统里面出现了很多社会问题。对于一个活体来说,能够利用的,简单来说包括血液、肝脏、肾脏、干细胞、卵子和精子。对于死亡体来说,大脑、眼角膜等身体组织,包括肾脏、膀胱、肠道等。所有这些器官都可以用于生命科学的研究、生命科学的发展以及生物科学技术的应用。非常有意思的一个问题是,这些人体器官如何进入流通系统?因为在全世界的很多国家中,人们的传统观念是非常排斥,或者不允许有这种从人体或者从去世的亲人身上提取或者拿走人体器官这类事情的。我的个案研究,主要是在斯里兰卡展开的。

斯里兰卡是一个非常小的岛国,它主要信仰佛教。2002 年,我第一次去斯里兰卡做田野考察,当时我关注的是斯里兰卡生殖科学方面的社会学问题,就是这些新的生殖科学技术,比如移植胚胎,包括卵子和精子的人工干预,如何适应斯里兰卡这个传统的社会,而传统的斯里兰卡社会又是

* 鲍勃·辛普森(Bob Simpson),英国杜伦大学人类学系主任,健康与人类科学系教授、主任。主要研究兴趣是发展中国家的生物伦理学、生物制药以及生物技术等方面的问题,以及亲属关系与生殖基因技术等问题。该讲座时间为 2013 年 3 月 26 日 15:30~17:00。

如何接受这些新技术的。

在我的田野考察之中有一个非常有趣的现象，每次当我想要询问人们，如何理解和看待新的生物学技术的时候，大家都拿献血这个简单的例子向我说明。由此我就开始想要了解斯里兰卡人民如何接受器官捐献这种新的生物学技术，我选取了献血这样的关注点进行研究，我把它叫作人体器官慈善。

这里我就要提到一个社会学关注的，跟社会学知识有关的点。在世界上很多不同的国家和地区，人们的传统观念里面是如何划分买卖与赠送这两个概念的，具体来说，到底传统的文化对于人体器官哪部分能赠送、能出售，或者哪部分不能出售、不能赠送这种概念是如何定义的。为了更好地描述对器官捐献的不同态度，为了定义它们，我简单地把它们划分为几种情况，第一个是礼物，第二个是慈善，第三个是捐赠，第四个是责任，第五个是债务。

基于文化视角的一个大致探讨，今天我给大家简要地介绍一下斯里兰卡的人体器官慈善。这同时也带出来一个关键性的问题，现在在全世界很多国家和地区都有这样的问题，就是说你如何能够说服人们很自愿地，又可以无偿地把自己身上的器官赠送给一个完全陌生的人。

在谈到无偿捐献这个层面的时候，我想简要介绍一下在斯里兰卡的一个非常有名的项目，就是以国家为单位，无偿地捐献眼角膜的项目。这项活动或者这个组织在斯里兰卡已经有好多年了，在斯里兰卡佛教社会，他们之所以有这样的无偿捐献眼角膜的组织，也跟他们传统的佛教思想有关系。在佛教思想中，存在来世信仰，他们的宗教传说之中也有一个故事提到，有一位佛祖曾经把自己的眼睛拿出来，无偿地捐献给了一个瞎眼的乞丐，他们有这样的信仰基础。

我的这个演讲用到了"模式"这个词，斯里兰卡社会无偿献血的问题背后，存在以下几种不同的模式。这里我主要提到的例子是无偿献血的宣传海报和材料。事实上也涉及公益，这些海报是公众伦理道德宣传的一种方式，是在劝导、教育、劝说人们去进行慈善的无偿献血行为。这种从国家层面、公众层面宣扬大众伦理道德，宣扬大家参与这种善举，对于个体的行为会造成一定的促进作用。我这里谈到的五种模式，包括国际的模式、佛教主义的模式、家庭的模式、国家民族间的模式和反商业化的模式。

在斯里兰卡，无偿献血的相关宣传海报和材料到处可见，非常的广泛，包括像一些广告牌，国土的各个地方，他们的建筑，甚至连当地出租车司机的车里面都会贴上相应的宣传海报。我觉得这个非常有趣，它是国家通过一种使你产生道德上联想的方式，让你能够随时随地联想到那些需要血液，可能通过你的帮助就能救活人命的想象，促使你有这种献血的意识。

前面的四种模式主要是正面的、鼓励的，支持这种行为的。后面那种反商业化的模式，我最后会讲到，当前面四种鼓励的模式都不起作用的时候，最后一种才开始体现它的作用。

我要提到一个背景，斯里兰卡经历了很多内战、很多暴力冲突，差不多有长达20年的时间是在暴力冲突之间度过的，在2009年的时候才得以缓解。在近年来，斯里兰卡内部的一些地区仍然还有一些不断的内战冲突存在。同时斯里兰卡地区还有一种叫萨勒西尼尔（音）的疾病，不知道汉语是什么，这种疾病的症状是人越老越贫血，需要不断地输血才能活下去，这种疾病的流行促使斯里兰卡地区的供血一直处于紧张状态。斯里兰卡还有非常高的交通事故发生率。一些医院的日常手术和治疗，增加了血液的需求。综合以上种种原因，斯里兰卡社会非常缺乏血液的供应，并且对人类血液的需求量很大。

第一种模式是全球化的或者国际化的模式，是由国际组织和国家层面的机构确保血液的捐献和供应。在斯里兰卡首府，国家血液中心是在一个国际组织的支持下建立起来的。这个机构不但帮忙出资建立中心，而且提供相应材料的经费、仪器设备和相关人员培训，以及设立其他一些分支机构所需的经费。设在斯里兰卡的国际血液捐献机构的主要工作职能，就是确保在全世界建立一个献血的网络，来促进斯里兰卡献血和保证血液供应的工作。

第二种模式是佛教主义的模式。我们从国际的视野看斯里兰卡国内，他们是在用佛教的一些理论和思想体系来支撑和鼓励这个行为的。比如你给别人献血，不仅仅是国家意义上做了好事这么简单，在佛教思想里，就是你救了别人的性命，可能就积福了。他们除了把献血这种善举叫施与别人恩惠，还把献血的人称为非常有善心的人，这个词也是当地佛教领域的用词；在很多寺庙里面都有专门的献血场所，由这些僧侣定期给需要的人献血，这些献血的行为和活动也都融入当地寺庙举办的一些相关活动里面，成为这些仪式和活动的一部分。

第三种模式是家庭模式，以家庭、家族和亲属制度为理念基础。如在海报中宣传要承担自己的责任，要施与别人恩惠，要献一滴血。这种类型的宣传，就是给人们一种触动，让人们想象到可能这就是家里面的一个亲戚，正在生病，非常痛苦，需要血液，假如你献一些血，可能就会救他的生命。一张以家庭为模式的劝大家献血的海报，上面写了一首诗。这首诗翻译过来就是说：像我这样一个弱小的孩子，难道就要这样死掉了吗？请各位叔叔和阿姨给我一点血。这首诗的开头是中世纪的时候，一位非常有名的传教士曾经写过的一首诗的开头，这位传教士提到，他的亲戚——叔叔阿姨是斯里兰卡最初的统治者，或者最初的神灵一样的人物。他想表达的意思是说，作为斯里兰卡全能的神，对他的叔叔阿姨非常感恩，他们把他照顾得非常好，把他养大。所以这首诗也从侧面反映出在他们的传统文化里面，他们的亲属关系、亲属制度，事实上是依附的关系，是寻求帮助的对象。所以说对于这个海报来说，这个小孩就不是一个普遍意义的需要帮助的、需要输血的人，而是你们家的亲戚，是你需要帮助的侄子侄女。

在我讲第四种模式之前，我还想提一下，在人们献血的系统里面，不但有面向大众的，而且有一个专门部门面向海陆空三军，向部队的官兵进行献血。在我做田野考察的时候，正好赶上他们的战争基本上趋于结束，他们对血液的急需和对献血的需求也渐渐地停留在原来的水平上。对于向部队的官兵献血，他们有专门的社区组织在做这个事情，这个社区组织在全国范围内也是非常有名望的。当我问了当地的一些人，采访他们为什么会这样的时候，他们这样说，穷人可能没有办法给钱，没有办法捐钱，但是他们可以献血来帮助前线的战士。所以说在他们国家，献血的行为代表着向在前线战斗的士兵的英勇行为的认可，以及对保卫国家的支持。

这个观点就呼应了我的同事。他是一个英国人文学家，他在印度做田野考察，也考察了相关的内容。他的观点是，即使你是一种非暴力的方式支持国家的战争，还有保护国家的行为，即使你用的是一种非暴力的行为，但事实上你做出的是暴力的贡献。

第五种模式是关于献血的腐败问题和献血行为的脆弱性问题。我在前面讲到的四种模式，它们的立足点是"血液是应该无偿捐献的"，应该是一种礼物，应该是双手捧着，献给有需要的人。而且在很多献血的案例中，很多受访者表示献血都是献给跟自己没有关联的陌生人的。但是在整个献血的过程中，包括献血和把血液献给需要的人，并不是一个单纯的过程，或者说是由一个很简单的部分组成的，它有可能是方方面面的，有很多的过程，要经历很多流程才能实现的行为。

所以，人们原来的想法可能非常简单，认为献血很简单，是一个人被抽出血后献给另外一个人。事实上操作起来的过程复杂得多，它可能涉及方方面面，可能在很多不同的关系、不同的领域里面会发生一些变化。具体来讲，其实血液这种礼物、这种传统观念上宣扬的礼物，其概念是很脆弱的，它可能在很多环节会被破坏和发生变化。比如在血液捐献过程中可能出现血液的买卖，可能在捐献血液时出现一些错误，出现一些混乱，以至捐献血液的事情本身会被其他复杂的因素影响并发生一些变化。

我举一个例子。2008年，我在斯里兰卡做调查的时候，斯里兰卡国家血液中心爆出了一个大的丑闻，国家血液中心的负责人和一些高层的领导都被停职了，他们的罪名就是用一批严重过期的输血、献血设备进行输血和献血。用过了期的设备去做献血的行为，极有可能引起病人的不良反应。这是在当地新闻联播里面播放过的事件，国家血液中心的负责人以及相关人员被追究了失职的责任。当然，国家血液中心的负责人也自发地组织了一些活动企图解释，以洗清他的罪名。他提到国家血液中心献血的相关方式方法和国际上惯用的血液捐献方式方法有不一致的地方，国际献血组织可能对他们也有一些干预。他说如果对他进行这样的制裁，不仅仅会影响国家血液中心的运作，同时直接受害的也是献血者和被献血者，他们的数量会大大减少。他的主要观点就是，在国家内战打得非常激烈的时候，血液的需求非常大，这种抵制国家血液中心的行为肯定是对国家不利的，对于献血的行为是不利的。国家层面的献血机构联合相关部门和相关体系，进行了一些相应的活动和反映。这些献血的组织和国家其他层面的组织，纷纷提出个人献血行为方面存在的一些不合理的、违规的情况。一些私营医院也有各自的血液库，这些私人医院的不断涌现和私人血液中心的建立，也对国家层面的血液采集和宣传工作有一定的损害。世界卫生组织最终进行了一个调查，发现没有一个相关的患者和献血人因为这个事件造成了他们健康上的影响，这件事情才得以平息。虽然说这个风波已经过去，但还是有一些人和一些研究者担心，即使这次国家血液中心得以保全，但是在将来很难保证会不会又有类似的事件发生，使得国家层面的血液中心被破坏，然后一些私营的、个人的、不正规的献血，或者血液买卖的现象会卷土重来。讽刺的是，在很多地方，事实上在斯里兰卡这个国家，国家层面的献血机构已经是规范献血体系的一个象征了。如果说要开放个人和私营的献血机构，整个国家层面的机构可能就保不住了，可能就要被破坏掉了，后果肯定是灾难性的。

我觉得非常有意思的是，人们在个人层面上，在面对献血问题的时候，他们关心的是健康和安全、风险这方面的问题，而对于国家层面的和公众层面更广阔的问题，他们并不关心。

基于上面的这些研究和我的思考，在关注全球的背景、关注全球不同国家、不同文化大的视角之下，我们如何去考察像某一个特定的社会，在他们的文化背景之下，他们特有的社会结构之下，如何劝说人们进行血液捐献的行为，如何向人们灌输这种道德理念的。我觉得他们所用的劝诫人们的主要策略，事实上用的是一种我把它叫作道德想象的方式，就是说让人们对于需要帮助的人产生一种联想，然后又基于他的道德理念对这些人产生同情。

第五种模式跟前面四种相比较其实代表的是一种反面，就是如何从防止血液买卖、防止血液市场化的反面来促使人们进行无偿献血。在整个国家大的新自由主义和私有化的整个进程当中，血液作为一种商品存在，这也是第五种模式主要抵制的方面。因此，从正面的角度来看，或者一些支持的角度来看，比较理想化的献血模式应该是一种基于互惠的、互相依赖的完全的道德行为，而不是那种索取报酬、索取利益的行为。

如果大家对于献血乃至捐献器官和相关的问题政策方面的研究发展感兴趣的话，我前几年参加过一个国际组织，就是专门探讨人体器官捐献以及医学研究政策方面的一些活动，可以具体地看一下。谢谢！

提问环节

问：我想问一下献血有没有一种文化差异，因为我知道西方国家基本上都有基督教的文化背景，基督教对于献血有什么看法？我接触过一个非常奇怪的宗教组织，叫耶和华见证会，他们这些人是坚决不献血的，每个人身上写一个条："任何的情况下不接受任何献血，也不会给别人献血"，英国有没有这类组织？

辛普森：您提到的宗教组织我也知道，但是这样一种文化，强烈抵制献血以及被输血的这种人，毕竟在全世界来说也是非常少见和非常独特的，据我了解的情况，英国人、英国社会对于献血持非常开放和支持的态度。对斯里兰卡来说，基于它多年来国家层面的道德宣传和社会推动，他们现在对献血也是持比较积极的态度，这是我所了解的情况。我想补充一点，有一个概念上的，替耶和华见证会说两句。事实上耶和华见证会的人虽然不献血也不输血，但也是乐善好施的，他们会无偿捐献很多吃的东西，他们有食物银行，就是给这些吃不起饭的穷人的。我要澄清这一点，他们并不是不能给予的。

从宗教文化来说，对献血的行为也有一定的差异。比如基于我的考察，在斯里兰卡，包括其他一些国家，信仰伊斯兰教和基督教的，有死后上天堂的信仰，认为我上了天堂，要见到上帝必须是完整的，我的身体哪一部分也不能缺少，所以他们对于献血乃至器官捐献会有这种抵制。但是佛教不一样，斯里兰卡刚好是一个佛教国家，佛教的基本观点是说，我死了以后事实上什么都不存在了，就是一个空的皮囊，他们不是很抵制献血，或者把身体的器官捐献出去，有这么一个宗教上的差异。当然，在面临献血乃至捐献器官这个行为和相关政策时还是要小心区分的，因为佛教徒和穆斯林的差异还是很大的，而且他们很多有关于捐献器官和献血的争论都是在佛教徒和穆斯林之间展开的，因为他们都有强烈的对方不同意的观点。佛教徒往往都是非常不吝惜的，非常主动的，愿意去捐献血液和死后捐献遗体器官的，但是穆斯林就非常严格，不愿意去捐献自己的遗体，也曾经出现过非常大的争论，甚至还有人专门去做过穆斯林死后被解剖，被取出器官之后的纪录片，用于说明穆斯林也是可以死后捐献器官的，有这样的现象。

问：五种模式之间的关联是怎么样的？

辛普森：事实上五种模式彼此是重叠的，或者说彼此是关联的。具体来说，在国际层面上，它其实囊括的范围比较广，不仅有国家层面的，还有全世界的，这里面当然也包括了不同信仰的人，包括像穆斯林和佛教徒。往下面走，它同时又和佛教的宗教模式也是重叠的，也是互相之间有关联的，因为就斯里兰卡来说佛教是非常强大的，佛教徒在斯里兰卡是占多数的。走到家庭层面，也是跟前面几种重叠的。再往下就是国家层面。最后一种其实就是一个从反面的角度去补充前面四种，当前面四种任何一种出问题的时候，人们就会用后面一种，也还是会做出一个相应的、非常激烈的反应。

问：这五种模式和您所说的慈善、义务、债务是不是对应的？

辛普森：并不是完全一一对应的，放到不同的文化和不同的国家之中有自己的解读，基于它的文化和信仰。以基督教来说，可能就是做慈善的，与慈善相关联的。佛教就认为是赐予别人福祉的，或者就是佛教思想下的这种行为。因此，还是要在不同的文化、不同的社会环境中进行区分。

问：我刚好也对血液和器官移植做过简单的研究，中国的血液和器官移植在全世界是相对比较少的，根本的原因是血液会导致流行性疾病的传染，在中国有艾滋病村这样一种非常严重的现象，所以导致中国人对于献血这件事情有非常大的顾虑。器官移植的根本原因是中国不是一个很纯正的佛教文化的国家，所以人民希望保证遗体的完整性。我想问一下教授，这五种模式对中国现在这种现象，哪种模式能够比较有效地改善国内现有的情况？

辛普森：你这个问题事实上在我的研究里提到过，因为在英国也有这样的关注。我们的底线就是不能把器官捐献变成一个商业化的东西，但是我们怎么保证在不把它变成商业化的前提下能够把它很好地推动起来。当然，在用鼓励和劝导的方式来鼓励大家做器官捐献和血液捐献的时候，可能有几个层面：第一个层面是道德的层面，就是通过向人们灌输道德观念的方式。第二个层面可能会给予一些象征性的奖励，比如给予一些奖牌、一些纪念章或者证书，让人们有一种感觉，觉得我做这种事情是好的，值得骄傲。第三个层面就是通过向人们补偿，一定程度上补偿他献血所花费的钱。具体来说，比如这个人要坐车去献血的地方献血，这个费用要给他一定的补偿。当然，这个只能说是在一些献血和比较简单的事情上实施，像捐献肝脏这种就很难了，就太复杂了。针对这个就有一些新的规定，或者一个新的政策，如果说这个人死后捐献了器官，可以适当地支付他丧礼的一些费用，当然这个费用是以抚恤金这种形式给他的家庭，也不是说直接给他个人的。

然而，我们所有的这些研究有一个最起码的出发点和立足点，我们要不断地反思，从源头上面去反思，为什么会有这么多的器官捐献和血液输送的需求。也就是说我们要从源头上开始减少它，比如像提高健康意识、公共健康服务，合理的饮食等，让他从一开始就没有这么多的需求。

主持人：我问辛普森教授一个问题，在您的血液捐献和器官移植的研究中，在一个社会内部，什么样的人群更乐意捐献血液和器官？而得到这些器官捐献的人主要有哪些？人群的分布情况怎么样？另外我们讲官捐献肯定要拒绝商业化，但是现在医学技术的发展，使器官的培育或者一些医疗用的器官生产，逐步成为一个产业，作为人类学家怎么看待这个问题？

辛普森：关于什么样的人更倾向于献血和受到捐献，这个问题很大，很难回答，但是我要尽量回答一下。通常来说在一个社会，穷人是更愿意献血的，当内战爆发到一个非常激烈程度的时候，出现了很多中产阶级的人也去献血，当地的医院的医生也比较惊讶，因为正常情况下，或者从前的情况下，中产阶级是很少来献血的。至于谁去接受捐献这个问题，正常的情况下，国家有一个健康中心，正常的捐献和获得器官的捐献，包括输血，都是通过国家这个组织，从官方一步步走正常流程来的。但是现在像我刚才提到的斯里兰卡，因为一些国家层面的机构出现了问题，所以现在不断地有一些私人机构涌现。但是私人机构的涌现就会产生一个后果，越来越多的人不通过国家体系来运作了，开始通过私人买卖的途径接受捐献。比如花多少钱可以买到多少血液，这都是在私人医院里面越来越多的现象。

第二个问题，我非常同意王所长刚才提到的这个观点，确实现在基于高度发达的生物技术，生物科学、医药科学在很多领域都已经产业化了，都已经形成利益链条了，在这种背景下光靠那些道德上的约束和道德上的宣传可能就不够了，因为它涉及太多的利益和商业方面交换的东西，所以这也是我的工作组在思考的问题，就是如何在今后高度商业化、产业化的背景下形成一个更完备的，不仅仅有道德约束的，可能更完备的方法去约束器官捐献乃至血液捐献的行为和现象。

问：刚才听到一些器官的捐献等问题，这个领域应该说对中国的人类学来讲是比较新、比较前沿、非常有意思的问题，我们还没有做过田野调查。但是也听到过相关的情况，说一些医院把死刑犯人的器官移植到患者的身体里面。在您做的斯里兰卡的研究当中有没有这样的情况？

辛普森：就我的研究来说，斯里兰卡早期也有这种现象，因为死刑犯在斯里兰卡社会中已经没有任何的社会和人身权利了，所以这种现象也是存在的。但是据我所知，国家对于这方面的管控其实是很严的。近年斯里兰卡是否还有这种情况，我也不是十分的清楚，也可能有秘密进行的、非法的行为，像从死刑犯身上采集器官的现象，由于国家对这方面的管控有明确规定，所以可能是秘密层面的。

第 五 讲

中国法治的现状、挑战与未来发展

李 林[*]

很高兴，今天能够来民族所，向大家汇报我们研究中国法治建设和民族区域自治法治问题的一些心得体会。

今天主要讲四个问题：一是我国法治建设的现状；二是我国的立法体制和民族自治地方立法；三是我国法治建设面临的主要挑战；四是我国法治建设的未来发展的任务。其中一、三、四部分主要是讲中国法治建设的问题，第二部分适当结合我国民族区域自治制度，重点是讲民族区域自治的法治建设问题。

一 我国法治建设的现状

对于我国法治建设现状的评价可谓见仁见智、众说纷纭。

（一）我国法治建设取得的显著成就

去年 11 月，我在哥伦比亚大学法学院给美国东部地区的教授和博士生讲一个类似的问题时，他们提了很多问题，我觉得很受启发。因为今天是在国内演讲，有些背景还是要交代一下。关于我国法治建设的现状，首先在时间段的取舍上大致有以下几个时间段或者时间点请大家关注：第一个是"改革开放 35 年"，一般讲中国法治建设的成就，通常是指 35 年；第二个是"15 年"，即从 1997 年党的十五大到 2012 年 11 月召开的党的十八大；

＊ 李林，中国社会科学院法学研究所所长、学部委员。该讲座时间为 2013 年 4 月 15 日 14：30 ~ 17：00。

第三个评价的时间段是"5 年",即党的十八大报告对过去 5 年法治建设的总结。此外,从党的十八大到现在这一段时间,法学界又有了一些新的提法和新的评价。所以,在评价中国法治建设的时段上可能有一些交叉,请大家注意辨析。

首先是中国法治建设的成绩。根据 2008 年以来国务院新闻办发布的《中国法治建设白皮书》《中国司法改革白皮书》《中国特色社会主义法律体系白皮书》以及有关方面文件的表述或者正式提法,35 年来中国在法治建设方面取得了以下 12 个方面的主要成就:确立了依法治国基本方略;执政党依宪执政、依法执政的能力显著增强;中国特色社会主义法律体系已经形成;人权和民主得到可靠的法治保障;促进经济社会发展的法治环境不断改善;依法行政和公正司法水平不断提高;法治对权力的制约和监督得到加强;法治宣传教育和法律服务取得显著进步;地方法治建设和行业依法治理不断创新发展;"一国两制"方针和特别行政区基本法得到有效贯彻;全社会的法治观念普遍增强,法治环境有所改善;法学研究和法学教育快速发展。上述每个方面都有很多具体内容,今天在这里就不逐一给大家细讲了,我只从中为大家解读几个基本的、值得关注的、重点的成就。

比如,关于依法治国基本方略。大家知道,依法治国作为党领导人民治国理政的基本治国方略,是 1997 年中共十五大正式确立的。改革开放初期,在民主法治建设方面,邓小平先生有一个很有名的论断叫作"十六字方针",即"有法可依,有法必依,执法必严,违法必究"。那么,我们为什么要在 20 世纪 90 年代中后期提出依法治国的基本方略?换言之,依法治国基本方略与改革开放初期提出的法治建设"十六字方针"是什么关系?关于这一理论,中国法学界讨论了几十年,现在依旧在讨论。实行法治的前提是有法可依和依法办事。这就涉及一个核心价值问题,就是我们讲的"有法可依,有法必依,执法必严,违法必究"的"十六字方针"中的"法"是良法还是恶法的问题。换句话说,不能只看到有法律条文、法律规范和法律文本等存在形式,还要对这些"法"进行价值评判,看它们是否有利于社会经济发展、民族团结、社会稳定、保障人权和预防腐败,是否有利于物质文明、精神文明和政治文明建设。尤其是在 1992 年邓小平南方讲话以后,我国提出要建立社会主义市场经济体制。市场经济体制要求建立一整套与之相适应的法律制度。而在当时,由于立法的滞后性,我国法律体系中调整经济关系的很多法律，大概 1/3 的法律，是为计划经济或者有计划的商品经济服务的。在当时的情况下，如果片面地不加区别地强调"有法可依，有法必依，执法必严，违法必究"，那么，那些为计划经济服务的法律法规执行得越严越好，它对社会主义市场经济体制建立的阻碍就越大，因此，就需要有新的理念来推动法治的创新和发展。当时法学界联合提出一个命题，叫作市场经济就是法治经济。这一命题的提出，实际上并没有真正解决法治理论创新服务市场经济建设的问题，因为它只是揭示了市场经济和法治的内在联系，而一个现代法治国家、法治社会的建成，至少需要三块基石：市场经济、民主政治和理性文化。所以，在当时的情况下，仅仅依据市场经济和法治关系的"市场经济就是法治经济"的理论，还不足以为中国法治发展和法制改革提供理论支撑。后来，经过法学界的深入研究和持续讨论，特别是 1996 年 2 月 8 日，法学所的老所长王家福先生为中共中央政治局集体学习做了一场法制讲座，题目是"依法治国、建设社会主义法治国家的理论与实践"。讲座之后，江泽民总书记发表了重要讲话，肯定了依法治国。1997 年，党的十五大报告把依法治国正式确立为党领导人民，依照宪法和法律，管理国家和社会事务，管理经济和文化事业的基本治国方略。党的十八大提出"全面推进依法治国，加快建设社会主义法治国家"。

又比如，"人权和民主得到可靠的法治保障"。这个判断是相对的概念，并不意味着中国的人权和民主保障水平在世界上居于领先地位，而是相对于中国的过去，特别是相对于 1990 年以前的一段时间内，人权在中国曾经被视为资产阶级的口号而被打入"冷宫"。由于 1989 年以后，江泽民总书记说"人权问题回避不了也不能回避"，后来中央在北京找了 8 家单位布置关于人权问题的研究，我院胡绳院长从江总书记那里领受回来的任务，就是开展人权的理论和对策研究。我所接受任务后，组织开展人权问题研究，面临很大的压力。当时许多资深专家学者甚至某些领导干部，都说人权是西方资产阶级的东西，社会主义中国不能用人权这个概念。甚至还有人诘难说，你们讲人权是什么意思，是向共产党要人权吗？我们说人权是全人类的共同价值、共同理想和追求，各个国家、各种文化对人权具体内容的理解可能不同，但总体上人权这个概念是相同的。1991 年法学所参加制定了中国的第一个人权白皮书，后来又参加了一系列人权立法、人权司法和人权执法等问题的研究。迄今，人权概念及其价值已成为中国社会的普遍共识。

再比如，中国的法学教育。近 20 年来，中国的法学教育发展非常迅猛，目前全国的法学院校系加起来，共有 680 多个，全国在校的法科学生加起来有 30 多万人。法学教育发展很快，为中国法治建设输送了大量科班出身的专业人才。但也带来了许多问题，由于法学教育发展太快，以至法学院毕业生在全国文科毕业生就业排名中连续 3 年倒数第一。我估计 2013 年的情况也不会改变。法学院招生人数太多，法科学生培养质量下降，法学院设立过乱过滥等原因，导致了今天喜忧参半的局面。

（二）关于我国法治现状的评价

关于我国法治现状的评价，大致有以下一些看法。

1. 法学界法律界的评价

这方面主要有以下四种观点。

一是认为近年来法治建设取得了巨大成就，法治状况好得很（官方媒体、领导人讲话和部分专家学者持这种观点）。这个观点在正式场合、官方场合、外交场合等，都讲得非常到位。如果要讲中国法治建设的成就，的确是可圈可点，内容非常多，变化非常大。这里我给大家讲一个具体数字，在过去 5 年里，全国法院受理的案件，从 5 年前的 800 万件左右增长到现在的 1200 多万件，5 年时间全国法院系统受理的案件就增加了 50%。目前全国法官的工作状态叫作"5 + 2，白加黑"，法官的工作没有节假日、没有周末休息日，每天都要加班加点，因为案子特别多，有的法官一年下来要办 300 多件案子，一整年都很辛苦。

二是认为近年来中国法治建设是"进一步、退两步"，尤其是与改革开放前 20 年我国法治建设"进两步、退一步"的状况相比，现在的法治建设状况存在明显反差（持这种观点的学者，人数不多，但影响较大）。这种评价主要来自法学界江平教授等思想比较解放、敢于表达自己看法的学者。大家知道，改革开放初期，中国的文科有过这样的评价：史学危机，经济学混乱，法学幼稚，哲学贫困。当时对法学的评价叫作法学幼稚，法学幼稚归根结底还是人的幼稚。当时法学虽然幼稚，但在推动中国法治建设过程中还是起了很大的作用，包括中央六十四号文件出台、推进司法改革、倡导法制改革、促进法律制定、参加宪法修改等，总体上进步还是很大的。特别是 1979 年的中央六十四号文件，明确提出废除党委审批案件制度，这是一个巨大的进步。过去长时间以来，我国司法实践中有个习惯做法是"先判后审"或者"先定后审"，就是几乎所有案件要先经过审判委员会或者法院集体领导，甚至要在当地党委定了性、量了刑以后，再由法院的法官开庭审理，长期以来基本上都是这样做的。1979 年的中央六十四号文件，明确提出废除党委审批案件的制度。这个例子说明，在改革开放前十年，中国法治总体上是进步多、退步少，所以当时概括为"进两步、退一步"。但现在是"进一步、退两步"，总体上是倒退了。比如，在过去 5 年中国的司法改革中，法院系统提出了一个叫作"三个效果相统一"的原则。所谓三个效果，就是判案要追求政治效果、社会效果和法律效果的统一。这令许多法官无所适从。法官办案，古今中外都应当依法审理、依法判决、依法执行。法律是社会行为规范、行为准则。法官办案要遵循法律规范、法律原则和法律程序，法官离开法律追求政治效果、社会效果去办案，很容易导致"小闹小解决、大闹大解决"的情况发生。因为绝大多数案件的审判，要做到让原告和被告都认同、满意，基本上是做不到的。即使是北京海淀区的模范法官宋鱼水，用她的话来说，审判案子，她只能做到让原被告胜败皆服，而不可能让他们都满意。比如在一个故意杀人的刑事案件中，被告人被判处死刑立即执行，他本人就不可能满意。研究结果表明，一个死刑判决的执行，围绕这个死刑犯大致会引发他的亲朋好友等 15～20 人的仇恨。因为不管法院怎么判，都不会让所有人满意。所以，过去我国法院提出要"三个效果相统一"，实质上是要息事宁人，让所有人都满意。而"三个效果相统一"的结果，是法官不敢判，相互推诿，层层请示，本来应该相对独立、各司其职、各尽其责的独立公正司法，蜕变成了碰上敏感的问题谁都不敢判，层层请示，后果不仅使办案时间拖长，而且严重影响了司法的独立性和公正性。所以，这一改革表面上是各个方面都照顾到了，但是从法官角度和司法规律来讲，却很容易丧失司法公正，包括人民法院的指导思想"三个至上"——党的事业至上，人民利益至上和宪法法律至上。这也有一个过程，在十六大以前，我们在很多地方讲宪法至上的时候，经常遭到人们的质疑。经过 20 多年的努力，终于说服了人们，反过来，现在人们又开始说"三个至上"了。马克思说，法官除了法典，没有什么是他要服从的。但是到了"三个至上"，就有人问"三个至上"谁至上的问题。此外，还有一些似是而非的提法，例如在司法改革中提出"大调解"、能动司法等等。"大调解"就是不管你同意不同意都要调解，甚至有些地方的法院提出要"零判决"，所有的民事经济案件都需要调解解决，不能判决；一个法官如果判决的民事经济案件多，就可能考核不合格，得不到提拔，甚至会被处理。而调解的本质，永远是无赖的一方、侵权的一方要占便宜，而使另一方受损。例如，如果案件依法判处，被告要向原告赔偿1000万元，现在被迫调解解决，被告说他没有1000万元，只出700万元，于是法官就反复做原告的工作，说服原告让步，最后达成所谓的调解解决的目的。在调解解决的案件中，受损的往往都是原告，原告的合法权利被侵犯。所以说，"大调解"的结果，恰恰使法律的公正、司法的尊严和原告的合法权益受到损害，而被告往往会占到便宜。所以，针对类似上述违背法治精神和司法规律的现象，法学界一些专家认为中国过去5年的法治建设是"进一步、退两步"。

三是认为近年来法治建设明显倒退，主要表现是司法改革倒退和某些领域人治现象回潮，法治状况堪忧（司法界的某些法官、检察官和律师持此种观点，法学院的部分师生也很认同）。这一观点在舆论环境较为宽松的场合，特别是国外法学界法律界讲得比较多。国外有一大堆的数字可以从立法、执法、司法、守法，包括反腐倡廉等方面，来证明这一观点。我们可以从污染问题、食品安全问题、矿山安全问题等现象的背后，看到其中的触目惊心。比如，煤矿产业的事故率是一个考核指标，如果煤矿死亡人数超过8个人，那么就得停产半年，超过20个人就会被封掉。有些煤矿的煤老板为了防止出现这种情况，通常都会选择私了解决，赔偿额近年来不断增加，现在一条命30万~50万元。由于存在这种实际的运作方式，有些工头故意找些无家可归的人做工并制造事故，然后冒充家属找煤老板索赔。在律师行业，现在没有几个律师愿意接刑事案件的，不是说他们没有专业素质和诉讼能力，而是因为他们接了案件以后没有多大用处，不论律师怎么辩护，法官该怎么判还是怎么判，律师基本上没有用处。所以律师界就形成了一个潜规则，遇到刑事案件，除非当事人给的价特别高，比如当年重庆的李庄案，律师可以拿钱去运作，而不是按照案子本身的特点和事实去找法律依据。从公民角度来看，法治文化和法治素养的缺失，也是导致法治状况不好的重要原因。法学所隔壁居民院门口有一个违章建的厨房被城管执法队依法强拆了，现在已经有 5~6 年了，被拆这家人就把道路封掉 1/3，贴标语、讨公道、要正义，喊冤不断，影响非常不好，外国人拍了很多照片，城管执法队多次采取措施，都没能解决。真是"九顶大盖帽治不了一顶小草帽"，被强拆的确实是违章建筑，但当事人耍横、寻死觅活，城管执法部门也没办法。

四是认为中国的法治建设处在一个十字路口，何去何从，思路不清，目标不明，需要尽快研究定夺（专家学者中持此种观点者较多）。在十八大召开之前，法学界法律界比较多的人不知道下一步法治如何进行，忧心忡忡，甚至悲观失望。有的律师因为法治形势的不确定甚至想尽快移民国外。

2. 民间对我国法治状况的评价

第二种评价是民间段子对我国法治建设的评价。在 2012 年下半年特别流行，"段子"对中国法治现状做出了调侃式的描述："三大基本法——领导的看法、领导的想法、领导的说法；三个诉讼规则——大案讲政治、中案讲影响、小案讲法律；三个法律效力原则——宪法服从国外看法、法律服从内部规定、内部规定服从领导决定。"这些"段子"还是有一定道理的，并非无稽之谈。它们就说中国的法治状况是三大基本法，领导的看法、领导的想法、领导的说法，总之，就是领导的意志大于法。诉讼方面是三大诉讼规则，叫作大案讲政治、中案讲影响、小案讲法律，这与我前面讲的政治效果、社会效果、法律效果正好相对应。于是乎，真正依法办事的是那些影响不大没有太多利害冲突的案件，比如说离婚等这些小案。

在国外，比如说美国，如果你打官司，打到最后有可能打成一个宪法案件。为什么呢？比如在一个经济纠纷的案件中，原被告本来是经济纠纷问题，假如被告没收了原告 500 万美元，在打官司的时候，被告就会说明为什么要没收，根据的是某某州的某部法律，所以被告行使州法赋予的权力没收了原告 500 万美元，而州法是根据宪法的某条款制定的。原告若不服气，就有可能对州法的合宪性合法性进行起诉，以致案件最后变成一个宪法诉讼案件。

我国是没有类似这种司法制度的。在我国，政府拆迁的这类案子，过去根据有关部门的精神是一律不受理的，这使得很多老百姓上街搞群体性事件。老百姓为什么会这样，因为这是涉及根本利益的问题，很多家庭可能几代人就指望着这点拆迁款来改变命运，结果政府或者开发商却用很多莫名其妙的手段进行拆迁，给予老百姓很少的回报，人家当然不愿意，不愿意就去法院诉讼，但得不到受理。这种情况到了国外一个法治国家、法治社会就不容易发生。有个法学院毕业的博士在某个省会城市担任过副区长，主管过一段时间的拆迁工作。他说有些野蛮拆迁、强制拆迁、违法拆迁的做法，他实在看不下去了。他的辖区里有一个钉子户，怎么做工作都不听，最后实在没办法了，有人给出了个损招，把钉子户家的一个年轻人弄到派出所去，然后以派出所的名义打电话到他家，说你儿子犯事了，摊上大事了，家里人都十分着急，顾不上守房子都跑去派出所了解情况，然而经过长时间的调查、审问、笔录等程序，这个年轻人并没有什么违法的事情，钉子户全家松了一口气，等他们回到家，却发现他们的房子不见了，被夷为一片平地。好一个调虎离山！这样的事情有很多。所以，讲到法治状况，民间的说法是有一定道理的，并不是无稽之谈。说到我国法治的基本状况，民间还有一个说法，叫作严格立法、普遍违法、选择执法。过去确实是这样的，立法的时候讲得头头是道：立法的原意、立法的规范、立法的原则、条款、程序，有板有眼，确实讲得很好。但是，到了执法和司法环节，往往就是另外一回事了。所以，民间对我国法治状况的评价，许多还是有道理的，不是无中生有，不是抹黑诽谤。应当看到，一方面改革开放35年来我们的法治建设取得了举世瞩目的巨大成绩；但另一方面，随着人们法治观念的增强、利益诉求的增加、社会关系的复杂化，人民群众对于法治的期待增加了很多。过去，我在大学实习的时候，给群众代理一个案子，我们说什么就是什么，当事人根本不懂。而现在，律师都要防着当事人，哪句话说不好了，当事人就可能反过来找律师的事，甚至把律师都告进去了。所以现在律师去见当事人，往往会准备一个小录音机藏在兜里，把说的话都录下来，以防万一，用来证明自己的清白。这就是中国法治进程中的一些现象，老百姓最有发言权。

3. 地方法治指数的评价

以上的这些评价，基本上是些主观的评价。从2008年开始，我国有些地方开始制作法治指数，法治指数一度被法学界法律界看好，认为可以通过法治指数的方式，把主客观评价结合起来，推动中国的法治建设。

在地方法治建设层面，近年来一些地方借鉴国际"世界正义工程"和香港特区法治建设经验，尝试用"法治指数"来进行法治的量化评价。

这些地方主要有杭州余杭区、昆明市、南京和无锡、成都等。它们采用量化分析方法，以百分制为评价计量单位，近几年各地的得分基本上都在70~80分，而且总体上分数是小步上升的。

最初的法治指数，是我们法学所与法学界的其他同行一起，在杭州余杭区做的号称"中国第一个法治指数"。随后在杭州、昆明、成都等地又进行试验，现在全国有10多个地方进行了法治指数评价。目前，我国法治指数的实践推进遇到几个很尴尬的问题：第一，不管怎么给一个地方的法治指数做出评价，打分都不能太低了。因为我国的法治指数设计启动时，参照了世界正义工程、联合国的透明指数，还有香港特区的法治指数等。特别是香港的法治指数，其得分一般在76~80分，那么有人认为，我们社会主义中国建设了几十年的法治，中国的法治指数总不能比香港这个资本主义社会还差吧？讨论时一旦涉及"姓资姓社"的问题，就没人敢说话了，所以，第一次测评下来的法治指数的得分，一定不能太低，也不能太高了，大概就是76分。如果没有重大事件事故发生，一个地方的法治指数得分是没有办法往下掉的。第二，法治指数得分就只能往上升。但是，每年分值的上升幅度还不能大了，否则一年又一年，以后的领导人怎么办。因为所有领导都希望自己任上的法治指数得分往上涨一点，这是自己的政绩和成就。第三，如果法治指数得分下降了怎么办？法治指数与经济GDP不同，经济GDP在人们的评价中是可以升降的，国家还主动下调了近几年的GDP指标；但是，法治指数评价实质上是政绩评价，是综合评价。一旦法治指数评价得分落后甚至掉下来了，还可能意味着某个地方的负评价，可能会影响到当地一批官员的仕途。所以，一方面，法治指数评价确实对地方的法治建设具有促进作用，是一个抓手；但另一方面，法治指数又面临着不可逆转性和政绩工程的压力。

4. 从执政党的"三个政治报告"来看我国法治建设状况

我们从十五大、十六大和十七大三个报告的提法和要求的角度，大致来梳理一下。我们做了个表，大家看一下。

表 1　1997 年依法治国基本方略确立 15 年来任务完成情况

任务	十五大	十六大	十七大	完成情况
依法治国	依法治国，就是广大人民群众依照宪法和法律规定，通过各种途径和形式管理国家和社会事务，保证国家各项工作都依法进行，逐步实现社会主义民主的制度化、法律化	发展社会主义民主政治，最根本的是要把坚持党的领导、人民当家做主和依法治国有机统一起来	全面落实依法治国基本方略，加快建设社会主义法治国家	有所进步，但各种评价均有
政体改革	政治体制改革的主要任务是：发展民主，加强法制，实行政企分开、精简机构，完善民主监督制度，维护安定团结	继续积极稳妥地推进政治体制改革，扩大社会主义民主，健全社会主义法制，建设社会主义法治国家	深化政治体制改革，必须扩大社会主义民主，建设社会主义法治国家，发展社会主义政治文明	进展不明显
依法执政	党在宪法和法律范围内活动。从制度和法律上保证党的基本路线和基本方针的贯彻实施，保证党始终发挥总揽全局、协调各方的领导核心作用	党的领导是政治、思想和组织领导，通过制定大政方针，提出立法建议，推荐重要干部，进行思想宣传，发挥党组织和党员的作用，坚持依法执政，实施党对国家和社会的领导	坚持党总揽全局、协调各方的领导核心作用，提高党科学执政、民主执政、依法执政水平，保证党领导人民有效治理国家	进展不明显
立法	到 2010 年形成有中国特色社会主义法律体系	到 2010 年形成有中国特色社会主义法律体系	坚持科学立法、民主立法，完善中国特色社会主义法律体系	如期完成
法律实施	维护宪法和法律的尊严，坚持法律面前人人平等，加强对宪法和法律实施的监督，维护国家法制统一	坚持法律面前人人平等，确保法律的严格实施	加强宪法和法律实施，坚持公民在法律面前一律平等，维护社会公平正义，维护社会主义法制的统一、尊严、权威	进展和效果不尽如人意
政府法治	一切政府机关都必须依法行政，实行执法责任制和评议考核制。实现国家机构组织、职能、编制、工作程序的法定化	加强对执法活动的监督，推进依法行政，提高执法水平	推进依法行政。加快行政管理体制改革，建设服务型政府	措施得力，进展明显，效果尚可
司法改革	推进司法改革，从制度上保证司法机关依法独立公正地行使审判权和检察权	推进司法体制改革，从制度上保证审判机关和检察机关依法独立公正地行使审判权和检察权	深化司法体制改革，保证审判机关、检察机关依法独立公正地行使审判权、检察权	进展明显，但司法体制的深层次问题未解决

续表

任务	十五大	十六大	十七大	完成情况
维稳	维护安定团结，对人民内部矛盾，要正确运用经济、行政和法律等手段加以处理，防止矛盾激化	维护社会稳定，正确运用经济、行政和法律等手段，妥善处理人民内部矛盾特别是涉及群众切身利益的矛盾	推进社会主义民主政治制度化、规范化、程序化，为党和国家长治久安提供政治和法律制度保障。维护群众合法权益。发挥社会组织在扩大群众参与、反映群众诉求方面的积极作用，增强社会自治功能	力度越来越大，矛盾越来越多，任务越来越重

表1的8项指标里，分解来看，就只有两项可以摆在桌面上说是完成了。一个就是立法，如期形成了中国特色社会主义法律体系。1997年党的十五大明确提出，到2010年形成有中国特色社会主义法律体系，所以，2011年3月12日，吴邦国委员长向全世界宣布：以宪法为核心的，以法律、行政法规和地方性法规为3个层次的，以7个法律部门为分支的中国特色社会主义法律体系如期形成，我们基本解决了无法可依的问题。截至目前，我国法律体系是这样一个数字状况：除宪法以外，全国人大制定了现行有效的法律242件，国务院制定了现行有效的行政法规780多件，地方人大制定的现行有效的地方性法规7000多件，民族自治地方的自治条例和单行条例的数字不太准确，因为有两个统计版本，一个统计数是600多件，另一个统计数是将近900件，总之不到1000件，全国还有5万多件政府规章。这些构成了中国特色社会主义法律体系。

上述8个方面还有一个完成任务的，是法治宣传教育。因为在我国，法治宣传教育是一个基础性的政治工程。从1986年全国人大做出把法律交给亿万人民的决议起，我国每五年实施一个法治宣传教育的规划，现在已经进入第六个普法规划了（即"六五"普法）。法治宣传教育每五年都要检查验收，每次验收都能通过。

从党的政治报告要求的8项法治建设任务的情况来看，15年来，中国法治大致就是中国特色社会主义法律体系和法治宣传教育的任务总体上完成了，其他方面离大家的期待和实践发展还有很大的差距。

5. 十八大和习近平总书记对我国法治建设的评价

十八大报告的评价：民主法治建设迈出新步伐。中国特色社会主义法律体系形成，社会主义法治国家建设成绩显著，司法体制和工作机制改革取得新进展。

习近平"12·4"讲话的评价：30 年来，我国宪法以其至上的法治地位和强大的法治力量，有力保障了人民当家做主，有力促进了改革开放和社会主义现代化建设，有力推动了社会主义法治国家进程，有力促进了人权事业发展，有力维护了国家统一、民族团结、社会稳定，对我国政治、经济、文化、社会生活产生了极为深刻的影响。

6. 十八大以来关于我国法治建设的新提法和新评价

十八大以来，产生了一些新提法和新评价，很值得我们关注。在法治方面有四个大的活动：一是十八大报告中有关于法治建设的内容。二是 2012 年 12 月 4 日习近平总书记关于现行宪法颁布 30 周年的重要讲话。三是 2013 年 1 月，中央政法工作提出四项改革任务，其中包括劳教制度改革问题。四是习近平总书记的"2·23"讲话，就是习总书记 2013 年 2 月 23 日在中央政治局集体学习时的讲话。此次集体学习与以往法治内容的集体学习大不相同。这次学习把国内跟法律有关的部门叫去做相关的汇报。在此稍微展开一点，当年中央提出要在全民展开普及法律知识的教育，所以全国人大才会做了一个决定，第一个五年的普及法律知识的决定，叫作"一五"普法，每五年有一个决定，当时最初的时候中央政治局没有别的学习，就是学法律。2002 年十六大之前，中央政治局的学习就叫法制讲座，给全国做表率。十六大以后才改为集体学习。以往集体学习法治都是专家学者去讲，而这次集体学习是政法实务部门（最高人民法院、最高人民检察院、全国人大法工委、国务院法制办、司法部等）的领导去讲。

我把十八大以来党中央和习近平总书记有关依法治国和法治建设的新提法和新内容做了一些梳理，主要有以下方面值得关注：

——全面推进依法治国，加快建设社会主义法治国家；

——依法治国是治理国家的基本方略，法治是治国理政的基本方式；

——更加注重发挥法治在国家治理和社会管理中的作用；

——新十六字方针：科学立法、严格执法、公正司法、全民守法；

——努力提高领导干部运用法治思维和法治方式的能力；

——全面建成小康社会的法治建设目标：依法治国基本方略全面落实，法治政府基本建成，司法公信力不断提高，人权得到切实尊重和保障，实现国家各项工作法治化；

——依法治国首先是依宪治国，依法执政首先是依宪执政，宪法的生命在于实施，宪法的权威也在于实施；

——坚持依法执政，对全面推进依法治国具有重大作用；

——坚持依法治国、依法执政、依法行政共同推进，坚持法治国家、法治政府、法治社会一体建设；

——形成人们不愿违法、不能违法、不敢违法的法治环境，任何组织或者个人都不得有超越宪法和法律的特权，绝不允许以言代法、以权压法、徇私枉法。

十八大报告提出全面推进依法治国，加快建设社会主义法治国家。这个"推进"很值得玩味。十七大的提法叫作"全面落实依法治国基本方略"，结果落实情况不太好，阻力比较大，所以才应该是"推进"。所谓"推进"，不是法治要倒退，不是让法治"进一步、退两步"，也不是让法治环顾左右原地踏步不前进。

十八大报告还有一个新提法，就是法治建设新的十六字方针："科学立法、严格执法、公正司法、全民守法。"新十六字方针把法治建设的任务分解为四个大的方面，是一个进步。此外，新提法中还提到要努力提高领导干部运用法治思维和法治方式解决深化改革、促进发展、维护稳定化解矛盾的能力，这是全新的要求。法治思维肯定不能是人治思维，更要弱化行政的思维，不能用专制的手段。

毫无疑问，依法治国、依法执政、依法行政共同推进（三个共同推进），法治国家、法治政府、法治社会一体建设（三个一体建设），也是习近平总书记多次讲到的核心概念。

以上这些新提法，反映了十八大以来中国法治建设的现状以及国家对未来的评价和期待。比如说"新的十六字方针开启了依法治国的新时代"，"依法治国全面推进的新时代、新局面"，"法治的春天"，等等。

现在用"法治的春天"这个词，而且是在主流媒体上这样说，确实反映出过去5年里我们法治建设存在一些不理想的东西，所以才有春天之说。

还有，许多媒体认为中国开始进入法学家治国的时代。这也是相对于中国根本队伍构成的状况而言的。从政治学研究的学理上讲，新中国成立后，干部队伍的构成经历了三个阶段：第一个阶段是改革开放前30年，叫作打江山坐江山，干部队伍构成的主体是军队转业干部。第二个阶段是改革开放后30年，干部构成的主体是理工科人才，因为科技是第一生产力，国家要发展生产力，当然容易选择理工科人才作为主力军，同时加上历史的原因，即十年"文革"中，学文科的人爱说爱写爱闹，大字报比较多一些，所以犯错误的多，学理工科的人不太关注政治，等到"文革"结束后，他们理所当然更多地成为四个现代化建设的有用人才、急用人才。第三个阶段是新一届领导班子，习主席、李克强等领导人都有人文社会科学尤其是法学教育的背景，所以提出所谓"法学家治国"的口号。

二　我国的立法体制和民族区域自治地方立法

第二个大问题我想侧重从立法的角度来讲一讲民族区域自治的论题。民族区域自治制度作为我国四大基本政治制度之一的内容，对于中国民主政治建设来说非常重要。我认为，研究我国的民族区域自治制度，按照其实质问题涉及的因素做出排序，应当是：第一是政治，第二是经济，第三是文化，第四是社会，第五才是法治。也就是说，法治在我国民族区域自治制度和民族问题解决过程中，表面看它是第一位的，但实质上它是政治、经济、文化和社会问题的法律化。换言之，研究中国民族的法治化问题，往往是政治允许走多远，法治化才能走多远。比如，在我国五个民族自治区中，迄今没有一部省级综合性民族区域自治条例。为什么？主要因为民族区域自治立法实质上是一个政治问题。因为在我国，民族区域自治法像宪法一样，属于原则性立法，但要把这种原则性框架性立法的抽象要求落实下来，是非常困难的。

（一）我国的立法体制

新中国成立以来，立法体制共有三个阶段、三种模式。第一阶段是1949年新中国成立到1954年宪法颁布的这段时间。这一时期的立法体制叫作地方分散的立法体制。因为这一立法体制规定，直到县级人民政府委员会都有立法权。为什么叫人民政府委员会而不是人大？因为，当时还没有举行全国普选，过渡阶段的人民政府委员会是行使立法职权和执法职权的机构，叫作议行合一。这种立法体制大大加快了当时中国的立法速度。据统计，从 1950 年至 1953 年，中央立法共 435 件，年均立法 109 件。这里我要解释一下，当时所讲的立法，其形式与今天是不一样的。如今我国立法是法典化的法律，但在当时，因为我们立法水平、立法观念、立法技术等比较落后，把大量的决定、命令和决议都规定为"法"，所以立法的数量才这么多。但这些东西都是汇编在中央或者地方的正规法律文件中的，是具有法律效力的。这种体制有好处也有弊端。好处是有利于百废俱兴，有利于快速建立新中国的合法基础，避免了军事化、政治化的一些运动，减少了革命带来的后遗症。

第二阶段是从 1954 年宪法颁布到 1982 年宪法颁布前，这一时期我国实行的是中央集权的立法体制。根据 1954 年宪法的规定，全国人大是国家最高权力机关，也是行使国家立法权的唯一机关。全国人大的立法职权包括：修改宪法；制定法律；监督宪法的实施。根据规定，只有全国人大可以行使国家立法权，国务院、全国人大常委会都没有立法权，后来才发现行不通，在 1975 年和 1978 年对 1954 年宪法先后进行的两次大的修改中，均删去了"全国人大是行使国家立法权的唯一机关"的规定。

1955 年第一届全国人大第二次会议通过的《关于授权常委会制定单行法规的决议》，把享有国家立法权的范围扩大到了全国人大常委会。该项授权决议解释的理由是："随着社会主义建设和社会主义改造事业的进展，国家急需制定各项法律，以适应国家建设和国家工作的要求。在全国人大闭会期间，有些部分性质的法律，不可避免地急需常委会通过实施。为此……授权常委会依照宪法的精神、根据实际需要，适时地制定部分性质的法律即单行法规。"1959 年，第二届全国人大第一次会议，进一步授权全国人大常委会在全国人大闭会期间根据情况的发展和工作的需要，对现行法律中已经不适用的条文进行修改。

在当时的情况下，地方的立法权被收到中央，这与当时中央的政治体制是相配套的，与中央集权政治运动搞"人治"的社会发展模式是相配套的。

第三阶段是 1982 年宪法的颁行，奠定了中国现行的中央与地方分享立法职权体制的宪法基础，构成了从中央到地方、从权力机关到行政机关行使立法职权的立法体制。这一立法体制采取了立法集权的分权体制，其特点是在中央对立法的集中统一领导的前提下，适当地赋予地方一定的立法职权，以作为对中央立法的补充和具体化。中国立法体制表现为多元（层次）的立法主体结构，包括：全国人大行使修改宪法、制定基本法律的职权；全国人大常委会行使制定和修改法律的职权；国务院行使制定行政法规的职权；省、较大市的人大及其常委会行使制定地方性法规的职权；经济特区的人大及其常委会根据全国人大及其常委会的特别授权行使制定经济特区法规的职权；民族自治地方人大行使制定自治条例和单行条例的职权，可以变通法律和法规；特别行政区行使特区的立法权。

回过头来看，新中国成立 60 多年以来，我国的立法体制一开始是分散立法，后来走向极端，变为集权立法。这两种极端立法体制都有问题。现在我们实行的立法体制是一种综合平衡的选择。全国人大制定基本法律，全国人大常委会制定法律，国务院制定行政法规，省、较大市的人大及其常委会制定地方性法规，经济特区人大及其常委会制定和修改特区法规并在本特区范围内实施。民族自治地方人大制定自治条例和单行条例，可变通法律和法规。香港和澳门特别行政区行使特别行政区立法权。现在中国的立法体制大致就是这样一个结构。截至 2011 年中国特色社会主义法律体系形成，全国 155 个民族自治地方共制定现行有效的自治条例 139 件，单行条例 777 件；根据本地的实际，对法律和行政法规的规定做出变通和补充规定的有 75 件，初步形成了贯彻民族区域自治法的法规体系。换一个角度看，在我国现行 240 多件法律中，除了有关民族问题的专门法律，如民族区域自治法、少数民族文字法等专门规定外，其他法律中直接涉及民族问题并有相应规范条款的，占到法律体系中全部法律的 1/5 左右，比如刑事诉讼法当中涉及少数民族语言文字等的有关规定。应当说，这些法律不是直接针对民族区域自治的，但是有涉及少数民族的条款。

（二）我国的民族区域自治地方立法

1. 民族区域自治地方立法权的含义

民族区域自治地方的法治建设问题，大致有这么几个问题：第一，民族区域自治中的政策如何法律化，现在跟不上发展需要。很多中央政策出台后，怎样及时把它转化为法律，需要进一步加强。因为政策是比较多变的，执行不一定是统一的，如果不把它法律化，其强制性、规范性、权威性就会受到影响。第二，民族区域自治法本身的许多规定需要细化、需要法规化、需要自治条例化和单行条例化，在这一方面做得还不够。政策原则性的规定很多是好的，但是到了地方以后，在经济社会、教育文化等方面如何行使自治权，许多规定在实际中是很难操作的。第三，执法方面。我国的整个执法体制，有好的一面，也有不足的地方。例如，法律规定的弹性，法律规定的空洞化、碎片化，致使执法中许多规定是没有办法操作的。例如，规定少数民族享有语言文字、文化教育等的权利，具体到了地方应该怎么执行，很多政策和法律规定是没有可操作性的。因为实施法律的背后，是需要政府和国家出钱的，如受教育权的实现需要政府出师资、出教材、出学校等配套条件，而如果这些资源跟不上，又没有法律强制性的保障，就没有可操作性。

再就是立法变通权的问题。民族自治地方立法机关行使立法变通权的空间，其实是很有限的，主要是在婚姻习俗等方面有变通的余地，自治条例和单行条例的变通空间很小。

还有是司法，司法体制和运行机制面临的问题也很多：少数民族地方的基层法官非常少，特别是懂双语的法官更少。国家 10 多年前规定了统一司法考试制度。一开始实行司法考试的前三五年，很多少数民族的地级市没有一个法官和律师能够通过考试，于是这些地方的某些法官司法就面临非法的危险。因为按照我国法官法的规定，要当法官，必须通过国家统一司法考试，取得相关资格（就像会计师要有会计的资格一样）。国家统一司法考试的结果是，东部发达地区的通过率相对比西部高，许多西部少数民族地区就没法通过。后来国家统一司法考试做了一些改革，就像当年把粮票分为三种一样。现在司法考试被分为"国家通用粮票"、"省级粮票"和仅在"少数民族地市级以下地方通用的粮票"。这样改革本来是为了解决少数民族地方基层缺乏法官的问题，但这种照顾性政策的实施，使那些有本事考上"国家粮票"的西部法官，就孔雀东南飞了。本来没有国家司法考试制度时，他们不知道自己的实力怎么样，所以往往是心安理得地在县、地级市里当法官和律师。现在司法考试通过以后，他们发现自己是"全国粮票"，有更高的价值，就不安心了。在西部一个地级市的法官，如果到了东部发达地区，其收入大概可以达到原来的 5 倍，所以小地方的经济太穷，留不住大鱼。没有司法考试的时候想用司法考试的方式提高法官、检察官和律师的水平，提高办案的质量。司法考试以后，一开始面临的是非法执业的问题，照顾了西部欠发达地区的人才问题以后，他们拿到"全国粮票"就飞走了，拿到"省级粮票"就离开小地方了，最后留在当地的是那些实在考不上的人。这种状况，很容易影响当地法院的办案效率。而且在民族地方当法官还要求懂双语，懂少数民族语言，难度还很大，结果呢，他们的待遇很差、升迁没有希望、发展没有前途，就会面临很多问题。"全国粮票"、"省级粮票"和"基层地方级粮票"的司法考试制度被法学界批评得一无是处，本来叫"国家统一司法考试"，结果变成了照顾各地方的五花八门的司法考试。

2. 民族区域自治地方立法权的立法依据

民族区域自治地方的立法权，是一种交叉的权力。对于有些地方人大来讲，根据立法法和宪法的规定，省、较大市的人大及其常委会有地方立法权，我们把这种地方立法权叫作普通立法权，比如说西藏，其人大及其常委会既有普通立法权，也有民族区域自治地方制定自治条例、单行条例的特殊立法权，他们经常是两种立法权交织在一起。除此之外，民族区域自治地方的县级立法权，只有制定自治条例和单行条例的权力。这些权力的来源和性质，来自宪法的规定、来自民族区域自治法的规定等。

3. 民族区域自治地方立法的功能

民族区域自治地方立法的功能，分别在经济建设方面、政治建设方面、法治发展方面、社会建设方面和文化建设方面体现出来。从法治的角度看，这五个方面功能的关系是，法律通常是对稳定成熟的社会关系的规范化和法律化，就是说，经济社会关系是不断变动发展的，法律往往有一种保守性、滞后性，等经济社会关系稳定以后再用法律方式固定，这是多数情况。所以我们通常讲改革中往往是先改革后变化（立法），也有个别情况，是先变化（立法）后改革。文化建设是与人权相通的。从法学方面研究人权，大致分为三代人权：第一代人权是资产阶级革命初期提出的，叫作公民和政治权利，这一人权的核心价值是自由，当公民主张言论自由、宗教信仰自由等权利时，就是要求别人和政府不要限制、控制、约束你的权利，这种人权基本上就能实现了。从权利理论上来讲，第一代人权也被称为消极人权，比如说我有生命自由的权利，当我主张这种权利时，意味着政府和军队等不要来干预我，其他社会组织和公民不要来限制我，我的这个权利基本上就能实现了。所以这一类人权叫消极人权，要求别人不要来控制自己。第二代人权与民族区域自治制度中少数民族的权利有关系，通常叫作经济、社会和文化权利，简称为经社文权利。从原理上来说，经社文权利是一种积极人权，这种权利必须有国家、社会和他人提供相应的条件才能实现。比如说就业权，如果没有人提供就业的场所，不培训就业的技能，不发工资给你，你说就业权没有任何意义。你主张有受教育的权利，就需要有相应的学校、教学的体制、教材和师资等。民族区域自治地方少数民族的大多数权利，都是经社文权利。归根结底，只有发展经济、搞社会建设才能更好地保障经社文权利的实现。所以，经社文权利是积极的权利，要求别人提供相应的条件才能实现，否则这种权利就是一种空话。第二代人权的核心价值是平等。因为经社文权利真正实现的结果是使穷人受益。对富人来讲，教育、医疗、就业和养老等问题，都可以拿钱来解决。但是对于穷人和弱势群体来说，只能依靠国家、社会和他人来解决，所以第二代人权实施的结果是缩小了贫富差距，促进了社会的平等。第三代人权叫作社会连带（Social Solidary）权利，是 20 世纪六七十年代提出和发展起来的。主要包括和平权、环境权、发展权等权利。为什么第三代权利是社会团结（Solidarism）这样一种权利？为什么它的核心价值是博爱？主要是因为这种权利的实现，受益的是全人类；这种权利受到损害，最终受害的是全人类。比如环境权，其对立面是空气污染等。可能今天只是一个地方受到污染，但是长此以往，污染就会使全球环境受损。还有和平权，今天一个地方发生了破坏和平权的战乱，最终影响的会是全世界。所以，三代人权恰好与法国大革命讲的三个核心价值相对应——自由、平等、博爱。三个核心价值，用三代人权的具体内容来落实。

4. 民族区域自治地方的立法变通权

（1）民族区域自治地方的变通权，大致有三类：一是自治条例和单行条例的变通权；二是变通规定的变通权；三是对上级国家机关决议、决定、命令和指示的变通权。

（2）民族区域自治地方可以变通立法的范围：国家法律明确授权可以变通的事项，如婚姻法、民法通则中的有关规定。

而根据宪法、立法法和民族区域自治法的精神或相关规定，民族区域自治地方不能变通立法的事项包括：一是宪法的规定不能变通。二是民族区域自治法的规定不能变通。三是属于中央专属立法权限范围内的事项不能变通（立法法第 8 条规定了 10 项只能由法律加以规定的专属立法权限事项）。现在有些媒体说，二手房要交 20% 的所得税，是国务院 1987 年的一个行政法规规定的，很多人就以此为依据，说国务院让公民缴纳二手房所得税 20% 是违反立法法的。四是其他法律、行政法规有关民族问题的专门规定不能变通。除宪法和民族区域自治法外，目前我国共有 59 部法律对民族问题做了相关规定，由于这些规定已充分考虑到民族自治地方的特点和实际情况，因此不能再立法变通。例如，我国选举法对"各少数民族的选举"做了专章规定，已充分照顾到各少数民族选举中的特殊情况，因此不能对"各少数民族的选举"一章的规定再做立法变通。

三　我国法治建设面临的主要挑战

我国法治建设面临的挑战，从一定意义上讲也就是它存在的问题，但应当在国际大背景下看我国法治建设的问题。与西方社会相比，我国在实行法治、推进依法治国的过程中，大致有以下几点不同：第一，我国的依法治国是一个由人治向法治逐步转变的过程。这就决定了依法治国、建设法治国家的复杂性、艰巨性、长期性和渐进性，不可能一蹴而就。第二，我国确立依法治国方略的基本动因是一个经验性和实用性的选择过程，主要是为了解决经济发展、政治民主、精神文明和长治久安等现实社会问题而启动的，缺少像西方国家进入法治社会时经过"文艺复兴"和"启蒙运动"的民主法治思想准备阶段和人文主义理性文化洗礼的前奏。第三，我国的依法治国是一个自上而下发动、自下而上实行的过程，实行法治主要是从地方、基层和公民开始。第四，我国的依法治国是有国家和政府主导推进的法治，而不是从社会中自发成长起来的法治类型。

我国选择和实行法治的过程，实际上是一个不断试错的过程，是人治道路走不通了，其他道路走不下去了，才回归到法治上来的。1996 年江泽民说："我们这些人靠什么治国理政？我们这些人没有毛泽东那一代人的权威，没有邓小平那一代人的智慧，我们靠什么治国理政。只能靠法治。"这是一段实实在在的话，是明智的政治领导人的必然选择。王家福先生到中南海讲法治建设重要性的时候，主要讲实行法治有什么好处，他讲了四个有利于：实行依法治国有利于市场经济体制的建立、有利于民主政治的发展、有利于推进社会主义精神文明建设、有利于实现国家长治久安和社会稳定。实行依法治国有什么好处，不实行依法治国有什么害处。两害相权取其轻，两利相权取其重，然后选择了法治和依法治国。由此可见，我国选择法治基本上是一种实用主义、功利的选择，是在实践中做出的必然选择。

我国实行法治是一个从人治向法治转变的过程。法治与人治本身是矛盾的，法治最终是要消灭人治的。需要解释的是，法治并非要否定人的作用，而是要把人的作用规范在法律制度的框架中，法治是一种制度规则之治，是良法之治，而人治一般是具有随意性、主观性的治理方式。但是，在我国现阶段，实现法治的目标往往不得不依靠人治的方式。为什么？因为在我国，一切重大决策都是领导人说了算，领导人对法治的重视程度决定了法治的命运。过去我国法治出现的一些曲折，就是与这种人治向法治转型的历史过程直接相关。中国走向法治国家的过程，可以形象地描述为用宪法和法律的紧箍咒戴在从中央到地方各级各类领导人头上的过程。为什么要这样做？道理很简单，公权力太强大了，孙悟空的本事太大了，如果管不住他，人民的话他不听，师父的话他不听，就需要用宪法和法律的紧箍咒来治理。如果不实行法治，各级各类领导人滥用权力，定然完不成西天取经的任务，整个社会就会乱掉，共产党就要垮台，社会主义也不会成功。实行法治是人类政治文明发展的必由之路，我们没有别的选择，没有别的经验可以借鉴。中国若想要民族复兴、国家强盛、共产党长期执政、社会主义制度长存，就必须走法治之路。所以，是否实行法治，两害相权取其轻，公权力戴上紧箍咒，可能会有痛苦，但是能够用宪法和法律的紧箍咒保证公权力主体用人民赋予的权力为人民服务。中国法治就是这样一个过程。实行依法治国需要中央带头、领导带头。

拿破仑说过：我的一生打过无数胜仗，但是滑铁卢一战，就把所有的战功伟绩都摧毁掉了。我所能流传下来的永不磨灭的，只有我的民法法典，即拿破仑法典。一个政治家如果能够站在历史的高度、大势的角度来看待自己的执政和国家发展过程，法治是非常重要的。如果从世界史的角度来看，也可以看到一个很重要的现象。西方文明对世界的征服大致经历了三个阶段：最早是古罗马时期的军事征服世界；中世纪时是宗教征服世界；资产阶级革命成功后，西方对世界的征服主要是法律的征服。我国香港、澳门虽然已经回归了，但是文化、生活方式、司法制度、观念行为等许多方面，还是被英国法律和葡萄牙法律实际统治着。

目前，我国法治建设主要面临以下问题和挑战。

一是社会主义法治建设与经济社会文化发展的要求还不完全适应，领导干部中的人治现象、公民中的非法治现象、社会上轻视和无视法治的现象，在有些地方、部门、领域和群体中有所抬头和蔓延，有法不依、执法不严、违法不究的现象在一些地方和部门依然存在；以言代法、以权压法、徇私枉法等人治现象还没有消除。改革开放头二十几年，法治建设总体上是向前推进的，但后来人治现象越来越增多。为什么会出现这种现象？它与法律制度的弱化和失效是有直接关系的。从社会的角度讲，"小闹小解决，大闹大解决，不闹不解决，信访不信法，信闹不信法"等这些现象，不仅在社会上存在，甚至在政治生活中也存在。

二是坚持党的领导、人民当家做主和依法治国的有机统一，是社会主义政治文明的本质要求，但在一些地方和部门实际上被统一于党委的"一把手"，法治被"人治"所弱化，依法治国从党领导人民实行的"治国基本方略"演变为某些地方和部门"维稳"以及发展经济的工具。

从党和法的关系来讲，党的十六大提出"三者有机统一"坚持党的领导、人民当家做主、依法治国三者统一，理论上讲这个问题已经解决了，但实践中问题是很复杂的，在很多地方，政法委经常干预案件，要求命案必破，限期破案，不然跟老百姓没有办法交代，法院说案件存在问题恐怕不能判死刑，政法委会说法院得讲政治，讲大局讲稳定，安抚民心为首，政法委这样一干预，司法没有独立性，要听党的话。政法委一领导，很多冤假错案就出来了。我们不能牺牲法治的权威，牺牲了一切国家解决矛盾纠纷的制度去维稳，否则越维越不稳，越不稳越强制。

三是中国特色社会主义法律体系有待完善，立法质量需要不断提高。我国立法的问题也有很多，法学界把它概括为以立法谋私。立法中存在的部门利益、特殊群体利益问题，部门立法争权夺利问题依然存在。国家立法部门化，"部门权力利益化、部门利益合法化"的现象仍未消除，一些明显带有部门或集团利益痕迹的立法，把畸形的利益格局或权力关系合法化，行政部门借立法扩权卸责、立法不公等。习近平指出，全面推进依法治国，首先要有法可依，要继续完善法律体系，适时制定新法，及时修改完善现行法律。不是什么法都能治国，不是什么法都能治好国；越是强调法治，越是要提高立法质量。要完善立法规划，突出立法重点；完善立法工作机制和程序，扩大公众参与立法，更好地协调利益关系，发挥立法的引领和推动作用。有关方面要从党和国家工作大局出发看待立法工作，不要囿于自己那些所谓利益，更不要因此对立法工作形成干扰。如果有关方面都在相关立法中掣肘，都抱着自己那些所谓利益不放，或者都想避重就轻、拈易怕难，不仅实践需要的法律不能及时制定和修改，就是拿出来了，也可能不那么科学适用，还可能造成相互推诿扯皮甚至"依法打架"。这个问题要引起我们高度重视。

四是中国法律体系形成后，法治建设的主要矛盾，是切实加强宪法和法律实施的问题。主要表现为普遍存在的有法不依、执法不严、违法不究，许多法律形同虚设。地方保护主义、部门保护主义和执行难的问题时有发生；法治缺乏权威，司法缺乏公信力；公民"信权不信法"，"信访不信法"，"信关系不信法"，"小闹小解决，大闹大解决，不闹不解决"等。加强法治教育，提高全社会的法律意识和法治观念，仍是一项艰巨任务。江平先生认为："我们现在法治的状况，离遵守宪法、贯彻宪法的目标还太远。"例如："宪法明确规定，法院依法独立审判，不受行政机关、社会团体和个人的干涉。但是，现在居然有人说不要提司法独立。司法机关能否做到真正独立，能否做到按照自己的意志依法来判决，这是对宪法原则的严峻考验。现在很多说法，严格说来是违反宪法的。"

五是政府多头执法、多层执法和不执法、乱执法问题。有令不行、有禁不止、行政不作为、失职渎职、违法行政等行为依然存在；少数执法人员知法犯法、寻租性执法、贪赃枉法甚至充当"黑恶势力"的保护伞；出现了一些不正确的执法倾向，如钓鱼执法、寻租性执法、非文明执法、限制性执法、选择性执法、运动式执法、疲软式执法、滞后性执法等；粗暴执法引发冲突，甚至引发群体性事件或极端恶性事件，突出表现在征地拆迁领域。

六是司法改革轰轰烈烈，解决了办公条件、经费、人员编制以及一些长期制约法院检察院建设和发展的体制机制等老大难问题，基本上实现了各个阶段司法改革方案预设的目标，但司法独立、司法公正、司法权威、司法效率、司法公信力和干预法院检察院依法独立行使职权等深层次问题依然存在，司法腐败问题仍然没有解决。"在充分肯定前些年司法改革工作取得的重大成绩的同时，我们也不得不承认，许多更深层的问题并没有彻底解决，并且面临更大的困难。司法改革本是一项涉及机制设置、权力机关协调等多方位的全面改革，需要一种宏观的、战略性的规划。然而，目前的司法改革措施大多停留在工作机制层面上，深层次的体制改革尚未展开。"

七是"消极腐败现象仍然比较严重"，一些领域腐败现象仍然易发多发。公职人员贪赃枉法、权钱交易、执法犯法、以言代法、以权压法，对法治造成损害；执法不公、行政不作为乱作为等问题比较突出。如何用法治思维和法治方式应对和解决腐败问题，是对党领导的中国法治建设事业的极大挑战。

四　我国法治建设未来发展的任务

（一）实现法治建设的四个重大转变

新形势下全面推进依法治国、建设法治中国，应当努力实现以下四个转变：一是坚持"三者有机统一"，更加注重发挥法治在国家治理和社会管理中的重要作用，以依法治国积极稳妥推进政治体制改革，实现从法治到社会主义宪政的转变，切实从宪法制度和程序上保证"三者有机统一"的实现。坚持党的领导、人民当家做主和依法治国"三者有机统一"的那种制度形态，就是社会主义宪政的核心内容，而且宪政与法治、人权、平等、自由等概念是一样的，如果我们不使用就会丧失话语权，处于被动局面。二是进一步强化民主法治建设，全面推进依法治国，加快建设法治国家，实现从法律体系构建到法治体系建设的转变，从法律大国走向法治强国，这也十分重要。我们讲社会主义法律体系的形成，外国人听了眼睛都发亮，以为我们已经进入法治社会了，但事实上，法治在现实生活中的作用其实是成反比发展的：法律制定得越多，法律实现的情况越不好。因此我们不能滞留在法律体系形成的功劳簿上，还要走向法治体系的状态。三是在有法可依的目标基本达成后，法治建设的重心实现从注重立法到加强宪法和法律实施转变，从纸面的法律向生活中的法律转变，确保有法必依、执法必严、违法必究和良法善治，真正实现严格执法、公正司法、全民守法和党在宪法法律范围内活动。四是用法治思维和法治方式服务党和国家工作大局，更加注重发挥法治在维护党权、建设政权和保障民权中的重要作用，实现从法治的表面"维稳"向深层次解决社会公平正义和权力腐败问题转变，用法治更好地巩固、发展党和国家政权的合法性权威，更加夯实党领导人民治国理政的政治基础、社会基础、民意基础和法律基础，为全面建成小康社会和实现中华民族伟大复兴提供强有力的法治保障。

（二）进一步加强和改善党对依法治国事业的领导

当务之急应当做以下事情。一是中央应该在合适的时候召开一次依法治国的全会。依法治国是治国理政的基本方略，但是我们关于农村、社会、文化等的问题都有中央全会开会讨论，而在十分重要的依法治国方面，中央却没有开过全会。二是中央应当就依法治国做一个决议。三是中央成立依法治国的协调机构。中国的依法治国应当怎么搞，现在依法治国的实践在各省和省以下地方都有依法治理的领导小组，有效推进了地方和行业的依法治理工作。但是，在中央层面却没有领导协调机构，致使地方的依法治理实践往往出现一种"小马拉大车"的局面。四是中央层面应当就依法治国做一个战略规划，用以引导中国的依法治国事业。

（三）坚持科学民主立法，不断完善我国法律体系

按照十八大报告对立法工作的要求，"推进科学立法……完善中国特色社会主义法律体系，加强重点领域立法，拓展人民有序参与立法途径"，应当努力做到以下几个方面。一是进一步完善立法体制和立法机制，统筹立法资源，提高立法质量，防止"立法腐败"。二是积极推进民主立法、科学立法，保障公众的立法参与，使立法更充分地体现人民的意志和党的主张，实现立法的"分配正义"。三是进一步加强社会立法、文化立法和权利保障立法，使中国特色社会主义法律体系的内容更加丰富、布局更加合理、体系更加完整。四是按照"一国、两制、三法系、四法域"的国情和实际，积极谋划构建"中国特色法律体系"，为中华民族的统一、强盛和伟大复兴

提供坚实的法律基础。五是进一步加强和创新立法理论，推进法典化立法，统筹制定法律与修改法律，全面推行立法后评估，保证立法与政治经济社会文化的发展相适应、相协调。

当前，应当抓紧时间研究制定以下一些法律：反腐败法、公职人员财产申报法、个人信息保护法、行政程序法、海洋基本法、结社法、宗教信仰自由法、国家补偿法、社会救助法、农民权益保障法、人体器官与遗体捐赠法、慈善事业法、基本医疗卫生保健法、电影产业促进法、图书馆法、广播电视传输保障法、电信法、旅游法、自然遗产保护法、粮食法、违法行为矫治法等等。

（四）深化行政体制改革，加快建设法治政府

建设法治政府要着力解决以下问题：一是行政体系改革问题，改革与完善我国的行政组织法治，合理确定行政管理职能，优化政府机构设置和管理体制，合理界定政府职责范围，在履行好经济调节和市场监管职能的同时，加强社会管理和公共服务职能，建设服务型政府，防止政府职能"越位"、"错位"和"缺位"。因为法治政府建设内在的内容是行政体制的合理化问题，如果行政体制一直在膨胀，一直在官僚化，法治政府越完善、越全面，其实是越把不合理的行政体制法治化了，让它披上了合法化的外衣，那更可怕，所以首先要从内容上解决它的问题。二是合理划分行政管理权限，理顺垂直部门与地方政府的关系，减少行政管理层次，推进行政管理体制改革。三是深化行政审批制度改革，继续简政放权，推动政府职能向创造良好发展环境、提供优质公共服务、维护社会公平正义转变。四是稳步推进大部门制改革，健全部门职责体系。优化行政层级和行政区划设置，有条件的地方可探索省直接管理县（市）改革，深化乡镇行政体制改革。五是严格行政执法程序，落实政府信息公开条例，全面推行政务公开，行政执法的依据、过程、结果都要公开。六是规范控制行政执法机关的自由裁量权，建立裁量基准制度，对法律法规赋予行政机关的行政裁量权进行细化并予以公布，防止自由裁量权的滥用。七是加强行政执法监督，扩大行政诉讼的受案范围，赋予法院审查行政规范性文件合法性的权力。八是坚持反对腐败，加强廉政建设，从制度上改变权力过分集中而又得不到制约的状况，做到干部清正、政府清廉、政治清明。

（五）深化司法体制改革，确保司法独立公正

司法体制改革是中国政治体制改革的重要组成部分，是全面推进依法治国的重大举措，是全面实施宪法和法律的重要基础。应当对前 15 年司法改革成效进行深刻反思和全面评估，总结经验，修正错误，矫正偏差，调整思路，为深化司法体制改革提供实践依据。应当立足国情，借鉴国外先进经验，深入研究和确立中国特色的司法理论，为中国新一轮司法体制改革提供科学理论指导。

习近平总书记指出：全面推进依法治国，必须坚持公正司法。公正司法是维护社会公平正义的最后一道防线。所谓公正司法，就是受到侵害的权利一定会得到保护和救济，违法犯罪活动一定要受到制裁和惩罚。法律本来应该具有定分止争的功能，司法审判本来应该具有终局性的作用。要努力让人民群众在每一个司法案件中都感受到公平正义，所有司法机关都要紧紧围绕这个目标来改进工作，重点解决影响司法公正和制约司法能力的深层次问题。习近平总书记强调指出：要坚持司法为民，改进司法工作作风，通过热情服务，切实解决好老百姓打官司难的问题。一纸判决，或许能够给当事人正义，却不一定能解开当事人的"心结"，"心结"没有解开，案件也就没有真正了结。司法不能受权力干扰，不能受金钱、人情、关系干扰，防范这些干扰要有制度保障。要提高司法工作者公正司法能力，加强忠诚教育和职业培训，特别要加强基层队伍建设，加强司法干部体制和经费保障体制建设，改善司法干部特别是基层司法干部工作生活条件。

（1）应当根据十八大的战略部署，结合政治体制改革和全面推进依法治国的新形势和新要求，做好新一轮司法体制改革的顶层设计和科学规划，努力使新一轮司法体制改革切实体现宪法原则和宪法精神的取向，体现法治思维和法治方式的取向，体现尊重司法规律和司法属性的取向。

（2）应当根据宪法的政治架构和法治原则，落实并保障法院、检察院的宪法地位和法治职能，依法处理好政法委员会与司法、人大与司法、政府与司法、媒体与司法、公众与司法以及公安机关、检察机关、审判机关之间的关系，确保人民法院、人民检察院依法独立公正行使审判权、检察权。

（3）应当针对"信访不信法"、"信闹不信法"以及"小闹小解决、大闹大解决、不闹不解决"等不正常现象，更加重视法治在管理国家、治理社会、化解矛盾和维护稳定中的作用，运用法治思维、法治方式解决和终结矛盾纠纷，尽快把涉诉涉法信访全盘纳入法治轨道，充分发挥司法作为解决矛盾纠纷最后一道防线的功能，重建司法终结涉诉涉法矛盾纠纷的良性循环机制，不断强化司法公信力和权威性。

（4）应当进一步增强司法的透明度和公开性，强化司法的民主性和专业化，消除司法的行政化、地方化、官僚化倾向，充分发挥司法在国家和社会治理中的救济作用。

（六）切实加强宪法和法律的实施

经过 30 多年的法治建设，我们已经形成了中国特色社会主义法律体系，无法可依的问题已基本解决。现在中国法治建设的主要矛盾，是法律实施不好的问题，主要表现为比较严重存在的有法不依、执法不严、违法不究，许多法律形同虚设。正如习近平总书记在"12·4"讲话中指出的，当前"有法不依、执法不严、违法不究现象在一些地方和部门依然存在；关系人民群众切身利益的执法司法问题还比较突出"。加强和保障宪法和法律实施，应当努力做到以下几点。

（1）根据全面推进依法治国、加快建设社会主义法治国家的总体目标要求，努力把法治建设和依法治国的重点从以立法为中心，逐步转向宪法和法律实施，使宪法和法律在我国改革开放和现代化建设中发挥更大的作用。

（2）加强宪法实施保障的机构建设，可以考虑在全国人大中设立一个与其他专门委员会平行的宪法委员会，专门负责对法律、行政法规和地方性法规的合法性与合宪性审查。

（3）根据宪法、立法法的规定，全面启动违宪审查机制，强化法规备案审查，使合法性与合宪性审查制度化、常态化。

（4）根据十八大精神和形势发展变化的新要求，积极稳妥地修改现行宪法，如把科学发展观、生态文明建设等入宪，恢复 1954 年宪法关于"人民法院依法独立行使职权，只服从法律"等规定。

（5）全国人大常委会切实行使宪法解释权，通过宪法解释保证宪法的稳定性和适应性。

（6）把法律实施状况作为评价立法、执法和司法工作的主要依据，作为评价地方政府工作、考核司法人员和领导干部政绩的重要内容。

（7）继续加强对公民尤其是领导干部的法治宣传教育，增强法治观念，提高法治意识，养成法治习惯，努力提高领导干部运用法治思维和法治方式深化改革、推动发展、化解矛盾、维护稳定的能力。

（七）加强法治文化建设，培养法治精神和法治思维

法治文化是人类政治文明发展的重要成果，实质上是一种与人治文化相对立的国家治理模式和社会文化形态。从文化角度看，法治文化是以"法治"为治国理政基本方式所形成的一种社会文化形态；从法治角度看，法治文化是以"文化"为表现形式和主要内容的一种法律统治形态，两个角度相辅相成、殊途同归。

习近平总书记指出：全面推进依法治国，必须坚持全民守法。首先全社会要信仰法律；如果一个社会大多数人对法律没有信任感，认为靠法律解决不了问题，还是要靠上访、信访，要靠找门路、托关系，甚至要采取聚众闹事等极端行为，那就不可能建成法治社会。要引导全体人民遵守法律，有问题依靠法律来解决，绝不能让那种"大闹大解决、小闹小解决、不闹不解决"的现象蔓延开来，否则还有什么法治可言呢？要坚决改变"违法成本低、守法成本高"的现象，谁违法就要付出比守法更大的代价。现代社会，没有法律是万万不能的，但法律也不是万能的。

他说，我们党是执政党，能不能坚持依法执政，能不能正确领导立法、带头守法、保证执法，对全面推进依法治国具有重大作用。对宪法和法律保持敬畏之心，牢固树立法律红线不能触碰、法律底线不能逾越的观念，不要去行使依法不该由自己行使的权力，也不要去干预依法自己不能干预的事情，更不能以言代法、以权压法、徇私枉法、不为关系所累、不为利益所惑。

法治文化有广义和狭义的不同界定。广义地讲，法治文化是一个国家中由法治价值、法治精神、法治理念、法治思想、法治理论、法治意识等精神文明成果，法律制度、法律规范、法治措施等制度文明成果，以及自觉执法守法用法等行为方式共同构成的一种文化现象和法治状态；狭义地

讲，法治文化是关于法治精神文明成果和法治行为方式相统一的文化现象和法治状态。

广义的法治文化可以分为三个层面的内容。一是作为精神文明成果的法治文化，主要包括关于法律的理论学说，关于法治的原则，关于法治的价值，关于法治的认知，等等。二是作为制度文明成果的法治文化，主要包括宪法制度、立法制度、执法制度、司法制度、法律监督制度、守法制度，以及法律体系、法律部门、法律规范、法律条文、司法判例、法律解释，等等。三是作为社会行为方式的法治文化，主要是指社会成员在社会活动中对待法治的态度和所采取的行为方式。例如，对于一般社会成员来说，他们为什么要守法？守法是自觉自愿行为还是被迫行为？自觉守法或者被迫守法的文化机理和原因是什么？违法犯罪的原因、条件、主客观因素是什么？对于国家公职人员来说，他们为什么要依法执政、民主立法、依法行政、公正司法？为什么必须依法办事？为什么不能滥用公权力，不能以权谋私、贪污受贿、徇私舞弊、司法腐败、卖官鬻爵？他们为什么会发生选择性执法、执法不作为或者乱作为？等等。对于公司企业来说，他们为什么必须依法经营、诚实信用、平等竞争、公平交易、依法纳税？为什么会发生合同诈骗、走私骗税等违法犯罪行为？

所有这些行为方式和社会现象的发生，都与法治文化的有无、多少、强弱等有关。尤其需要追问的，是在什么条件下法治才能被人们所真正信仰，才会内化成为人们的生活方式，才能在社会中生根开花结果？正如钱穆先生所言："一切问题，由文化问题产生；一切问题，由文化问题解决。"孟德斯鸠在《论法的精神》一书中写道："中国人的生活完全以礼为指南，但他们却是地球上最会骗人的民族。这特别表现在他们从事贸易的时候……向他们买东西的客户要自己带秤。每个商人有三种秤：一种是买进用的重秤，一种是卖出用的轻秤，一种是准确的秤，这是与那些对他有戒备的客户交易时用的。"孟德斯鸠解释道："由于需要或者也由于气候性质的关系，中国人贪利之心是不可想象的，但法律并没有想去加以限制。一切用暴行获得的东西都是禁止的；一切用术数或狡诈取得的东西都是许可的。"孟德斯鸠认为："中国人信誉不好尤其是在贸易中，这是因为中国人生活不稳定，使他们有一种不可想象的活动力，异乎寻常的贪得欲。"德国著名哲学家康德在论及中国人时说："中国人无论什么都吃，甚至狗、猫、蛇等等。

食品均按重量出售，所以，他们往鸡嗉囊里填沙子。一头死猪如果分量重，可以比一头活猪卖更好的价钱，因此，有些骗子把别人的猪毒死，当别人把死猪扔掉后，他再把它捡回来。类似这些骗局一旦败露，他们也并不感到羞愧，而只是从中看到自己手段的不高明。"黑格尔在《历史哲学》中写道："中国人以撒谎著名，他们随时随地都撒谎。朋友欺诈朋友，假如欺诈不能达到目的，或者为对方发现，双方都不以为怪，都不觉得可耻。他们的欺诈实在可以说诡谲巧妙到了极顶。"

对于西方学者的上述认识，应当批判和具体分析。或许与《孙子兵法》的民间化、普及化有关，与生存环境、生存条件有关，与传统法律制度有关。直到今天，类似的事情并不鲜见："黑心棉""苏丹红""大头娃""地沟油""毒馒头""毒胶囊"，所有这些事件的背后，与"文化"有何关联性？

建设社会主义法治文化必须反对人治文化、清除非法治文化。加强社会主义法治文化建设，对于国家机关及其公职人员来说，应当牢固树立法治观念，提高法治素质，增强依法办事的能力，坚决反对和清除各种人治文化。当前，在国家机关及其公职人员中不同程度存在的"重人治、轻法治"的人治文化现象，其主要表现形式有：（1）权大于法，一个人或少数人说了算，领导人说的话就是"法"，领导人的看法和注意力改变了，"法"也就跟着改变；（2）朝令夕改，法律无稳定性、规范性、连续性和权威性，法律和制度形同虚设；（3）把法治当作对付群众和他人的工具，以法治民、以法治人，而不是依法治权、依法治官、依法治己；（4）以以权谋私为荣，以依法办事为傻，权力不受监督，滥用职权，徇私舞弊，贪污腐败；（5）崇尚行政手段、长官意志和命令方式，轻视甚至放弃法治原则、法律手段、法律制度和民主法治方式；（6）推崇特权享受，轻视人权保障，违背法律面前人人平等原则；等等。

加强社会主义法治文化建设，对于公民个人来说，必须坚决清除和改造各种非法治文化。当前，在我国公民中不同程度存在的非法治文化现象，其主要表现形式有以下几个方面。（1）信权不信法、信访不信法、信闹不信法（"小闹小解决，大闹大解决，不闹不解决"）、信关系不信法、信钱不信法、信领导不信法。（2）以规避法律、钻法律空子甚至违反法律获利致富为荣，以遵法守法为蠢，例如笑贫不笑娼，不违法难致富，等等。

（3）在某些群体中偷税漏税、坑蒙拐骗、制假贩假、偷工减料以及暴力抗法、贿赂拉拢等所谓"非法经验"，颇有市场，不胫而走。（4）非法治的观念谚语通过某些影视文学作品、民间街谈巷议等渠道不断复制传播，例如"法不责众"（法不罚众），"偷书不算偷，有钱能使鬼推磨"，"不拿白不拿、不打白不打"，"见钱不捡是傻瓜"，"不知者不为罪"，"打官司就是打关系"，"砍头不过碗口大个疤，20 年后又一条好汉"，"坦白从宽，牢底坐穿，抗拒从严，回家过年"，等等。

法治思维是与人治思维相对立的按照法治精神、法治原则、法治要求和法治逻辑来观察、分析和解决社会问题的思维方式，是将法治理念和法律规范付诸实施的认识过程。法治思维与人治思维、专制思维、独裁思维等相对立。法治思维与革命思维、运动思维、政治思维、德治思维、礼治思维等相区别，一定条件下相互作用，但以法治思维为主导。不学法不懂法不遵法固然不具备法治思维；但是掌握某些法律知识、学会运用某些法律条文，甚至拿起法律武器，严格讲都不算法治思维。真正意义上的法治思维，是在崇尚法治、信仰法治、接受宪法法律至上原则基础上，自觉主动全面地依法办事、依法治权、依法维权。

（八）进一步尊重和保障人权

十八大报告明确提出，到 2020 年全面建成小康社会时，要实现"人权得到切实尊重和保障"的目标。这是一个要求很高、难度很大但意义非凡的奋斗目标和战略任务。实现这个目标，应当努力做到以下几点。一是全面落实宪法和党章规定的"尊重和保障人权"的基本原则，保证公民依法享有广泛权利和自由，全面完善中国人权保障的各项法律规定和法律制度。二是继续推进宪法基本权利的法律化，研究制定新闻法、结社法、宗教信仰自由法、国家补偿法、公职人员财产申报法、个人信息保护法等法律，废除《劳动教养条例》等法律法规。三是进一步修改刑法，大幅度减少死刑的刑种，同时更加严格审慎地适用死刑。四是进一步加强对公民的经济、社会和文化权利保障，着力解决"上学难""看病难""住房难""两极分化""贫富不均"等老大难问题，着力保障弱势群体的权利，努力通过法治实现社会公平正义和共同富裕。五是认真实施新一轮的《国家人权行动计划（2012 - 2015 年）》，加强对联合国《公民权利和政治权利国际公约》的研究，适时审议批准这个国际人权公约。

（九）用法治思维和法治方式推进"反腐治权"

腐败是民主法治的死敌。全面推进依法治国，必须竭尽全力地反腐治权。用法治思维和法治方式反腐治权的基本要义有以下几点。

一是要承认公权力面前的"人性恶"，即面对公权力的巨大诱惑，任何人都不是圣人，都有弱点、缺点和局限，都可能犯错误、滥用权力。"即使像毛泽东那样伟大的革命家、伟大的马克思主义者也会犯错误，也犯过错误"。承认"人性恶"，就不能信任或者放任任何公权力主体，而要建立有效的法律制度和法治机制，把一切公权力放到法律和制度打造的"法网恢恢，疏而不漏"的笼子里，监督制约所有公权力和每一个公权力行使者。

二是要以法律控制权力、以制度规范权力、以民主监督权力、以权力和权利制约权力、以道德约束权力，最大限度地减少公权力腐败的机会，最大限度地增加公权力腐败的成本。法治思维下反腐治权的当务之急，就是要尽快从制度和法律上切实解决"谁来监督监督者""谁来监督一把手""谁来监督掌握人财物实权者"的问题。为此，应当认真研究国际上广泛认同的"立法、行政、司法三权分立，相互制衡"机制的合理性，积极引入"锤子、剪刀、布"的循环制约机制。

三是不仅要注重反腐治权的"顶层设计"和宪政制度安排，也要注重从具体的制度、环节、程序和机制入手；不仅要注重对公权力主体的教育、防范和惩治，也要注重对侵蚀公权力的市场行为、经济行为、社会行为等腐败渠道和腐败条件的防范与整治，从各个层面、各个环节、各个领域、各个方面切实堵住产生腐败的制度性、体制性和机制性漏洞，真正从产生腐败的"土壤和温床"上解决问题。

四是充分发挥司法在反腐治权中的作用，排除各种干预和干扰，切实保证司法机关依法独立行使职权，把判决执行权归还给行政机关，使审判权和矛盾纠纷解决的终结权回归人民法院。一方面，应尽可能地剥离或减少司法权的经济、民事、行政和社会活动，避免司法机关自己成为被告，从制度设计和程序安排上最大限度地减少司法腐败的可能。另一方面，司法机关要以事实为根据，以法律为准绳，秉公司法，依法严惩各种腐败犯罪。尤其要坚持法律面前人人平等，切实做到"不管涉及什么人，不论权力大小、职位高低，只要触犯党纪国法，都要严惩不贷"。

（十）从制度上程序上保障"坚持党的领导、人民当家做主和依法治国有机统一"

应该从制度上程序上保障和推进"坚持党的领导、人民当家做主和依法治国有机统一"的实现。这是一个民主政治发展和政治体制改革的重大理论问题，也是实践中没有真正解决的问题。总体上说，坚持党的领导、人民当家做主和依法治国，是社会主义政治文明的本质特征，三者有机联系，相辅相成，辩证统一，是社会主义法治社会发展道路的本质特征和本质要求。在观念形态上，三者统一于中国化的马克思主义，统一于以人为本、全面协调可持续的科学发展观。但具体要怎么落实，归根结底，还是一个政治体制改革的问题，是一个加强法治建设的问题，这方面内容比较多，因为时间关系就不展开讲了。

今天就讲到这里，有错误的地方、不当的地方，敬请民族所的各位专家学者批评指正。谢谢大家！

第 六 讲

少数民族地区发展研究

——藏区课题案例

朱 玲[*]

民族所是民族研究的一个重镇，我们开始进入藏区研究和少数民族地区的研究是从民族所开始的，特别是20世纪50年代的民族大调查，从方法到研究过程和案例结果，我们都仔细研究过、学习过，延中让我来，我也只能在我们院里"出口转内销"，我从发展的理念谈起，从这再谈一谈发展经济学，研究了两个基本问题，虽然发展经济学范围也很广泛，但是有两个基本问题，从它诞生之日起到现在还在进行着讨论，现在我给大家介绍一下，最后说一下我们在藏区进行课题中间的学习和研究，作为一个案例向大家汇报一下。

发展经济学是和"二战"结束联系在一起的，那时候有一系列的殖民地独立了，还有一些国家，面临着"二战"后的重建，努力之后的经济增长问题，怎么样脱离贫穷的问题。世界银行在这个背景下建立了，为什么呢？因为当时这些想援助新的独立国家的专家、国家、政治家都在讨论，他们可能是缺少资金，所以开始发展经济学的研究，讨论怎么样把资金输入发展中国家，而且目的主要是促进经济增长。在那个时候如果说发展，其实就是经济增长。到后来就发现，单纯的增长是不行的，因为经济结构没有转变，那个时候就要关注经济结构的转变，第一产业、第二产业、第三产业。如果大家有兴趣的话，世界银行每年都有世界经济发展报告，报

* 朱玲，中国社会科学院学部委员，中国社会科学院经济研究所研究员。该讲座时间为2013年4月16日10：00~11：30。

告后面有一系列指标，这些指标是慢慢丰富起来的，一开始就是经济增长，后来就有经济结构的变化，比方说就业结构，在第一产业多少劳动力，第二产业有多少。发展和经济增长这两个概念是分不开的，60～70年代，如果说看看那个时候的发展经济学词典，你就会发现，他们在区分什么是增长，什么是发展。但是到了80年代，尤其是90年代城市化加速了，这个时候人们就发现，仅仅谈经济不够了，环境会恶化，所以在发展中增加了环境。大家可能记得80年代末曾经有环境发展大会，中国政府当时在那承诺了，我们只有一个地球，我们怎么来保护，这样就在发展理念中增加了环境。到了90年代中期的时候，又讨论到了社会的发展，因为只有经济的增长和结构的调整，或者你讨论了地方环境，如果不讨论社会发展的话，特别是如果你不关心和帮助穷人的话，你会看到越是贫穷的地方，资源破坏得越厉害。在我们国家1982年开始三西地区的扶贫，那个地方树也不行了，草地都被铲掉，所以在这个时候会讨论社会发展。1994年，社会发展大会召开，后来又看到在发展过程中发现性别的不平等严重影响了社会发展，女性不发展，很多发展目标都是实现不了的。所以发展政策、发展理念和维度都在增加。

发展概念的外延扩展。如果强调环境，就会强调环境的可持续，如果强调人的发展，就会强调人类本身的发展，如果强调社会经济的综合发展，就会强调社会经济发展，所有外延的扩展都和整个现实的社会经济发展过程相一致。发展理念内涵很丰富，特别到21世纪以来，人们发现增长很快的发达国家里有很大一部分人群没有和别人分享发展成果。怎样发展才有利于穷人呢？怎样发展才公平呢？这里特别要提到包容性发展，如果一个社会缺少公正、缺少正义、缺少包容的话，那这个发展很可能是不可持续的。例如很多社会的经济发展很快，但是社会不公正，引发社会动荡不安，整个社会就会陷入停滞。

发展理念的转变在我们的学习和研究中一直是一个重点。如果不是这样的话，我们在研究少数民族地区发展的时候，很可能会陷入片面。我们特别强调，以自由看待发展，诺贝尔经济学奖获得者爱玛蒂亚·森把发展理念推到前沿，刚才说到的很多发展理念都和森的研究成果相关。他把发展定义为扩展人类自由的一个过程，光看这个定义，你会发现非常哲学，好像是不着边际。那么这个自由是什么呢？他强调的自由，就是社会成员选择自己所珍视的生活方式的自由。我们从反面来讲，如果说你是贫穷的，那你在满足自己需求方面就是不自由的，你要想满足自己的需求，你要想选择自己的生活，那就是想扩展自己的自由。我举一个简单的例子，就是农民工选择进城，但是城市有一系列的制度限制着他。大家都知道，使用粮票的时候他们被叫作盲流，他们连粮票都没有，孩子上学要出更多的钱，比城市的人生活水平更低，所以英国有一个经济学家写过，穷人付出更多，越是穷人付出越多，为什么呢？就是城市的一系列的对农民工、对农村人口的排斥，这种制度使得他们在选择上受到很大的限制。但是在这个过程中你也会发现，有少数的农民工，他会实现职业的转移。在城市实现自己的选择，这个就是个人的区别。如果我们调查会发现，有些人受到更好的教育，有更好的健康，或者他的家庭一开始和城市有什么关系。

就像安徽，有服务北京的户主，在这个时候进城会比和城市没有联系的人要更容易。所以在这个过程中，即使为同一人群，因为发展过程有区别，面对同一制度，可能最后是不一样的选择。因为这样，我们会发现，发展过程中国家、群体和个人之间的区别被明确地提了出来。

刚才说的是发展理念。发展经济学从开始到现在，始终关切有些国家成功，有些国家不然，一直去探究这个原因，就会知道怎样去战胜贫困。所以大家会看到国际组织和国内一系列报告，会谈到为什么是东亚的奇迹，为什么是拉美的问题等。如果在同一地区大家面临一个相似的问题，有些国家成功了，有些没有，结果不一样，这些就是经济学家关注的问题。

福山有一个讲演，一个小册子，叫《21世纪的秩序重建》，其中讲到怎么通过外部援助来促进欠发达国家摆脱贫困。为了回答这个问题，只是讨论经济问题是不够的。如果要研究一个地区的发展问题，不能仅仅局限在自己的领域。对于单个学者来说，一个办法就是越过自己的专业领域，去了解别的因素。还有个办法，就是组成一个团队，选择来自不同专业的学者，这样大家就可以从多方面综合研究问题。我们对藏区的研究就是采用了这个办法。在一个这么大的国家里，我们去研究一个欠发达地区的问题，得出的结论很可能为整个发展中世界提供思想材料。这也是我们课题组的中长期目标。短期就是我们的研究和发现，我们的结论和建议能够对中央政府和地方政府提供有利参考。

课题组的研究分为以下五个阶段。

第一阶段（2000～2002年），基于"政府治理和基层动员力"的分析框架，这个阶段是我们的开始阶段。我参加这个课题既有偶然性又有必然性，当时担任中国社会科学院常务副院长的王洛林同志与云南藏区中甸的县委书记成为朋友，这位书记请中国社会科学院派研究人员去探讨欠发达地区的发展路径。我当时就对藏区很感兴趣。所以让我来组织这个队伍，我很高兴。我们一定要做综合研究，调集了7个研究所的研究人员。咱们民族所当时派扎洛去的，后来丁赛也去了。宗教所、法学所和社会学所等都分别派去了研究人员，主力是经济所。多机构课题组毕竟需要较高的组织成本，必须有一个核心组织。当时的调研让我们学到很多东西，因为是初次进入这一领域，所以对于藏区的特色，大部分人还没有很好的把握。在这个过程中课题组经常组织学习，我们只有10个人，但就是这10个人，我们每个月至少请人来做一次讲座，可能涉及的领域都要做讲座。我们有很多学科，每一个人都可以给其他人当老师，在汽车上也轮番地交流和学习。

第二阶段（2003～2005年），先后在青海藏区和西藏自治区从事案例研究，采用的分析框架是"经济转型中的公共服务需求与供给"。如何用好中央的援助，怎样才能实现西藏地区经济发展。这个地区还不具备快速发展的条件，要使那里的居民不被经济全球化推到边缘去，就必须提供公共服务，利用公共服务来使这些人群满足自己的基本需求，一旦他们满足了自己的基本需求，能力增长了，他们自然会创造和发现、实现自己所向往的生活。这就是我们的基本认识，第二阶段我们主要研究这个。

第三阶段（2004～2005年）与第二阶段的研究交叉进行，课题组选择的"田野工作"地域，是四川藏区和西藏昌都地区。我们想去看一下，同一区域仅仅因为中央政府的援助政策不同，以及历史发展条件不同，会对老百姓的福利有什么影响。在这个过程中，我们面临了队伍的大换血。我们的队伍减弱了，必须补充新鲜血液，补充进来以后，还面临队伍的培训。写出来的东西必须达到一定的水平，中等以下的成果不可以出书，这是对读者的负责，至于什么是中等，什么是上等，我相信这就像是会看戏的不一定会唱戏一样。特别是课题主持人必须清楚什么样的可以，什么样的不可以，反复调整、批评和讨论，在这个过程中如果发现这个水平不行，那我们暂时就不要出书了。所以在第三阶段我们没有出书，只是在进行调查，一直到第四阶段。

第四阶段，我们在课题中实行了导师制。每个研究员带了一个副研究员。但是只有扎洛是独立的，因为他非常能干，能力很强。没有给他徒弟也没有给他导师。既有课题组小组培训还有导师制，保证新进来的成员和老队员融合，理解我们前面说的那么多的理念和思路。这就是为什么我们那个阶段没有出书的原因。这个阶段我们只出了单行册。单行册出了四本，书出了三本，第四本书马上就要出来了。

第五阶段（2011~2013 年），我们重访了西藏昌都行署辖区和四川省的甘孜州，分别在金沙江西岸的贡觉县、江达县和东岸的德格县走访村庄和农牧民家庭，着重观察"十一五"（2006~2010 年）期间"民生工程建设"的实施效果。因为上次没有出书，但是作为课题主持人，要对资助机构负责任，我一定要交出当时承诺的成果。7 年之后我们又去了，好处是看到了各方面的变化，政策的变化，社会的变化，如果再写的话，一定超过我们第三阶段的初稿水平。

下面主要来说第三和第五阶段的焦点研究问题。

无论做哪一阶段的研究，首先要有分析框架，有了这个框架以后就要讨论主要研究什么。越是大项目，越是包含维度多的项目，越要有焦点问题。分析框架告诉大家一个整体框架，每一个成员都可以自由发挥，但是他至少知道整个课题的主要框架在哪里，研究的焦点问题是什么，这样可以凝聚大家。因为我们想出的是专著，不是论文集。论文集是你想写什么写什么，在一个大的框架里，编凑在一起。但是我们不是，我们要出的是专著，专题有以下三类。

第一，极端贫困的农牧民家庭和个人迫切需要哪些公共援助？我们想关注的是极端贫困的人群。哪些援助需求已经由扶贫、社会保障和惠农政策等正规制度所满足？哪些没有？哪些需求被基层社会的非正规制度所覆盖？哪些援助需求尚留有缺口？我们想知道缺口在哪里，知道在哪里，才可以提出建议。

第二，就这些需求缺口而言，哪些可以通过改变现有的援助方式来弥补？哪些必须由新增的援助来供给？哪些还有赖于基层社会经济环境的改善？因为已经有一些援助的方式，但是这些援助方式能否弥补缺口呢？如果供给是不够的，那么我们建议新增援助；有一些援助到了，但是基层的社会经济环境限制了援助的效果，那么，我们来关注这些问题。

第三，即使是极端贫困的家庭和个人，他们的类型也不一样，有的是家里没有劳动力，有的是家里有天灾人祸等。所以，需要想如何针对不同类型的极端贫困家庭和个人特有的困难，选择政策干预切入点，才能抵达这些极端贫困的人，以求有效排除其发展的障碍并消除其边缘地位。

我们的研究方法

刚才已经提到，我们是多学科的合作研究，研究的办法主要采用经验研究方法——实地调查。对于经济所来说，我们最擅长的是抽样调查，采用数据调查，统计分析。但是我们去的藏族聚居地住户十分分散，交通很不方便，要是采用抽样的话成本非常高，所以我们主要采用案例研究，同时尽量收集当地已经有的抽样调查或者其他调查的资料。在康藏地区研究中，有一部分用的是西藏自治区政府统计局的统计数据进行分析，再有就是农业部有一个农村社会经济调查系统，它有长期的固定观察点，这样就有村的数据，同时还有样本库。我们想办法把历史文献的回顾、宏观社会经济统计、微观的抽样调查和案例的研讨相结合。到一个地方，我们先买地方志，同时，我们尽可能地访问编写地方志的人，寻找更有实质性内容的文献。1989～1990年我去贵州地区调查，得到的地方志非常有趣，它给你提供一个地方的全貌。可是现在的地方志越来越官僚化，越来越包罗万象，最后感觉什么都没写。所以要找地方志的真正编写者，向他要材料，这样才能看到真正的文献。还有就是在20世纪30年代到40年代初的边疆建设运动，很多学者深入少数民族地区进行研究。在藏区这方面，我们经济所有很好的图书馆文献，所以我们仔细地学习了他们的研究成果，发现他们的研究比新中国成立后的很多研究水平高，无论是方法还是研究发现都值得我们仔细地去看。

调查访问对象

一是调研地区各级政府部门、基本公共服务供给机构和其他国有单位。访问的时候千万不要弄一大堆人，跟对方部门来个座谈会，最后发现他们准备好了官方的程序，可能什么都得不到。我们采取的方式是分工访谈，每一个人分一个课题。我们经济所科研处处长周济原来是图书馆员，他就去藏区的图书馆、电视广播等机构进行调研。每一个人自己去找一个机构，尽可能找管这个事的人。比如你要调研新农合，你一定要找新农合的人，开始做实验的人。我们一定要找政府部门的原因是什么呢？他们会给你提供一个概况，例如工作简报。我们至少知道政府做了什么，地方上到底是什么情况。同时我们还要找地方上的公共服务部门。二是调研地区村委会成员和农牧民家庭成员。三是寺院僧人和居士，因为在藏区，他们是社会经济活动的参与者。四是本地、外来企业家、做工者和商人。从这些人中看一看他们成功者是哪些人。

研究内容结构

一、确认地区发展政策的目标人群

1. 宏观统计

2. 抽样调查数据统计

二、案例研究

1. 草场产权的确立和保护（这关系到藏区老百姓的资源）

2. 人力资本投资

3. 社区文化和生活基础设施建设

4. 社会保护与消除排斥（社会保护本身就是为了消除排斥，到后面简单再和大家讲）。

我们怎么来确认调研地区的脆弱群体呢？简单来讲要看人类发展指标。联合国发展署发布了中国人类发展报告，用的是 2003 年的统计资料，其中区分了城镇和农村。我们注意到虽然西藏自治区人类发展指标低于全国水平，但是城镇的人均预期寿命高于全国。西藏自治区的国民生产总值是倒数第四位，它表达的是经济情况。反过来再看西藏城镇就业人员的工资排全国第四位，其中 90% 是国有单位的人员，说明国有单位的工资是很高的。我们没有讨论城镇人口，始终把研究集中在农牧民群体身上。当然，做城镇研究也没有问题，但是对于一个课题组，要焦点集中，才可能有深入的发现。

在这个过程中，有 2004 年与 2009 年农业部固定调查点的调查数据、农牧户抽样数据。所有这些调查村都是西藏经济状况最好的村，那我们就可以想到更差的村面临的问题会更严重。这些数据不等于没有代表性，它代表的是当地发展状况最好的那个层次。我们还采取了非参数分析，因为自治区统计局也有数据，它代表的人群不是一回事。从这些样本里面去确认农村的脆弱群体，先要区分干部户和非干部户。2004 年与 2009 年的样本户人均纯收入状况有很大改变，但是改变最多的还是干部。这样我们会建议援助的重点应当是一般的农牧民。

我们还将所有样本户分了四等分，在 2004 年的时候，没有得到低收入组受政府救助的数据，没法比较。但是在 2009 年政府补助对低收入组非常重要，占了他们人均收入的 55.9%，这是非常大的比重。在国际上，如果补助占低收入比例的 10%，就是非常大的比例，这说明中国政府在援助低收入方面是做得不错的。2003～2010 年，西藏居民的健康、教育和收入水平普遍提高，农牧村庄的基础设施和社会服务有了明显改善。2009 年低收入农牧群体生活状况的好转引人瞩目：健康自评为优者占 80%（2004 年为 20%）；完成义务教育者的比重增加，而且有了 12 年及以上学历的人。

2011 年再去藏区的时候，学生基本都在学校了。学校的饭很好吃，吸引了很多学生。农牧人口的发展水平依然远低于城镇；农牧村庄中的干部户与非干部户的收入差距迅速拉大；高收入组得到的公共转移收入量大于低收入组；低收入农牧家庭在健康和教育方面仍处于不利地位。因此，贫困农牧人口应当作为援藏项目的目标人群；排除他们的发展障碍，当为藏区发展计划的重点。

案例研究发现我们上次去的时候是 2005 年，在 2010 年去的时候，藏区农牧人口的生存和发展条件明显改善。最明显的就是道路，以前道路状况特别差，现在都是沥青路，但是保养得不太好。所以还是比较差，但是非常差和比较差中间还是可以改进的。低收入群体和贫困人口的家庭经济安全、基本居住条件、文化娱乐设施、健康和受教育水平全都提高了。在这个提高的过程中，我们首先要说市场经济制度在那儿有发展了，藏族老百姓自己的努力也包含在其中。公共卫生、基本医疗、基础教育、基础设施和社会保障事业的发展都发挥了决定性的作用。以硬件投资为特征的基础设施建设、农牧民居住条件和文化娱乐设施改善等，皆有建树；易于量化显示的制度推广，例如义务教育普及率达到 90%，合作医疗、养老保险全部覆盖，五保户供养和最低生活保障制度等同样成绩斐然。与此有关的援藏项目都下达到了最基层的老百姓。这个是我们在 2004 年调查中没有发现的。当然，我们没有发现不等于没有。但是，我们注意到一个很重要的问题，在工程建设和制度推广中普遍存在管理粗放、质量欠佳和公共服务不到位的问题。我们针对这个问题展开了分析。

对研究发现的解释

（1）政府和公共机构运行中的正向激励不足。在事务量繁多而单个工作人员的绩效不易评估的领域，政府部门和公立机构欠缺足够有效的激励机制，促使官员和普通工作人员尽职尽责，及时回应来自村落和农牧民的需求并提供到位的服务。产权保护服务不到位，政府本身服务不到位，不去解决矛盾，因为解决矛盾可能会有一些风险，关系到官员的升迁。

在社会偏好的基本需求大于农牧民家庭偏好的情况下（例如公共卫生和学校教育），服务机构缺少足够的主动性将知识和信息传递到户，激发农牧民利用这些产品和服务的欲望。

（2）政策设计和执行方式未能充分因地制宜。公共部门（供给者）与农牧民（需求者）对工程建设的利益诉求不一，但二者之间缺少平衡话语权的机制。有些工程与当地人口的聚集程度和社会经济发展水平不匹配，有些项目设计与农牧民尤其是贫困人口的需求错位，一些在工业社会生成的制度嵌入农牧区后，与村落的组织方式和社会经济结构不相符。

一方面，主管部门需要足够的时间，通过试错逐渐调整制度设计和执行方式；另一方面，管理人员和农牧民都需要更长的时间，逐渐适应和转向精准管理，并将细致严密的工业文化特质引入当地的行事习惯。

（3）欠缺合格的管理人才与必需的管理经费。西藏自治区和省属藏区的财政自给程度极低，上级职能部门拨付的专项资金和外省市的援助资金未包含管理款项，当地政府主管部门往往以降低管理水准的办法来应对。管理部门和服务成本要高于平原地区。

管理岗位更多地被当作官员仕途升迁的阶石，而非以专业素养支撑的公共服务责任，故而缺少专业训练的官员担任职能部门领导的情况屡见不鲜。于是，地方基础条件薄弱造成的原发性管理粗放，加上经费不足导致的应对性管理粗放，最终结果必然是投资和服务质量欠佳。

第一，重视政策性的结论和建议，重建政府与基层社会的联系，在发展政策和公共服务的设计及落实过程中，充分吸纳地方知识或民间智慧。人民公社解体以后，政府和基层联系越来越少，这导致基层发生什么，政府完全预料不到。村委会和当地寺院可成为衔接和联系的纽带。

第二，强化政府和公立机构的能力建设。建立包括基层民众意见反馈的政府行为监测和问责制度。同时，辅之以阶段性的第三方评估，藏区的好多项目都同时进行，资金到底到了基层没有，这就需要评估。把基于专业化标准所做的公共服务评估结果，作为衡量政府部门和官员绩效的一个依据。定期聘请藏区内外有实际操作经验的管理者，分别对县乡公共服务领域的管理人员加以专业培训，并为村委会成员和村级服务人员创造短期学习机会。上级政府拨付充足的制度运行经费，支持农牧区公共部门将服务传送到户。

第三，通过建立社会均衡机制，扭转公共投资政策中忽视制度和能力建设的偏向。当前的操作性手段，在于调整中央政府有关地区发展政策的目标和度量指标：把满足受援地区脆弱人群的基本需求，作为中央政府和发达省市援助欠发达地区的首要目标。将受援群体的基本需求满足程度，作为发展政策执行状况的主要度量指标。

我们认为一旦受援者具备基本生存和发展条件，即可在规范的市场竞争中发挥自己的潜力，创造自己向往的生活。这既是地区援助的尺度所在，也是帮助受援者排除发展障碍的目的。

第 七 讲

中国民族理论及当代发展

王希恩[*]

今天下午的讲座由我来做我感到惴惴不安，因为在全所同事面前我也只是一个普通的研究人员，做有关民族研究的报告有点班门弄斧的感觉，不大好意思。好在大家都是专家，我说得不对的地方大家能够准确地指出来，所以我也感到很荣幸。

今天讲的题目是"中国民族理论及当代发展"，这是王延中所长给我指定的题目，题很大，不好讲，但也不好改动。讲这个题目之前我对这个题做一个界定。

我们国家关于民族理论这个概念至少有两种理解，第一种理解是作为知识体系的学科或学问，也就是我们民族理论研究室同事所做的研究，把它放到民族学下面的二级学科。当然也有不同的划分，比如划入科学社会主义，有的还把它放到政治学里。不管怎么放，民族理论在我们国家是一门学问或学科。我认为它是这么一种研究范围，实际是三个面向。

第一，以马克思主义为指导的宏观民族现象研究，是宏观民族研究。

第二，以国内为主，兼顾国外现实的民族问题研究。

第三，以国家制度和政策为主要内容的，解决民族问题途径的研究。

实际就是三大块：宏观研究、问题研究和解决问题的研究。这是我们学科的主要研究范围。

第二种理解是中国共产党关于民族问题的基本理论和政策。这个理论

---

* 王希恩，中国社会科学院民族学与人类学研究所民族理论研究室主任、研究员。该讲座时间为 2013 年 4 月 16 日 14：00 ~ 15：30。

政策是随着中国共产党对中国民族问题的认识和解决实践产生和发展的，也是当代中国解决民族问题的理论指导，说白了就是党的民族理论，也包括政策理论。

这个题目规定以后，那么当代中国民族理论及发展，我必须明确，是讲我们学科的现状和发展，还是讲党的民族理论政策的发展。因为这是两个不同的概念，但所长给我交代任务的时候说过，我们这次培训也希望研究人员对党的民族政策有一个理解，实际上是规定了民族理论是应该界定在党的民族理论和政策这一块的。所以，从所长给我的这个题目以及他对我的交代来说我是侧重于第二种理解：党有关民族问题的基本理论和政策。我今天在这里讲的这部分内容实际也是第二种涵义：中国共产党的民族理论及政策的基本内容，结合我们对这些问题的研究，和第一块的内容也分不开。

我对中国共产党的民族理论做一个梳理。

首先看一下基本线索：中国共产党民族理论。现在民族理论研究界对该理论有以下几个阶段的划分。第一阶段，毛泽东思想对应的那个毛泽东民族理论，毛泽东、周恩来、刘少奇等老一辈无产阶级革命家在领导中国革命和建设中处理民族问题的一些原则总结。这是中国共产党用马克思主义民族理论与民族问题实际相结合的第一份理论成果，它实际回答了中华民族如何摆脱民族压迫，实现民族解放，继而如何步入社会主义的问题。

第二阶段，邓小平民族理论。这块实际是继承了毛泽东民族理论的一些基本原则，同时纳入中国特色社会主义的理论体系之中。

第三阶段，以江泽民为核心的第三代领导集体的理论总结，也就是90年代以后。相对来说，第三代领导集体对民族理论政策方面的工作做得非常集中。因为就在江泽民这一代领导集体十年当政过程中两次召开中央民族工作会议，第一次是1992年，第二次是1999年。两次召开中央民族工作会议，这是在党的历史上没有的。

同时他们就党的民族理论和政策的基本观点做了三次阐述。第一次是1990年江泽民在新疆的讲话，他一共讲了五点；第二次是在第一次中央民族工作会议上，也是江泽民的概括；第三次是2001年李瑞环（当时是中央政治局常委），他代表中国共产党对民族理论做的十点概括。这是第三代领导集体。

到了胡锦涛时代，有一次最集中的概括。2005 年 5 月 27～28 日，中央召开了第三次民族工作会议。在这次会议之后，中共中央、国务院发布了《中共中央、国务院关于进一步加强民族工作加快少数民族和民族地区经济社会发展的决定》的中央文件，这个文件中又对党的民族理论和政策的基本观点做了 12 条阐述。这 12 点阐述也就是至今在民族理论界公认的中国共产党民族理论和政策基本观点的集中表述。现在我们民族理论界俗称"12条"，这 12 条在现在高校民族理论教材中一般都会广泛地使用。这 12 条中包括民族定义的问题，包括对民族的过程性概述、社会主义时期民族的一些性状，对民族问题的一些看法等，内容非常丰富，我就不一一介绍了。大家如果有兴趣的话可以很容易找到。

我们怎么理解 12 条？12 条怎么体现我们党的民族理论创新的？我想从以下四个角度谈一下这个问题。

第一，关于民族概念。

中国民族的具体存在和传统的民族观与外来民族概念的矛盾是中国民族理论界长期的困扰。民族这个概念实际是近代由西方传入的。这个词中国自古就有。近年来，学术界关于"民族"这个词的来历做了不少探讨工作。前几年认为"民族"开始出现在魏晋南北朝时期，后来发现在东汉时期就有。关于民族概念，影响中国学术界、理论界的主要是斯大林定义，这是 20 世纪以后传入中国的。除了斯大林理论以外，还有梁启超、汪精卫、孙中山他们对西方民族的概念也做了介绍。从那个时候开始，外来的民族概念和中国传统对民族的理解，在中国社会一直是一种困扰。

这种困扰集中表现在新中国成立以后的民族识别。因为在民族识别过程中，我们怎么来判定这个民族和那个民族的区别，那个时候只能依照斯大林的定义来衡量。但拿斯大林的理论判定中国的民族，处处是矛盾。因为斯大林对民族定义的一个基本要点是，民族是资本主义时代的产物。但在新中国成立以前，中国没有一个民族是进入资本主义的。按照这个情况来说，中国就不存在民族。但事实是我们有民族，仍然要对民族做出识别，这就需要突破斯大林定义的框框。

我们一方面在民族工作中突破了外来民族概念的困扰，另一方面学术界也不断地探讨怎么样表述民族这个概念。2005 年的"12 条"对民族概念做出的阐述可以说突破了斯大林的民族定义，但却符合中国人对民族的理解，能被大多数人所认可。

斯大林的民族定义是大家都比较熟悉的，说民族是人类在历史上形成的一个有共同语言、共同地域、共同经济生活以及表现在共同文化上的共同心理素质的稳定的共同体。还加了一点，只有一切特征都具备时才算是一个民族。"四个共同""一个稳定"是我们上学时都能背出来的概念。"12条"对民族的解释：民族是在一定历史发展阶段形成的稳定共同体，一般来说，民族在历史渊源、生产方式、语言、文化、风俗习惯以及心理认同等方面具有共同的特征，宗教在有的民族的形成和发展中起了重要作用。我把这两个概念放在一块儿，在 PPT 中用楷体字把它做个比较，标了楷体字的就是相互之间有所不同的地方。

斯大林的定义中有"四个共同特征"和"一个稳定"，在"12条"里都做了改变。斯大林的"共同心理素质"在这里变成了"心理认同"。在"12条"中增加了"历史渊源"，并作为打头的特征，增加了"风俗习惯"，增加了"有的民族在形成和发展中宗教起了重要作用"。这都是和斯大林的定义有所不同的。为什么斯大林原有的"共同地域"在"12条"里没有了，民族理论界做了很多的解读。我觉得这些解读是有道理的。如果拿"共同地域"来判定是不是一个民族的话，很多地方就没法判定了。因为有的民族不但现在不在一个"共同的地域"，在历史上也很难说有"共同的地域"。比如回族，历史上就散布在中国的各个地方，尤其在通商的要道，西北西南到东南沿海地区都有分布，一开始就没有共同地域，如果拿此来判定回族不是一个民族显然是不合适的。

中国民族状态的一个特征是大散居、小聚居，或大杂居、小聚居，各个民族之间你中有我，我中有你。一个地方这个民族可能有一部分，那个民族也有一部分，大家都共同生活在一个地域。所以说在"共同地域"这一点上，至少在中国这种条件下可能是不大合适的。

"12条"里的民族特征增加了一个"历史渊源"。我想这个特征能够被大多数人所理解。所谓"历史渊源"无外乎就是文化的渊源、血缘的渊源两部分。人类群体都有一个共性，即认祖归宗，认同共同的祖先。这个祖先怎么判定呢？就是通过血统，不管这个血统是真实的还是虚拟的，总要找一个祖先。这个祖先就会成为凝聚自己民族的核心。

在民族识别过程中很多因素可以抛弃，但都得尊重对同一来源的认同。

你从哪儿来的？总要探究一个历史根据。能找到同一个源头，那么你们就有根据成为同一个民族了；如果找不到，至少心理上大家可能会怀疑。所以，从这点来讲把"历史渊源"作为民族要素提出来我认为是非常恰当的。

自从斯大林的"四个定义"提出以后，很多人总是想抹杀民族的血缘性。我想这个抹杀恐怕是非常徒劳的。因为不管怎么样，一个民族总会有血缘上的联系。民族、种族这些概念为什么会混在一块儿，因为在人们的印象中这个民族总是和血缘连在一块儿的。一说中国人当然首先想到的是黄种人（当然也有例外，比如中国的俄罗斯族、塔吉克族就不能说是黄种人）。所谓外在形象就是种族的因素，从这点来看，我们的"12 条"把"历史渊源"放在特征里讲，而且放在第一位来讲，我觉得至少从人们的心理习惯上是能够被接受的。

现在人们常讲民族是一个想象的共同体，在新的民族构建中总是把历史记忆作为重要的因素来加以强调。记忆什么呢？记忆渊源，追寻自己的渊源。所以没有历史渊源这个东西，就没有可追寻的地方。我们讲民族凝聚力、认同离开渊源是讲不清的。所以，我觉得中央的"12 条"里把历史渊源提出来是符合实际的。

把斯大林定义中的"心理素质"变为"心理认同"是很容易被现在的人所接受的。因为"心理素质"在以往的讨论中并没有达成一致，联系到具体民族的实际很不确切。

"12 条"在民族概念部分最后加了一句话："有的民族在形成和发展中，宗教起着重要作用。"这话也很符合实际。在我们的民族形成理论中，有时候忽视了宗教的影响。实际上宗教起的作用非常重要。看看历史，每一个民族都有自己的宗教，包括汉族。而像回族，宗教在其形成过程中更是起了黏合剂的作用。

尽管"12 条"已经对斯大林的民族定义做了很大的突破，但实事求是地讲，这两个概念还是有很多相同的地方的，反映出中国民族理论与斯大林理论割不断的联系。这种联系是不能够抹杀的。任何一种理论都有它的渊源，抹杀了不是实事求是的态度，但是我们对此不能过分强调，因为它毕竟在实践基础上发展以后形成了自己的特色。没有自己的特色，中国的民族概念就真是"斯大林模式"了。这不是实事求是的态度。

第二，关于中国解决民族问题的特色。

　　现在我们讲中国解决民族特色之路，有没有中国特色呢？我认为这个特色是实实在在的。从近几年的学术讨论来看，有的学者一直坚持认为中国的民族理论和政策直到现在还是斯大林模式或者苏联模式。我的理解是这种说法太笼统，就像刚才说的，中国解决民族问题的整个理论和政策已经形成了中国特色。我刚才讲的民族概念可以作为一个例子，中国实行的民族基本政治制度是民族区域自治，可以举出好多例子。

　　在民族识别这个问题上，这两年我写了几篇文章，认为中国一些学者说中国向苏联学习，搞民族识别，这是站不住脚的。民族识别是向苏联学的，这句话猛一听的确如此，刚开始我也这么理解，觉得中国的民族理论从一开始就和斯大林理论是结缘的，斯大林的民族理论指导了中国的民族识别，中国的民族政策和苏联也是差不多的，中国肯定也是跟着苏联来学民族识别的。但是现在我可以肯定地说，中国的民族识别并没有向苏联学，中国的民族识别这种做法在苏联不存在。直到现在，无论咱们中国人也好、俄罗斯人也好，对苏联的"民族识别"从来没有一个正儿八经的研究，因为这个事情不存在。明确说中国向苏联学民族识别最早是 1998 年新疆的两个学者在一篇文章中提出来的，说苏联在 1924 年中亚地区搞了大规模的民族识别，他们在办公室里拍着脑袋造出了中亚那些民族国家。但又说有关这次民族识别的档案材料尚未发现，还是一个未解之谜。一方面说苏联搞了民族识别，另一方面说没有发现更多的东西，这本身就说明这个东西是很模糊的。

　　现在看来，苏联在 1924 年前后的确在中亚地区搞了"以国定族"的那么一些做法。就是苏联当局在那个地方先设了一个民族国家的名称，比如哈萨克斯坦、塔吉克斯坦、乌兹别克斯坦，设定这些国名以后，在这些民族共和国以内将文化和族源相近的族体做了归并，归并到以国家名称为名的民族名下。除此之外没有发现苏联搞过其他的民族识别的东西。说它没有搞过民族识别的第一个根据是，苏联从 1926 年开始共进行了四次人口普查，而这四次普查中的民族的数量并不一样。1926 年他们搞的人口普查民族数量是 194 个，到了 1958 年的时候变成了 109 个，到了 1970 年、1979 年两次人口普查又变成了 104 个。之所以数字不一样，是因为苏联的民族成分是被普查对象自报的，而不是像我们这样经过识别以后法定认可的。自报，肯定就随意得多了，数字的变动就是正常的了。

第二个根据，我们的学者就中国是否跟苏联学过搞民族识别，曾在中央民族大学请教过季什科夫。季什科夫是现今俄罗斯民族研究的第一号权威，他当过俄罗斯的民族事务委员会的主任，也当过俄罗斯科学院民族研究所的所长，他在苏联时期就是一个著名的民族学家，经历过苏联时代，对苏联民族的研究绝对权威。2011 年 1 月，民族大学请季什科夫在这边讲学。在一次讲演结束后有学者（他主张中国民族识别是学习苏联的）请教季什科夫，问中国在民族识别上是和苏联学习的，是否同意这个观点。但季什科夫并没有直接回答这个问题，而是用一连串苏联人口普查的数据做了说明。那意思很明确，苏联和中国的做法是不一样的。

第三个根据，苏联对民族的认定和中国不一样。苏联对他们国内的族体进行了三个层次的划分：民族、部族、部。这三个层次的划分是根据社会发展程度或人口因素来划分的。最高层次就是民族，这个民族就是进入了资本主义和社会主义的族体，人口多，能够成立民族共和国。第二层次是部族，就是在苏联建立之前处于封建时代或奴隶制时代的一些族体。第三层次的族体叫部落，包括部落之下的氏族，顾名思义就是处于原始社会后期的族体。而中国不一样，中国 56 个民族不管发展程度如何、人口多少都被称为民族，享受同样的权利。这和苏联类别上的划分是不一样的。

所以，根据这些事实我认为，中国的民族识别和苏联没有共同之处。民族识别是中国民族工作的基础，正是因为有了民族识别，中国的民族平等、民族政策工作才能依次开展起来。中国的民族识别是有特色的，这一点不可否认。

第三，关于民族问题的涵义以及当代中国民族问题的主题。

自 20 世纪八九十年代起，民族理论界关于"民族问题"的概念也出现了比较热闹的争论，一个占主流的看法是民族问题就等于民族矛盾或民族之间的矛盾，这是一个比较流行的看法。但在讨论中还有一部分人提出来，民族问题不光是民族矛盾，还包括民族内部的一些问题。当然这两个大的争论双方之间还有更细的一些区别。

作为对这些争论的回应，1992 年中央民族工作会议上，江泽民就在讲话中对"民族问题"的概念做了明确的表述，此后，也没有变过，而在"12 条"中又再次做了重申。"12 条"的第四条讲：民族问题既包括民族自身的发展，也包括民族之间，民族与阶级、国家之间等方面的关系。

中央关于民族工作的论述 20 年来有过变化，但在关于"民族问题"的概念上始终是坚持的。我的理解，这一表述不能仅仅理解为中央对一种学术分歧做了结论这个层次，而应理解为中国共产党对当今中国社会、民族问题主题的深刻把握。从这个字面上理解，是对原来我们普遍认为的民族问题就是民族之间的矛盾这个理解做了一个突破。民族问题既包括民族自身的发展，也包括民族之间等的关系。首先是发展：民族问题既包括民族自身的发展，然后才讲也包括民族之间，民族与阶级、国家之间等方面的关系。这是非常宽泛的民族问题的概念，其中很重要的方面是把民族自身的发展作为民族问题的一个突出要素。

为什么这么讲呢？近代以来中国民族问题的主题实际只有两个。第一，摆脱民族压迫，实现民族解放。第二，摆脱贫穷，实现民族振兴。

我觉着中国一百多年以来民族问题的主题实际就是这两个。摆脱民族压迫，包括整体中华民族摆脱帝国主义压迫，也包括作为各个具体民族的少数民族摆脱大民族的压迫。这一个主题的核心是解放，推翻帝国主义压迫，推翻国内的民族压迫。后一个的核心就是发展。改革开放以来，少数民族和民族地区发展差距拉大的事实说明了，民族发展是一个较之民族解放更为艰巨、更为漫长的过程。民族解放的主题应该说随着 1949 年的新中国成立以及后来的民主改革就算完成了，不管是帝国主义还是国内民族之间的压迫，都随着中华人民共和国成立以后社会制度的改变而彻底完成了。

第二个主题，摆脱贫穷、实现民族振兴则是一个直到现在我们还在追求的梦想。放到民族工作中来讲，就是少数民族和民族地区的发展问题是我们民族问题现阶段的一个主题，民族之间发展上的差距以及由此差距导致的获取社会资源和利益上的差距是我国现阶段民族关系上的主要矛盾。

民族间存在事实上的不平等，这个提法直到现在学术界还在提，但中央层面，在正式的官方文件中这个提法不提了，改为差距或发展不平衡。但是如果说这个差距始终存在的话，那么它造成的不平等的确是事实存在的。因为它直接造成社会资源分配上的不平等，利益分割上的不平等。这个我们大家可能都有共同的认识。这一矛盾既是遗留的，也是未来一段时间长期存在的。少数民族和民族地区发展滞后于汉族地区，这是我们从 20 世纪 80 年代以来民族学界尤其是民族理论界不断强调的一个事实。这个事实直到现在并没有改变。我们现在组建调查组到民族地区搞调研，对这点的认识可能更直接一些。

把发展纳入民族问题范畴，实际是对中国现实民族问题的一个深刻把握。这既是事实，也是我们理论界长期的一个共识。所以中央把发展问题纳入民族问题的概念之中，我觉得是非常到位的。中共十八大报告中有一句话，说"发展仍是解决我国所有问题的关键"。我觉得这句话在我们认识和处理民族问题上也是一种非常恰当的判断。

有的同志认为，当今中国的主要民族问题不是发展问题，而是民族分裂问题。这的确有道理，因为当前给人们视觉和心理冲击、震撼最大的就是带有恐怖的暴力和分裂事件，人们对民族问题的理解也恰恰是从这些方面开始的。新疆发生暴乱了，藏区又出现自焚了，等等。我们官方并没有将这些事件列为民族问题，只是把它作为恐怖暴力的犯罪活动。但实事求是讲它也是一种民族问题，因为它直接危害民族团结、分裂民族，只是这种民族问题是一种敌对性质的、恶性的，和我们一般所讲的人民内部的民族问题有性质上的区别。

民族问题的表现是多方面的，各种民族问题的要素之间并不是孤立存在的。表现在政治方面，比如说这个自治地方的领导中主体民族没有占到人数上的多数，那个少数民族没有本民族的干部；经济方面，今天这块草场发生械斗了，明天那条河被上游的其他民族切断了；文化上的，媒体不断披露、揭示出的影响民族感情的事件等都是民族问题的种种表现。这些问题的发生具体原因各不相同，但把这些问题发生的各个要素串一串的话，会发现影响这些要素的最主要、最多的就是发展问题。有些是发展不够造成的，有些是发展过程中的必然矛盾影响的。所以我们对这些问题的处理和解决，只能通过民族的发展来解决，别无他法。即便我们感受最深的、冲击力最大的民族分裂活动，以及与此相关的暴力恐怖活动，也需要我们通过发展来打造解决的基础。因为只有发展好了，我们才能从根本上铲除民族分裂主义的社会根基，只有国力强盛了才能从根本上遏制和打击民族分裂活动的发生。

理论和实践都说明，发展仍是解决当前中国民族问题的关键。当然，这种发展只能是科学发展，也就是大家经常谈到的，在科学发展观指导下的发展。因为我们现在看到的问题太多了，原来那种只追求数量和速度的发展理念完全过时了，包括民族地区在内，我国现在发展的问题不仅仅是数量和速度的问题，更主要的是质量和协调的问题。

民族地区这几年来出现的问题，一方面是发展不足，另一方面是发展中的问题，两种发展问题相互叠加。比如说在这个地方开发了，在开发过程中，是否给当地的老百姓必要的利益补偿，是否给当地的生态环境造成了危害，就这些危害是否给予了必要的补偿，都是发展中常常出现的问题。2011 年 5 月内蒙古发生的事件实际就是发展问题的一个突出表现。企业开发违背民族政策，不顾当地老百姓的利益，直至造成了冲突性事件。所以我们当前强调的发展和以前发展的理念应该有个差别，这就是要科学发展。所谓"发展仍然是解决民族问题的关键"，这个"发展"应该加一个注明——科学发展。科学发展观是我们当今强调的一个指导思想，这在民族问题上同样适用。

第四，关于尊重规律，共性和差异共存的问题。

中央"12 条"的第二条和第三条是这么说的："民族的产生、发展和消亡是一个漫长的历史过程，在人类社会发展进程中，民族的消亡比阶级、国家的消亡还要久远。"这个观点是说，民族是个历史发展过程。这是马克思主义民族理论的一个基本观点，长期以来中国共产党在这方面没有发生动摇过。接下来一句是"在人类发展进程中，民族的消亡比阶级、国家的消亡还要久远"。这是强调了民族消亡的久远性。这里实际上谈到了民族规律的问题。现在学术界、民族理论界对此讲的不太多了，似乎认为这是老掉牙的一种理论。现在不提过程，不提规律与大环境有关系，因为现在不管是中国还是国外，相对论的思潮十分盛行。认为讲过程、讲进步、讲发展都是现代性的理念，我们现在已经是后现代时期，后现代时期是讲相对、讲差异性的时期，原来强调进化、进步，强调发展的理论已经过时了。我认为这样讲相对主义是不科学的。

不管我们怎么界定民族概念，它总是一个历史现象，在历史长河中总是有生有灭的，有它产生、发展、消亡的自然规律。不讲规律，我们任何科学的存在都是多余的。因为科学就是寻找规律的。规律就是事物的本来面目。只有找到它才能正确地认识世界、实现科学的目标。否则我们搞科研、做理论研究都是没有意义的。同样，我们看待民族问题也要尊重规律。中央强调："民族的消亡比阶级、国家的消亡还要久远。"这实际上是提醒我们不要把民族的消亡看得过于乐观。五六十年代的时候我们曾经一度想跑步进入共产主义，其中就包括想把民族尽快融合掉，事实证明这是一种幻想。民族不仅在1958年以后没有消亡，到现在还在凸显着自己强劲的生命力。民族的消亡是个久远的过程，这是一条真理。

中央"12条"强调，社会主义时期是各民族共同繁荣发展的时期，各民族间的共同因素在不断增多，但民族特点、民族差异和各民族在经济文化发展上的差距将长期存在。如何认识我们社会主义阶段民族存在的规律？一方面共同因素在增多，另一方面差异性长期存在，是这一条的精神所在。社会主义时期我们不能提民族消亡，因为它不是消亡的时期，但民族间共同的因素的确在增加，这个我不用说大家都能亲身地感受到。当今每一个民族，不管大民族还是小民族，发展程度高的或者发展程度低的，相互之间的交流、交往广度和深度都是前所未有的。交流、交往，他们发展过程中，交往的一个前提——必须有共性，没有共性也要形成一个共性才能够交流，而交流的过程和结果也是共性的增多。

很多原来足不出户的社会成员走出去了，言语不通就相互学习，语言不合就要相互磨合，语言的磨合、学习的结果就是共同因素增加的结果，这是一个规律。但同时各民族特点，各民族差异以及发展的差距将长期存在。在各民族交往过程中一方面有交往的要求形成各方面的共同点，另一方面各民族在交往中不断强调自己的个性和特殊性，这是一个非常矛盾，又的确存在的现象，这也是在全球具有普遍规律的东西，我们不能够强调一点而忽视另一点。

我现在都在讨论"第二代民族政策"，以及其他一些相关的观点。其中最要害、最核心的一个地方就是明里暗里想过早地、尽快地实现民族融合。民族融合在马克思主义民族理论中讲的是民族消亡的结果，各个民族之间差距不存在了，各个民族界限没有了，完全一样了。这在马克思主义的理论中是共产主义的事儿，但现在我们用政策促进民族融合则是违背历史规律的。

我们现在应该树立一种理念，就是民族的多样性、文化的多样性不是一种社会负担，而是一种社会宝贵的资源。

多样性是永恒存在的，即便将来民族真的消亡了，多样性的文化也会是存在的。没有多样性，没有差异就没有世界，没有差异，没有特殊性，也就没有创造的动力和进步。大家都一样那还是世界吗？大家都一样了还有进步吗？这是一个简单的道理，但放在民族问题上，很多人就想当然地认为应该把民族尽快地消融掉。我们从第二代民族政策的思想内涵来看，从我们在社会交往中表述出的一些观点来看，甚至我们在网络上看到的那些有关民族问题的言论来看，"民族融合论"大有市场。这是有历史渊源的。中国历来讲究大一统，想象同质化的社会，中外民族政策的一个倾向性的东西也是同化和融合。所以出现这种"融合论"是不足为怪的。但它的要害在于违背规律，不符合我们当今社会的存在，不符合民族发展规律的存在。在这方面，汉族和少数民族的感觉可能是不一样的。汉族成员听到这句话可能不以为然，因为这是将来肯定会实现的事儿嘛，甚至有可能抱以同情；但少数民族成员的心理上就可能会有一个刺激。因为所谓融合，首先是人口少的民族的消失，这是民族感情很深的少数民族所不愿看到的。我提出来，民族之间要尊重相互之间的感情，通过感情来做换位思考，有了换位思考之后说的话、做的事儿就能多一点和谐，相互理解可能就会更多一点。

　　我们尊重民族规律还应该看到，当今中国民族问题的增多，是民族过程规律和国内国际环境共同作用的结果，是与中国处于转型期、社会矛盾频发的社会状况相对应的。中国民族问题的状况现在不容乐观，这恐怕是我们大家都已有的共识。如何看待当今中国民族问题增多的原因，更多的可能是从具体的原因探讨，为什么这个事情会发生，会谈得更具体一点，会更多一点。但既然我们是学理论的，还是应更多从宏观上看问题。我们既然承认民族发展是一个规律，也就应该看到民族在不同的发展阶段它的表现和所提出的诉求是不一样的。民族理论界存在两个概念，自在民族和自觉民族。所谓自在，就是这个民族已经存在了，但他对自己民族的存在和利益诉求还不自知；而当民族发展到一定阶段之后，这个情况就会改变，各个民族不但会自觉感知自己的存在，还会更多提出自己在权力和利益方面的要求。当然这种要求有合理的，也有非分和不合理的。

　　从这两个不同的发展阶段来看，当今的民族问题增多正是因为我们各个民族比以前发展了，他出于一种自觉的诉求增多了。五六十年代甚至再往前推，那时候各民族的诉求是很低的，只是要求你承认我是一个民族，承认我，给我一个平等的地位，让我不再受你的压迫。当今各个民族的诉求肯定就不止这一点了，现在我们看到的民族问题，除了经济利益之外，还有政治方面的要求，更多的是文化方面的诉求。这就是民族从自在走向自觉的本能反应。当然，这些诉求会和其他利益主体产生矛盾，在民族之间发生，就是民族矛盾；在国家之间发生，就是民族与国家的矛盾，或局部和整体之间的矛盾。

基于这种表现，我们说民族发展程度越高，这方面的摩擦可能就越多。所以我们不能拿现在的民族关系状况和 50 年代相比，不能够简单地以"我们现在的民族关系不如五六十年代"进行评价。从规律性上讲，我们现在的民族关系才是民族发展过程中正常的状态，而以前却是各民族处于较低发展状态的关系。也是出于这样的认识，对目前到将来相当一段时期内民族问题增多的趋势我们就可以看得更加清楚一点。

当前民族问题增多也和国内、国际环境有关系。国内来说，我们国家正处于社会转型期，社会矛盾不断增多。而这些矛盾不但在汉族地区有表现，在民族地区也有表现。而在民族地区就往往和民族问题扯上关系了。相对来说，民族地区的这些矛盾往往比其他地方爆发得要滞后一点，因为它比汉族地区发展进度要慢一点，但汉族地区前面发展出现的问题它这里一点也不会少，尽管晚和慢，但一样要发生。每年我们因为各种社会矛盾爆发的群体性事件在民族地区也不少。而正由于是在民族地区，出现问题自然就会和民族问题联系起来，尤其是涉及少数民族群体，更是这样。

国际原因看，冷战结束之后世界出现了第三次民族主义浪潮。这个浪潮在激进的方面就表现为民族分裂主义，由此产生了一系列的民族国家；在平和的方面就是各个民族民族意识的增长。这个时代的大背景必须要看到，因为它不是中国特有的，而是世界性的，中国问题只是这种表现中的一部分。所以，我们看问题不能离开大背景，否则就可能得出错误的结论。比如因为这几年民族问题不断增多，很多人就认为中国的民族政策出了问题，认为正是因为中国的民族政策，尤其是民族识别政策刺激了民族意识才导致了现在民族问题的增多。

我认为它的根本问题是对民族问题发展的规律性认识有脱节。民族识别的确刺激了民族意识的增强。因为原来大家都一样，都不知道你是哪个民族、他是哪个民族。结果民族识别之后很清楚了，你是藏族，他是回族，他是汉族，民族局限的确清楚了，民族意识增强了。但严格来讲，民族意识的增强不是从民族识别开始的，而是自近代以来在中国持续发生的过程。

它是民族意识增强的一个原因，不是全部的原因。因为时间的关系，这里不能更多地讲这个问题。我只是提出，如果把民族识别看成民族意识增强的全部原因，那么世界上其他国家没有搞中国这样的民族识别，为什么也会出现民族主义浪潮，为什么民族意识也在增强、民族问题也在增多？所以，我们看问题还是要全面一点，要多从规律上看。平心而论，中国的民族政策在保障少数民族权益等各个方面是处于世界先进行列的。当今世界大多数国家对少数人群体或少数民族权益的认识和相应的政策，是 20 世纪六七十年代以后才逐步推开的。而贯穿平等理念和人权思想的中国的民族政策从新中国成立就在全国铺开，而在之前中国共产党自 20 年代就在自己的理论和实践中开始探索了。

所以，中国的民族政策并不是导致当今民族问题增多的根本原因。如果说有问题的话，只能说我们很多东西没有与时俱进地加以完善，在政策和民族问题产生之间形成了那么一种错节。中国的基本民族政策、民族平等、民族团结、民族区域自治，各民族共同繁荣这些原则现在来看是没有问题的。民族问题的存在和增多不应该把板子打在这里。我们讲坚持中国特色社会主义发展道路也包括了坚持中国特色的解决民族问题的道路，如果连这点自信都没有的话，另起炉灶，推倒重来，不可想象中国的民族关系将会是一种什么样的状况。我们对任何一种事情的评价，尤其是我们搞民族问题，对民族政策的评价，都应该实事求是。我们既然搞研究，讲理论，就不能就事论事。从这些来看，我们对解决中国民族问题的道路应该是自信的。

以上是我对"12 条"，也就是中国共产党现今民族理论政策基本观点的几点认识，讲得不对的地方，欢迎大家指正。

我就讲到这里。谢谢大家！

第 八 讲

社会政策与社会建设

葛延风[*]

什么是社会政策？其实很难一下子给社会政策下一个很明确的定义，因为社会政策涉及的东西很多。笼统地讲，社会政策指在维护社会稳定、社会和谐，保护公民基本社会权利和发展的各种政策，统称社会政策。

社会政策和经济政策之间有区别也有联系。如果讲区别，经济政策更加着眼于经济的稳定增长，比如财政政策、货币政策，以及各种对市场的规范性政策，都属于经济政策，跟社会政策有区别的，社会政策更关注怎么促进社会和谐和保护公民权利。

经济政策和社会政策的联系很紧密，任何好的经济政策必须考虑社会结构，如果一个政策只考虑经济产出，而不考虑可能的社会后果和社会结果也不是好的社会政策。反过来社会政策也必须考虑经济结果，就是好的社会政策在维护社会稳定、和谐的同时，应该有利于经济的增长。

社会政策涉及的内容和领域非常多，可以从不同的角度分析。简单归纳，主要包括三个有区别又相互关联的方面：第一，以防范公民当期以及未来经济和社会风险、实现收入再分配为主要目标的社会保障制度建设；第二，以维护公民基本社会权利、促进平等并改善国民生活质量为主要目标的公共服务体制建设；第三，以维护社会秩序、促进不同社会成员和社会群体间关系和谐、防范社会矛盾和冲突为主要目的的社会管理体制建设。

---

[*] 葛延风，国务院发展研究中心社会发展研究部部长、研究员，兼任国家教育咨询委员会委员、国务院医改专家咨询委员会委员、中国卫生经济学会副会长、中国社会学会常务理事、中国人民大学兼职教授等职。该讲座时间为 2013 年 4 月 17 日 9：30～11：50。

一　社会政策建设的进展及面临主要问题和挑战

（一）社会保障制度体系

中国社会保障制度从新中国成立以后陆陆续续建立，改革开放以后，由于我们的社会经济和环境发生了很大的变化，社会保障体制在此基础之上不断地完善和调整，这些年我们社会保障制度的建设取得了很大的进展，体现在以下几个方面。

第一，以低保为核心的城乡社会救助体系全面建立。首先是以低保为核心的救助体系全面建立。在 90 年代中期，我国首先开展了城镇居民的最低生活保障制度，后来在农村开展了针对农民的最低生活保障制度。这两项制度基本实现了应保尽保，针对没有饭吃的人，生活极度贫困或者没有收入的人，划定一个基本的保障标准，以财政投入为主，确保他们最基本的生活，这是社会救助。

第二，各种社会保险基本上实现了对各类人群制度上的全覆盖。社会保险包括养老保险、医疗保险、失业保险、工伤保险、失业保险五个大的类别。这里面最核心的是养老保险和医疗保险，比如养老保险有五种制度，分别针对公务员、事业单位、企业职工、农民和城镇居民。在医疗保险领域有三个大的制度，对少数的公务员采取公费医疗的方式，对于大部分的企业职工，包括大部分的事业单位职工是职工医保，个人和单位共同缴费；针对农民，从 2003 年开始搞新农合，以财政投入为主，个人适当地缴费；对不能被职工医保覆盖的做居民医保。这三种制度覆盖了全国 95% 以上的人，失业保险、工伤保险等包含的目标人群比较小。除了这些以外，有些地方还搞了临时性的，或者针对特定群体的制度安排，比如针对农民工的，有些地方做法上有比较大的差异。

第三，针对老年、残疾人以及妇女儿童的福利事业稳步发展。

第四，大规模保障性住房建设全面启动。

虽然这些年社会保障制度体系进展比较快，但是现在看问题也还是比较多，最核心的问题就是保障功能和再分配功能明显不足。

第一，相当一部分的保障项目保障水平仍然很低，存在有制度但是功能弱的问题。像新农合在医疗领域，最近这两年因为筹资水平提得比较快，有了明显的改善，今年筹资水平人均要达到340元，政府补贴由240元提升到280元。总体来看，按照现行的医疗服务价格，尤其是发生了重大疾病，大额花费的保障功能还是明显不足，个人还需要掏很大一部分的钱。像新农保，针对农民养老保险的水平更低了，最低标准每人每月55元，指望55元解决养老问题，差距还是很大的。总的来说就是保障水平低，有制度，但是功能弱。

第二，制度不统一，群体间和区域之间待遇差距非常大。这在养老、医疗、低保领域问题都比较突出，比如养老金的问题，事业机关的养老金全国平均是3000～4000元，企业职工只能相当于机关的50%左右，农民的养老保障比起来差距就更大。比如在医疗领域，公务员和一些事业单位基本上都是公费医疗，个人基本上不用掏钱；企业职工医疗保险的人均筹资水平全国为3000元；像新农合，大多数地方也只有300元左右，所以人群之间差距大。地区之间的待遇差距也非常大。以低保为例，北京、上海最低生活保障标准比中西部地区人均纯收入都要高，中西部地区低保标准只能勉强维持基本的生活而已。

第三，一部分制度设计存在缺陷，逆向转移特点突出。比如新农合，由于筹资的水平很低，意味着就必须有大量需要个人自付的部分。农民到医院看大病，花1万元，只能报销4000～5000元，剩下的钱必须个人掏腰包，这就出问题了。由于他不能自付另外一部分，他就没有办法看病。谁能够看病？只有农村里面相对比较富裕，有能力自己能掏自费部分的人才看得起病。

第四，从管理上，整个社会保障的整体管理水平仍然不高，统筹层次也比较低，携带性差。比如一个人原来在南方某地打工，在那里参加了各种社会保险，换到另外一个地方，就很难享受社会的待遇，中间衔接起来很困难。

（二）关于公共服务

国家在公共服务方面的进展很大。

一是财政投入大幅度增长。教育、卫生以及其他核心民生支出均大幅度提高。以教育为例，前些年强调财政性教育经费的支出占GDP的比重要达到 4%，受多方面的因素没有达到这样的目标，但是去年终于达到了这个目标。从卫生领域的情况看，2009 年中央决定全面推进医药卫生体制改革，当时提出三年财政对医药卫生事业新增投入不低于 8500 亿元，从各种汇总数字来看，最终的结果超过了 1 万亿元。

二是各个具体领域的制度建设和改革进展也很快。比如教育领域，免费义务教育得到全面普及，过去义务教育不是全部免费的，孩子们上中小学，没有学费但是有各种杂费，后来国家陆陆续续把各种杂费全部取消，比如对中西部地区给寄宿生补贴，包括书、教材免费提供，等等。而且高等教育实现了大众化，刚刚恢复高考的时候每年只招 30 多万人，现在招生数量接近 700 万人了；研究生的招生数量增加，硕士生加博士生的招生数量是 60 万人左右，高等教育从精英教育走向了大众教育。在医疗卫生领域，2009 年医改全面启动，公共卫生体系建设，基层医疗卫生服务体系建设，医保、医疗药物的体系建设都取得了明显的进展。在就业领域，针对中国劳动力供给量很大的特点，国家一直采取非常积极的就业政策，当然也得益于经济的快速增长，我们保持了就业的总体稳定。其他的像公共交通、环境保护也日益受到重视。

我们在取得进展的同时，必须看到我们在公共服务领域问题仍然很多，最突出的表现是基本公共服务水平差距大，投入效率不高。

第一，从均等化水平情况来看，有三个方面的问题：（1）城乡、区域公共服务水平差距大的问题一直存在，近年来在某些领域还有进一步扩大的趋势。比如北京、上海包括东部沿海的大城市，学校的办学条件、办学水平，从硬件水平看，跟欧美发达国家没有太大的区别，而中西部地区、民族地区办学条件仍然非常艰苦。（2）区域内差距大的问题也很突出，最典型的就是教育，为什么每年春天择校问题搞得很多学生家长苦不堪言，就是区域内资源严重不均等，硬件的水平差距非常大，教育的水平差距也非常大。（3）公共服务体制改革没有充分顺应人口流动的变化，改革滞后，传统的城乡二元结构正在演变为城市内的二元结构。过去是城乡分割，城市有城市的一套公共服务政策，农村有农村的。随着改革开放的展开，大量人口从农村流向城市，现在不仅是从农村到城市的问题，还有城城流动、由小城市向大城市流动的问题。而很多公共服务政策的设计仍然是跟户籍挂钩，导致的结果是流动人口进入城市，和城市的人同干一样的工作，同在一片蓝天下，但是在很多的公共服务问题上，比如教育、就业服务等各方面享受不到和城镇居民，或者和户籍人口同样的政策，导致差距很大。

第二，公共投入效率低。（1）优先顺序和服务重点选择不当，重高端，轻基本；重基建，轻运行，再加上公共服务定价机制没有很好地跟产品价格挂钩，公共投入没有很好地转化为公共福利，有些情况下公共投入加剧了老百姓的负担。（2）费用分担机制不合理，存在逆向转移支付问题。（3）公共服务提供主体，也就是事业单位行为多多少少扭曲，加剧了矛盾。中国事业单位改革和城市经济体制改革基本上是同步进行的，不存在改革滞后的问题。但是改革存在比较明显的偏差，这个偏差就是在很多的事业单位的改革过程当中，简单地套用了经济领域和企业改革的做法。政府对事业单位投入不足，让事业单位面向市场去挣钱，以维持自身的运转，包括改善职工的福利，这样时间长了一定会出现问题。主要的问题就是事业单位的目标和国家目标、公众利益发生不同，而利益导向决定了事业单位的行为一定会发生扭曲。

（三）关于社会管理

社会管理问题这些年越来越受重视。最高层高度关注社会管理问题，比如2011年2月，中央组织省部级领导干部成立了社会管理的专题研讨班，当时胡锦涛总书记专门发表了讲话。从中央到地方陆陆续续建立了社会管理的协调机构，明确了"党委领导、政府负责、社会协同、公众参与"的体制框架。十八大报告将社会管理的16个字调整为20个字，加了一个"法制保障"。很多地方在社会管理领域，无论从体制建设方面，还是从管理和服务的结合等方面，均进行了很多有益的探索。

从总体来看，社会管理体制和方式明显不适应社会转型带来的压力和挑战。法治建设仍然任重道远，有法不依、违法不纠的问题突出；公共决策的民主化程度还不高，暗箱操作问题很突出，老百姓利益表达的渠道还不畅通；面对去组织化的特征，社会组织发育滞后，仍是政府在唱独角戏，管理成本过高；社会管理和公共服务缺乏有效的结合，而且过分强调维稳，带来的问题很突出；在迅速的社会转型期，随着迅速的对外开放，加上互联网的影响，文化和道德建设不断面临新的挑战。

（四）未来一个时期，一些新情况、新问题将会对社会政策构成新的挑战

这里面主要有以下几个问题。

第一，快速的城市化和大规模的人口流动问题。改革开放以来，城市化进程非常快，而且未来一段时期城市化会还会进一步推进，人口流动也会继续推进。面对城镇化和大规模的人口流动，社会保障和公共服务需求会大幅提高；公共服务体系布局需调整；城市化不可逆，破解二元结构成为当务之急。

第二，老龄化问题。受特殊计划生育政策，再加上技术水平、生活水平导致人口预期年龄增加等多方影响，中国将经历人类历史上其他国家从来没有经历过的快速的人口老龄化，它将对经济增长、产业升级、社保体系选择和可持续性等产生一系列的影响，这就需要我们在社会政策、改革和发展方面需要充分的重视。

第三，经济增速放缓问题。改革开放以来，中国经济持续了 30 多年的高增长。从现在的情况来看，未来十几二十年再想保持这样的高增长几乎不可能，换句话说，未来还会增长，但是增速放缓或者下台阶是绕不过去的问题。经济增速放缓必然会影响到财政收入的增长速度，这样对社会保障、公共服务以及国民财富在代际和人群间怎么合理分配，都会形成新的挑战。

第四，信息化、国际化以及大学教育的普及，带来最直接的影响就是老百姓的价值观和行为方式会进一步多元化，利益诉求会进一步提高，社会管理难度加大。

二 社会政策建设和改革的主要思路和政策目标

需要强调以下几个原则性问题。

第一，GDP 至上的思路必须调整。尤其是地方 GDP 至上，一切都是围绕GDP，招商引资等就是把蛋糕（总量）做大，对社会建设、社会政策总体上并没有给予足够的重视。从整个国家的经济发展水平来看，我们现在已经进

入中上等收入的行列，去年我们的人均 GDP 在 5400 美元。从国际经验来看，很多国家往往是可以很顺利地进入中等收入这样一个阶段的，但是进入高收入阶段这个坎儿过不去，这就是所谓的中等收入陷阱。相反有些国家，比如日本、韩国成功地进入高等收入的社会。最大的差距在哪里？这里面非常重要的影响因素是是否建立了有效的社会政策体系。考虑到中等收入陷阱的威胁，下一步必须调整 GDP 至上的思路，重视社会政策的建设。

第二，要突出公平公正。前些年在学术界、理论界经常讨论做大蛋糕和分好蛋糕的问题，有不少人说只有做大蛋糕了才能怎么样，也有另外一种思路就是强调要分好蛋糕。我个人的观点是分好蛋糕和做大蛋糕不矛盾，换句话说，一定要做到让改革和发展的成果为广大人民共享，如果做不到共享，财富只集中到少数人的手上，大部分人没有消费的能力，经济是增长不了的，所以一定要突出公平公正。

第三，在社会建设的各个具体领域，既要把握好目标、方向，注重宏观的体制选择，更要关注关键技术选择和微观管理。社会政策是技术活，不是说我们强调大力发展教育、医疗卫生等，就能发展好。很多的社会政策，比如在教育领域，我们资金怎么筹集，政府、家庭、社会各承担什么责任，学校怎么布局，甚至到具体的领域，我们的课程怎么设置，这都是技术性的，要求很高，在卫生、医疗领域都是一样。

（一）关于社会保障制度建设和改革

进一步强化社会保护体系建设。说明白一点就是社会救助，这是我们下一步仍然要高度重视，或者首先要做好的问题。具体地说，就是要推进保障水平，调整机制的标准化；进一步完善相关制度的组织管理、提高瞄准率；推进最低生活保障制度与扶贫、教育援助、医疗救助以及廉租房等制度的衔接和整合。

进一步完善社会保险制度。逐步探索推进有关制度的统一，可率先推进新型农村合作医疗与城镇居民基本医疗保险、新型农村养老保险和城镇居民养老保险一体化管理，在此基础上，稳步推进其他制度的统一；加快推进各种保险制度的统筹层次，对多种社会保险项目实现省级统筹，同时建立国家层面的调剂机制；完善社会保险制度的管理，确保制度的可持续性，重点解决养老金领取年龄过低问题，确保养老安全，医疗保险进一步突出"保基本"。

稳步推进社会福利事业的发展。研究制定符合中国国情的以养老服务为核心的老年福利特别是老年服务政策；残疾人福利、妇女儿童福利需要强化；推进与相关公共服务政策的衔接和配合。

进一步完善住房保障政策。突出住房的基本保障属性；推进住房登记实名制和房产保有环节的级差式税收政策；完善保障性住房政策：资金筹集、规划、分配。

（二）关于公共服务体制建设和改革

在教育领域，抓住公众反映最突出问题。在义务教育的领域，通过投入方式调整、推进教师定期轮换、完善学校管理等，推进区域内公共教育资源均等化，抓紧解决择校问题；流动人口子女普通高中教育属地化乃至相关高考制度的改革问题要提上日程；高等教育、职业教育需进一步改革教育内容和方式方法，更加紧密地与经济结构调整和产业升级相结合。

进一步深化医疗卫生体制改革。需要进一步完善公共卫生，提高重大公共卫生防控体系，突出公共品属性，打破户籍界限，实施公共卫生开放式服务；基本医疗领域进一步突出"保基本"，对基层服务和适宜技术，提高报销比例；基本药物的公共品属性需要强化；进一步"强基层"，加大政府投入和转换机制并举，全面推进县级医院改革和建设；抓住关键问题，加快推进公立医院改革，核心是在完善补偿机制的同时，通过财务和分配制度改革解决公立医院激励机制扭曲问题。

就业的问题，我们过去一直是扩大就业的思路，就业优先。从目前情况看，劳动力供大于求的拐点已经出现，劳动力人口的总量在下降。所以总量问题在未来不是问题，下一步的主要矛盾是结构问题，劳动力市场的二元分割。重要的是要逐步统一社会保障和公共服务政策，提升就业质量。

（三）关于创新和完善社会管理体制

切实推进法制和民主建设，这是实现社会稳定的基础。有法必依、执法必严、违法必究，强化各个领域公共决策的民主化程度，强化对政府公权力的问责和行为规范。相比而言，在民主和法治这两个问题当中，法治更重要，而且公众和政府部门都要守法。对于公众和政府部门来讲，在法治的约束问题上一定要充分明确，对于老百姓法不禁则许，如果这个事不禁止的都是允许你干的。对于政府机构、对公共部门是法不许则禁，这是必须充分强调的，尤其是公共部门对公共权利进行严格的约束。

调整社会管理思路。对当前的社会矛盾和突出成因要有清醒的认识，绝大多数的矛盾源于利益，所以完善公共服务，协调好利益关系这是核心；形成公开透明的利益表达机制和渠道，强化矛盾的早期调停与处置和严格执法；一定要重视服务和管理的结合。这里面简单讲两个例子。很多的同志都到国外去过，到国外半年以上很多人都会主动去登记。为什么？比如到美国做访问学者，或者时间长一点去登记，因为你只要登记，孩子就可以免费进入美国的公立学校，有一些公共卫生的问题，甚至其他的问题就可以得到相应的服务，这就是它很好地把服务和管理进行了结合。我们国家，比如农民工为什么不愿意登记，很多年来农民工连暂住证等都不愿意办，你不给他提供任何的服务，他当然不愿意办。改革考核机制，减轻维稳压力。维稳的核心是维权，切实维护老百姓的基本权益，只有老百姓的基本权益得到维护，才能稳定。

积极培育社会组织发展。发达的社会组织是实现社会良好管理的基础，包括协调内部关系、协调外部关系，包括形成制度化的表达；需要优先扶持公益性社会组织以及有代表性的以行业、职业为基础的互益性社会组织发展，鼓励志趣性组织；在逐步降低成立门槛的同时，支持和约束并举。

（四）一个特别值得关注的问题：计划生育政策调整的研究

按照我们的观点，目前人口生育已经明显低于正常的替代水平（生育率），受城市化、工业化、教育水平提高，以及生活成本增加的影响，生育意愿下降是不可避免的。人口红利加速消失、老龄化加速以及未来可能的劳动力短缺问题将成为新的重大挑战。现在留给我们进行调整的时间窗口期已经很少了，加快推进计划生育政策调整是非常迫切的问题。

三　相关领域的体制改革和操作性的
制度建设

前面给大家讲了，社会政策是技术活，不是明确了方向、明确了原则、加大投入就能够解决好的，这是不对的。资金的投入方向解决不好，不仅不能够给老百姓带来福利，反而增加老百姓的负担，很多问题能不能做好取决于政策设计。

（一）建设一个好的市场环境

当前社会领域存在诸多矛盾和问题，有社会政策建设和社会管理改革滞后的因素，在很大程度上也和市场环境不完善、市场秩序混乱有很大关系；完善市场环境，规范市场秩序意义重大，重点是要打击权钱交易、假冒伪劣等不法行为，消除垄断和各种形式的不公平竞争，使等量要素投入能够获得等量收益；鼓励勤劳致富、遏制各种投机；加强知识产权保护，鼓励创新。

（二）调整、完善政府之间的责任关系

社会保障、公共服务必须由政府主导，中国有多层级政府，要想有效落实政府职能，必须调整完善不同层级政府在社会保障和公共服务上的决策、投入、执行、监督责任，单纯讲财权、事权过于简单；强化中央政府的决策和规划责任，因为我们是单一制国家；执行责任，尤其在社会保障和公共服务领域，主要由县、市级来承担；投入方面，需强化中央、省级政府对地方的一般性转移支付以均等化财力，部分领域可实行按项目分担方式；强化高层级政府，尤其中央和省对地方有关问题的监督责任；考虑到城市化和人口流动问题，财政转移支付政策应加入流动人口因素，加快改革以"户籍"为基础的社会政策体系。

（三）完善公共投入的方式，明确产品属性和费用分担机制，确保公共特别是中低收入群体受益

提高公共投入的绩效。扭转重基本建设，忽视日常运行投入的倾向；建立公共投入和有关服务价格调整的联动机制，让公共投入转化为公共福利；进一步强化对公共资金使用的监管，农村税费改革和义务教育"两免一补"政策中有很多好经验值得总结；财务管理公开透明。

明确产品的属性，完善费用的分担体制。对于涉及大多数人的最基础性服务，最好采取免费方式，对可能出现滥用的，以个人少量付费或基本

免费方式以控制浪费；对于需要个人和家庭分担费用的服务，应充分考虑个人支付能力，同步建立相应的减免或补助政策，避免逆向转移支付，确保中低收入群体受益。

（四）推进社会建设的精细化管理

明确范围和标准，把握好"度"，推进基本公共服务的标准化。水平和标准必须与发展要求相结合，与国情、国力相结合，要突出重点、可持续；标准化建设不仅要设立最低标准，也要设立最高标准。

充分利用现代信息手段，完善管理。现代信息技术手段为完善社会建设提供了有利条件；完善信息系统建设，当前要着力解决信息化建设中不同领域、不同区域之间信息化建设分割问题，实现信息共享；加强对信息的运用和开发，全面提高社会保障、公共服务和社会管理的水平。

（五）加快公共部门特别是事业单位的改革，提高绩效

事业单位是中国公共服务的提供主体，其行为直接关系服务水平和质量。

改革开放以来对事业单位进行了很多改革探索（不是没改），有成效（能力提升），但问题也非常突出，关键问题是简单套用经济领域和企业改革做法，放权过度、约束不足，导致行为扭曲和"利益目标冲突"。

未来改革重点：强化、细化分类，依据服务特点和内在规律，差别化管理。完善激励与约束机制，包括完善评价机制，重点看社会福利改善目标而非财务指标；员工薪酬、福利体系更多强调稳定，与岗位职级挂钩；严格对公共部门的资产处置和剩余分配控制。

（六）立足制度建设，积极稳妥地动员民间和社会力量参与社会领域的改革和发展

在社会管理领域，发展社会组织意义更重大。

在公共服务领域，应积极鼓励，形成政府主导、社会参与的多元化服务格局，但不能期望过高，营利性机构与公共服务的目标存在冲突，购买服务要谨慎。非营利机构能否健康发展，影响因素很多（文化传统和税制等）；同时，其自身也有局限性。

制度建设是基础，先规范后发展比先发展后规范要好。对营利性机构，以企业方式运作，政府对质量进行监管；对非营利机构，支持和约束并举。

（七）加强对各个领域改革试点的宏观指导，优化考核机制

重视社会政策的内在规律，强化对地方改革试点的宏观指导，避免因"利益问题"或"经验偏好"走"偏"。

重视综合改革试验。社会保障、公共服务和社会管理很多东西都是交织在一起的，单项推进难且会成本很高，需要综合改革、综合推进。

完善"试错"和纠错机制。

调整完善干部考核机制，改变 GDP 考核优先倾向。

提问环节

问：说到老龄化的问题，我们大家都要面临这一天，西方国家有一个非常好的制度，自己来做义工，为自己将来的服务做一些储蓄。我们国家很早就有人提这个问题，但是迟迟没有做，究竟有什么原因，或者有什么样的障碍？

葛延风：我们国家也有地方在探索，在浙江杭州有人做，效果总体还不错。但是讲影响，有两个：第一，大家公益意识总体上落后于欧美发达国家。第二，跟社会组织化程度有关系。欧美的宗教很发达，有各种各样的教区，宗教组织在这方面发挥了很重要的作用。我们不仅没有类似的组织，而且这几年城市化进程太快，尤其是各种新建的小区，异质性太强，大家住在一个门洞里面，连谁姓什么，在哪儿工作都不知道，受多方面的因素影响。相比之下，类似您讲的时间银行等，从老年互助情况来看，传统社区要比新建社区好，下一步把这些人组织起来，让大家先熟悉了，认识了，再通过其他的鼓励措施来推进。如果没有很强的公益意识、没有很好的组织基础支撑则会很难推进。

问：社会保障的标准，在咱们国家区别很大，像我们去的三江源地区，低保的标准一个月只有75元；在东部地区，比如在江苏这些地方一个月能拿到1700元左右，这个区别是非常大的。这个国家的基数

是不是统一的标准，当然我们知道有一些省份会补贴，这在我们国家是可以理解的。但是国家定这个标准的时候，根上就是有这个区别，当然根上有区别有一定的道理，比如收入水平不同，我不是很了解，是不是起初就会有这样的区别。另外，比如在西班牙有一个很重要的东西，只要你是这个国家的公民，你就应该享受同等的福利待遇，我们有什么样的理论上的思路吗？这样的政策出台总得有一个说法，怎么解释一下？

葛延风：低保标准国家确实没有统一的标准，就是授权各省市、自治区人民政府自行决定，各省市政府又授权各县市区人民政府自己决定。更多的是财政能力决定的标准，而不是根据需求导向的。如果根据需求导向，一个人大概考虑到吃，基本的营养，考虑到穿衣，考虑到价格变动，咱们主要还是能力导向，财政能力导向导致了区域之间差距过大。公共服务，像西班牙也好，或者其他国家也好，强调统一标准，我们从理论上，大的方向上已经很明确了，国家提出来现在要基本公共服务均等化。均等化有两重含义：一是服务标准、服务能力的均等化；二是从享受的服务对象来讲，不管在哪里都能享受到大致相当的服务。这个方向是比较明确的，怎么推进有一系列的问题要解决。

问：您刚才说到很多欧美和中国的比较，我觉得特别好。但是从中国内部的比较来说，可能我们调查的民族地区很多方面都很落后，我在想我们的研究会有什么意义。虽然我这个问题在社会保障这里提出来，可能在别的地方同样存在，我们研究落后的地区会体现出什么意义来，只是体现很差、很多的问题，还是什么？我在思考我们整个研究的意义，因为我去日本交流的时候，有一个人给我提出一个问题让我触动特别大。我当时讲老字号企业，他说你们为什么老是按照欧美的标准看这个问题，你们中国没有标准吗？你们按照自己的方法会怎么样？我们现在讲中国道路什么的，中国自己本身跟欧美，我们借鉴过来的东西怎么结合，或者地方性的东西怎么结合，我觉得这是我们的研究价值，不知道对不对？

葛延风：我没有能够很好、很清晰地理解你的问题。但是发展不平衡是所有稍大一点的国家都会面对的，比如美国东部、西部和中部发展也不平衡，很多国家都面临这样的问题。发展不平衡，或者由于禀赋、自然条件需要采取不同的发展方式和重点，比如上海更多的是要借助它的独特地理位置发展高新技术和金融，西部地方更多地需要强调环境生态保护，可能要采取不同的路子。但是有一点，在老百姓的生活方面，国家要尽可能建立均等化的服务和保障体系，让老百姓共享改革和发展成果。比如谈到你们的调查，如果通过调查发现，东西部地区不仅本身的发展水平差距大，而且由于财政转移支付的手段没有跟上，包括服务模式没有更好地结合当地的特点，导致民族地区、中西部地区，很多老百姓享受不到基本权利。有些问题了解清楚，我们告诉有关部门在下一步的发展过程当中，怎么进一步强化思路，怎么根据民族地区的特点，采取针对性的服务，这本身就很有价值。

主持人：刚才你提的问题是我们很多成员和课题组人都面对的问题，因为我们研究的不是最发达的地方，可能找不到更多的管理和经济发展的最先的、创新性的经验，和发达的地方相比、和国外相比显得水平落后一点。我们怎样来立足于我们的研究，把差距展现出来？通过这样的基准，因为公共服务标准化，包括社会管理的标准，经济发展的量度、标准，是全世界整个人类在现代化的过程当中，往现代化方向走，向这个标准靠拢的过程。但是我们保持地方文化的特色，就要保持传统，这就涉及现代化过程当中的文化保护、价值转变的问题，这恰是我们调查民族地区时需要面对的问题。

民族的东西，包括文化的东西，如果打破了，让它自生自灭；要是不打破它，不去发展，可能距离越来越远，而且无法依靠自身发展。昨天朱玲教授讲的，所谓的开始发展，里面有很多的瓶颈，资金的瓶颈、管理的瓶颈、技术的瓶颈，包括不协调性等，如果没有外力，靠自身演变，所需时间则更长。但是我们有没有权利演变人家？但是全球化人口流动，你不动，整个外面的力量也会逼着你动，不是你想不想的问题。国家的势力、国家的控制已经到那个地方去了，不是说你不动就能保持原来的传统，这些问题正如葛教授说的，从社会管理来讲怎么更加科学，更加符合人类共同的趋势，更加符合现代管理的标准。

我们选择民族地区，选择研究对象看到的一些局部的东西。因为我们所到的区县都是一个区域，这个区县的政府不管是不是自治政府，它都是有发展的东西。因为城市有它发展的指标，这个发展你该站在哪个角度看？是站在纯粹的小部落、群体、村落去看，还是站在城镇的角度看，站在干部的角度看，站在上级政府的角度看，我们在研究视角和研究把握的过程中都会面对。我们不是为了展现西部的地区，或者我们调查的地区，不是要展现这个地方多落后，而是说它怎么在原来的起点上往前走，有哪些是做得比较好的，或者相对而言同样的投入应该达到的效率，可能没有做那么好。国家的财政投入，就像免疫的一些设备，给了就放在医务室，这个器械传递不到老百姓那里，没有发挥作用，这就是管理的问题。这些问题我们都可以展开讨论，也就是我们到底研究什么内容，我们调查不是描述，描述是基础，但绝对不是为了描述而描述。这是借题发挥，也是一个思考。

问：您提到的现在大的结构二元化和三元化的问题，这个框架特别有启发性。我的问题是您主张的公共政策的导向，以农民工为典型来说，您是把他们定在二元结构里面，还是定位在更传统的社区去解决差别问题的？

葛延风：我们的基本想法，包括国家的政策目标，就是加速推进同农民工的市民化，现在把城乡的二元一下子打破是不可能的，要靠城市化来消化。但是现在要做的事情，对那些已经离开了农村进入了城市的人加速进行市民化，不要在城市里面再形成二元结构。

问：您说的城市该怎么定义呢？因为事实是很多人跑到大城市来，城镇和乡村是一级的，在中国的传统社会里是一体化的，这个城市的定位该如何理解？

葛延风：过去更多的是用城市化的概念，现在更多的用城镇化的概念。这里面最核心的划分标准，应当是生产组织方式，比如进入城镇，哪怕是小城镇，更多的不是搞农业，而是搞工业、加工业、服务业，那就已经完成城市化了。

问：我们民族调查应该更加注意的，因为民族调查进入了不同生活群体和传统社区，你是否一定要把它打破，还是就地来统筹考虑这些问题？大城市像北京，我最近请教了一个卫生部门的官员，我说雾霾的问题能不能解决，他说解决不了，北京的人口还没有到 3000 万人，北京的承载能力只有800万的人口，这个问题实际上是人的问题。国外的心理学家认为最大的污染源是人，是我们自己，我们老责怪汽车，其实根源在我们自己。

葛延风：生活方式的概念很大，比如藏族的老百姓、回族的老百姓和汉族的老百姓，不同民族生活方式肯定有差异，这个东西很难一下子说清楚，生活方式作为一个指标，其本身的概念很大，所以核心的还是生产方式，如果讲生活方式，是否能够利用现代的文明喝到洁净的自来水、实现交通通信的现代化等，可能更多是社会方式里面比较狭义的一方面。

问：生活方式也可以下乡，不一定要把农村的人搞到城市。

葛延风：是的。关于雾霾的问题我们没有过多考虑过，也不是不能解决。当然中国解决雾霾的问题，制约因素很多。第一，能源结构上我们是以煤为主的国家，就这个东西决定了治理起来是非常困难的。第二，北京的人口总量过多的问题。还有一个很大的问题就是整个行政区域内布局不合理，比如北京和大东京圈比起来，在人口总量上北京不比它多，但是北京显得比它挤很多，主要是中心城区很挤，我们卫星城的布局不合理，区域布局不合理，这是很大的因素。

问：刚才您谈到要积极培育社会组织的发展，我们在民族地区调查，可能会看到，在当地有社会组织跟当地的宗教和庙会组织是结合在一起的。但是这样一些组织，在政府层面看来并不具有合法性，您怎么看待培育地方组织的问题，尤其涉及宗教组织？

葛延风：对宗教组织我没有什么研究，我们更多地研究行业、职业为纽带的社会组织，比如工会、行业协会，包括志趣组织。从国家来看，对于社会组织的发展，国家从总体上是鼓励的，但是有可能危害到国家的安全，这显然是要控制的。但是对于一般性的社会组织，以行业、职业为基础的，登记管理的门槛会大幅度地降低，国家也会给予必要的支持。对有可能威胁国家政治安全的，在任何一个国家都会控制，这在任何国家都是一样。

主持人：要讨论社会的问题非常多，对任何一个专家来讲都是非常大的挑战。今天上午葛延风研究员给大家简要地介绍了社会保障政策、教育政策、卫生政策和社会组织政策，这些问题都非常有意义。

而且我们知道，中国改革开放之后，最先的说法是叫放活，用徐副委员的话叫活起来。在改革开放之前，毛泽东那时候叫把所有的老百姓都归到一个单位，归到一个组织里面，归到一个集体里面，那叫组织起来。组织起来、活起来，我们现在应该叫什么？现在经济活力有了，市场机制基本建立了，和市场机制相关的法律体系建起来了，但是我们的社会发展、社会管理滞后的问题非常不足，我们现在靠维稳来解决社会管理的问题，维稳和社会管理不是一个概念，它是底线，也就是我们用底线的要求来应对我们社会发展的各种更高的需求，用不应该突破的东西作为最高的标准来看待。面对这样一些社会性的问题，应该说我们在很多理论方面的准备不充分，政策方面的研究也不到位，这一点正好是我们调查时需要提供一些真知灼见的地方。

第 九 讲

生态经济与少数民族地区发展

李　周*

我的讲座共分四个部分：第一，生态系统的基本概念；第二，生态经济的基本内容；第三，中国的生态保护与建设；第四，生态经济与少数民族地区发展。

一　生态系统的基本概念

（一）生态系统

生态系统的概念是由英国生态学家亚瑟·乔治·坦斯利爵士（Sir Arthur George Tansley）于 1935 年明确提出的。生态系统是指由生物群落与无机环境构成的统一整体。生态系统是开放系统，为了维系自身的稳定，生态系统需要不断输入能量，即生态系统不仅是一个地理单元，还是一个具有输入和输出功能的系统单位。

生态系统可分为自然生态系统和人工生态系统。自然生态系统可分为水域生态系统和陆地生态系统，也可分为森林生态系统、草原生态系统、海洋生态系统、湿地生态系统等。

生态系统种类繁多，量级迥异。最大的生态系统是生物圈，最为复杂的生态系统是热带雨林生态系统。人类主要生活在以城市和农田为主的人工生态系统中。

* 李周，中国社会科学院农村发展研究所所长、研究员。该讲座时间为 2013 年 4 月 18 日 14：00 ~ 16：00。

（二）生态系统的结构（生产者、消费者和分解者）

1. 生产者

是指利用无机物生产有机物的自养生物，以绿色植物为主，包括化能合成细菌与光合细菌，属于第一营养级。生产者是连接无机环境和生物群落的桥梁。

2. 消费者

是指依靠摄取其他生物为生的异养生物，包括几乎所有动物和部分微生物。其中，以生产者为食的消费者被称为初级消费者，属于第二营养级；以初级消费者为食的消费者为次级消费者，属于第三营养级，以此类推。由于能量有限，一条食物链的营养级一般不超过五个。

3. 分解者

属于异养生物，以各种细菌和真菌为主，包含蚯蚓等腐生动物。是连接生物群落和无机环境的桥梁。

生态系统只需生产者和分解者就可以维持运作，消费者的作用是加快生态系统的能量流动和物质循环，可以看成一种催化剂。

在生态系统中，生产者、消费者和还原者彼此联结起来，称为食物链。多条食物链相互交织、连接在一起，称为食物网。

（三）生态系统的功能（能量流动、物质生产、物质循环和信息传递）

1. 能量流动

是指生态系统中的能量输入、传递、转化和丧失的过程。能量流动有两个特点：一是能量单向流动，二是能量逐级递减，能量在流动过程中遵循热力学第一定律和第二定律。生态系统的能量来自太阳能，生产者通过光合作用固定的太阳能只占辐射到地球上的太阳能的 0.8%，但总量高达 3.8×10^{25} 焦/秒。

2. 物质生产

在生态系统中，绿色植物通过光合作用把太阳能转变为化学能，把简单的无机物：水、二氧化碳和无机盐等转变为复杂的有机物。其积累的能量有三个去向：一部分因自身生命活动所消耗；一部分被各类草食动物所采食；一部分贮存在植物体内或枯枝落叶中，这部分能量再经一系列的物理、化学和生物学过程而逐渐被分解者所分解。

3. 物质循环

生态系统中的物质循环包括生物循环和地球化学循环。前者是生命必要元素在生态系统内进行的循环，称为闭路循环；后者是元素在生态系统外部进行的循环，称为开路循环。

物质循环途径包括（具有全球性的）气体循环和水循环，以及（缓慢的、不显著的、非全球性的）沉积型循环。

主要的物质循环包括碳循环、氮循环、硫循环和磷循环。

4. 信息传递

生态系统中的信息包括物理信息和化学信息。主要有以下三个作用。第一，维护生命活动的正常进行。许多植物（莴苣、茄子、烟草等）的种子必须接受某种波长的光信息才能萌发，蚜虫等昆虫的翅膀只有在特定的光照条件下才能产生。第二，维护种群的繁衍。光信息对植物的开花时间有重要影响，性外激素在各种动物繁殖的季节起重要作用，鸟类进行繁殖活动的时间与日照长短有关。第三，调节生物的种间关系，维持生态系统的稳定。

（四）生态系统的演替

1. 自组织

指生态系统在遗传、变异和优胜劣汰机制的作用下不断地自我完善，不断提高其对环境的适应能力的过程。

2. 协同进化

指一个物种的性状作为对另一个物种性状的反应而进化，后一物种的这一性状本身又是作为对前一物种性状的反应而进化。

3. 共同进化（相互进化）

不同物种之间和生物与无机环境之间，在相互影响中不断进化和发展。

4. 种间竞争与共存

按照优胜劣汰定律，两个互相竞争的物种是不能长期共存于同一生态位的，占据同一生态位的种间竞争，必然导致一个物种将另一物种完全排出。然而，自然界中常可见到竞争种共存于同一生境的现象。例如：水中浮游生物大都用类似的水体营养物进行光合作用，并能长期共存。

5. 生态平衡

生态平衡是生态系统内部长期适应的结果，其特征为：能量与物质的输入和输出基本相等，生物群落内种类和数量保持相对稳定。

（五）生态系统的基本特性

1. 生态系统的承载力具有可再生性

生态系统的承载力对来自外部的冲击有一定的应对能力，只要对生态系统承载力的利用不超过它的自调节能力的阈值，生态环境的承载力具有可再生性。这是人类社会可持续发展的基础。为了维护这种可再生性，必须采取生态系统保护措施。

2. 生态系统的承载力具有可修复性

由于缺乏合理利用生态系统承载力的知识、技术和政策、机制，现实中的一些失当的生态系统承载力利用方式，会削弱生态系统的承载力。然而，生态系统的承载力具有一定的可修复性，只要这种负面影响不超过它的可修复的阈值，这类措施造成的负面影响是可以消除掉的。为了及时纠正各种过度利用生态系统，如毁林开荒、围湖造田等行为造成的偏差，必须尽快采取生态修复措施。

3. 生态系统的承载力具有递增性

生态系统的承载力不是固定不变的。人类社会的发展过程，就是通过技术水平的提高和产业结构的提升，不断提高生态系统承载力的过程。这是乐观派认为世界无极限的主要依据。

生态系统的承载力的递增，需要采取一系列相互协调的措施，包括挖掘和提升生态系统承载力的技术措施、增加生态系统承载力的建设措施，以及与之配套的激励政策和机制，涵盖技术进步、价格机制和法律、法规等诸多方面。

4. 生态系统具有循环、和谐和进化机制

自然生态系统之所以能够生生不息、和谐相处、不断进化，最为关键的是它具有三个机制。

植物、动物和微生物相互连接的循环机制，该机制使生态系统能够生生不息；生物之间相互依赖和相互制约的和谐机制，使基因、物种和生态系统的多样性得以持续，即任何物种都不能占据垄断地位，其过于强大时，繁衍环境会趋于恶化；任何物种都不会轻易消失，其过于弱小时，繁衍环境会得到改善；物竞天择、优胜劣汰的进化机制，使生态系统能朝着顶级群落的方向演替。

在漫长的农业社会里，关注的是循环机制和和谐机制，进入工业社会以后，越来越重视竞争机制，相信所有问题都能在竞争机制的作用下得到解决，对和谐机制和循环机制的重视程度逐渐降低了。

二 生态经济的基本内容

（一）我国生态经济学的发展

我国的生态经济学研究始于 1980 年。80 年代初，中国生态经济学的倡导者、奠基者、已故著名经济学家许涤新同志多次提出要认真总结和对待新中国成立以来在现代化建设过程中出现的新情况和新问题。他指出："在生态平衡与经济平衡之间，主导的一面，一般说，应该是前者，因为生态平衡如果受到破坏，这种破坏的损失，就要落在经济的身上。"这实际上是讲自然规律和经济规律之间的关系。

许涤新的观点与差不多同时出版的罗马俱乐部的第九个报告《关于财富和福利的对话》是一致的。中外学者从不同角度得出相同的结论，说明这个问题的普遍性。

我国 30 年来生态经济学发展历程，大致可以分为三个阶段。

1. 以维护生态平衡为核心的研究阶段

在生态经济学初创阶段，其研究核心是发展经济必须遵循经济规律和生态规律。许涤新反复强调"生态经济学的要求是客观存在的，只有遵守这个规律，才能在发展我国的社会主义现代化建设中，保持生态平衡的相对稳定，才能把局部利益同整体利益结合起来，而以整体利益为主导；才能把眼前利益同长远利益结合起来，而以长远利益为主导"。这是生态经济学最初的主要思想。

2. 以生态经济协调发展为核心的研究阶段

80 年代后期至 90 年代初，生态经济协调发展论成为我国生态经济理论的主流。1987 年 9 月，许涤新主编、一批生态经济学专家撰写的《生态经济学》的出版，是以生态经济协调发展理论为核心的生态经济学初步形成的标志。

这一时期，共有 150 多本论述生态经济协调发展理论的生态经济学著作问世，涵盖基础理论、人口、自然资源、生态环境，以及农业、森林、草原、渔业、城市、区域、乡镇企业等方面。这些成果不仅为中国生态经济学的形成奠定了理论基础，而且为我国实施生态环境与社会经济可持续发展战略提供了依据。

3. 以生态环境与社会经济可持续发展为核心的研究阶段

90 年代中期，中国生态经济学会理事长刘国光研究员提出，生态经济要完成三个转变：从一般的宣传工作到扎实做好普及培训工作的转变；从理论概念的研究到参与实践工作的转变；从研究生态经济到研究生态环境与社会经济可持续发展的转变。

（二）生态经济学的特点

经济系统与生态系统之间，生态规律与经济规律之间有紧密联系。其中，起决定作用的是生态系统和生态规律，而不是经济系统和经济规律，当然，经济系统和经济规律会对生态系统、生态规律具有反作用。

若用大的时间尺度衡量，经济系统与生态系统的关系表现为漫长的依赖阶段和相容阶段、短暂的相斥阶段和持续的融合阶段。

提出相斥阶段是短暂的有两个理由：第一，人类在地球上生活的 250 万年。生态系统与经济系统的相斥，表现在最近 3000 年，特别是最近 300 年。3000 年、300 年与 250 万年相比，显然是短暂的。第二，生态系统经不起经济系统不断加剧的冲击，这种相斥只有是短暂的，方有人类的未来。

经济系统和生态系统的关系由相斥阶段进入融合阶段是一个积小胜为大胜的过程。从相斥阶段跃迁到融合阶段，不仅是生态理念升华的结果，更是制度创新、技术创新和组织创新的结果。

生态经济学是最早揭示人与自然存在不和谐问题的学科之一，是最早探索人与自然和谐关系的学科之一，也是最早认识到经济理性必须与生态理性结合起来，生产、生活必须与生态结合起来，利润最大化目标必须与社会可持续目标结合起来的学科之一。

生态经济学倡导并追求企业最优解与社会最优解的有机结合，个体理性与集体理性的有机结合，经济理性与生态理性的有机结合，这是生态经济学区别于其他经济学分支的一个极为重要的特征，这个研究视角正在被越来越多的人所认同。

经济学重视对经济关系的剖析，旨在消除人对人的剥削，而生态经济学重视人与自然关系的剖析，旨在消除人对自然的剥夺，这是生态经济学区别于其他经济学分支的另一个极为重要的特征，这个研究视角也在被越来越多的人所认同。

生产领域的效率损失和消费领域的过度消费，都是导致生态危机的根源。随着市场经济体系的不断完善，随着贫困问题的基本解决，生产领域中的效率损失和破坏生态的行为不断减少，消费领域的过度消费对资源耗竭、环境污染，生态冲击的负面影响越来越大。与这种变化相对应，消费领域和消费行为开始成为生态经济学家的研究重点。

生态经济研究主要有以下三个切入点。

以生态系统作为研究的主体，利用数学方法和生态模型，分析人类活动对生态环境的影响，包括生态系统顺向演替带来的价值增值和逆向演替造成的价值损失，在此基础上引申出生态环境必须保育的政策含义。

从制度、组织创新入手，规范企业和人的行为，协调人与人之间的关系，将企业和个人的自利目标与利他目标统一起来，实现经济与生态协调、人与自然和谐。

从利益相关者的协商、谈判入手，在界定利益相关者的基础上，通过利益相关者的学习、协商和合作，形成并实践具有双赢和多赢性质的解决生态问题的方案。

与此相对应，生态经济研究有三类工作：生态经济研究工作，做好这工作，必须不断完善生态经济学的科学体系。生态与环境管理工作，做好这类工作，必须不断完善有关生态经济的法律、法规和政策体系。引导利益相关者共同解决生态问题的组织工作，做好这类工作，必须不断完善公众参与的平台，发育和培养有引导公众参与能力的社团组织和志愿者。

（三）生态经济的研究方法

1. 直接市场评价法

它用市场估价开展评估。如果生态系统提供的服务有交易市场，那么这类服务就可以直接通过价格反映出来。例如，木材的价格，土壤变化对农作物产量的影响等。具体的方法有如下几种。

影子工程法：指当生态受到破坏后，人工建造一个替代工程来代替原来的环境功能，用建造新工程的费用来估计生态破坏所造成的经济损失。

生产率变动评价法：利用生产率的变动来评价环境状况变动的影响方法。生产率的变动是用投入品和产出品的市场价格来计量的。

生产函数方法：也称为剂量－反应技术，指首先分析生态系统服务变化引起的各种物理变化，其次分析这些物理变化对人类经济福利所引起的损失。这种方法试图在生态系统服务变化与人类经济福利改变之间建立一种函数关系，从而明确哪些经济福利改变是由生态系统服务引起的。例如，气候变化带来的农作物产量下降。

2. 替代市场评价法

如果生态系统服务没有市场，可以通过寻找其替代产品进行评价。具体方法有如下几种。

替代费用法：通过估算生态破坏后将其恢复原状所要支出的费用，用以计算生态经济价值。

旅行费用法：用旅行费用和时间作为替代物来衡量人们对旅游景点或其他娱乐物品的评价。

享乐定价法：通过分析某种物品的价格差异来反映其部分的价值。

疾病成本法：通过生态破坏引起的损失来间接估算生态系统服务的价值。

3. 模拟市场评价法

对于既不能直接对应市场，又无法找到替代市场的服务价值，可以采用模拟（假想）估值法，即采用询问等方式，利用人们的偏好和支付意愿（或受偿意愿）来评价生态系统服务的价值。

表 1 意愿评估法的分类

	具体种类	具体涵义
直接询问支付意愿	投标博弈	调查对象被要求估价假想的情况，说出他对物品供应的若干不同水平的支付意愿或接受补偿的意愿
	比较博弈	被调查者在不同物品的组合之间进行选择，以确定个人对物品的评价，在生态评价中经常给出的是一定数额的货币和一定水平的生态服务的不同组合

续表

	具体种类	具体涵义
询问选择的数量	无费用选择法	通过询问个人在不同的无费用物品之间的选择来估计环境物品的价值
	优先评价法	由被调查者对一组物品进行选择，按一定规则调整这些物品的价值，直至收敛到一组使消费者效用最大化的均衡价格

（四）生态经济研究中的差异性评价

1. 国内外生态经济研究产生背景的差异

国外生态经济学的提出，针对的是相对剩余状态（或过度消费）下的生态恶化。鉴于有限的生态承载力满足不了无限的经济增长的需求，他们提出了稳态经济和零增长理论。20 世纪 80 年代初中国学者提出生态经济，针对的是绝对短缺状态（或基本消费不足）下的生态恶化。这是国内外生态经济研究始点上的第一个差异。

国外生态经济学的提出，针对的是工业生产和化肥、农药污染造成的负外部性，中国生态经济学的提出，主要针对初级资源开发中暴露出来的负外部性，这是国内外生态经济研究始点上存在的第二个差异。

国外生态经济学的提出，主要针对市场失灵，中国生态经济学的提出，针对的是政府失灵和政策失灵，例如片面强调"以粮为纲"和低成本的政策造成的严重后果。这是国内外生态经济研究始点上存在的第三个差异。

在短缺经济阶段，解决供需矛盾的主要措施是开发自然资源，把自然资源转换为生活资料和生产资料。此时，因开发方式上的顾此失彼引发的生态恶化，是贫困阶段的生态恶化。

基本需求解决之后，通过扩大内需和外需的方式刺激生产与消费。由此引发的生态恶化，是发达阶段的生态恶化。

第一种类型的生态恶化，应该通过技术进步等措施尽快结束。第二种类型的生态恶化，应该通过生态教育等措施尽量避免。经济越发展，人们的平均素质会越高，认同生态经济学的人会越多，生态经济学的作用也会越显著。

2. 生态经济学家的认知的差异

激进的生态经济学家认为，现有的经济学已经无法用来解决经济问题，生态经济学的目标是取代现有的经济学。美国的莱斯特·布朗认为，生态经济学的提出，是为了推动并完成生态中心论对经济中心论的替代，这个替代的重要性宛如以"日心说"替代"地心说"。并且认为，中央计划经济崩溃于不让价格表达经济学的真理，市场经济则可能崩溃于不让价格表达生态学的真理。

温和的生态经济学家认为，现实中累积起来的生态经济问题已经到了不解决不行了的地步。生态经济学会在解决这些问题的过程中不断地得到发展，并在经济学体系中占有越来越重要的地位。基于生态经济学是经济学的子学科的认识，他们坚持以人为本，以经济为中心，坚信生态经济学研究会为现实社会变得更加美好做出很大的贡献。

此外，还有一些关注自我价值实现的生态经济学家。学界出现什么热点就关注什么。

3. 生态经济学认知的变化

早期的生态经济学在宏观上把生态危机归于人类中心主义的哲学理念，在微观上把生态危机归于人的自利和贪婪品行。例如，莱易斯在《自然的控制》一书中指出，控制自然的理念，特别是通过向自然索取来满足人的永不知足的欲望的行为，是导致生态危机，最终导致人的自我毁灭的最深层的根源。

早期的生态经济学主要研究生态学与经济学之间的联系，揭示生态问题所蕴含的社会意义和经济意义，提出合乎自然和生态要求的行为规范，告诫人们不能只看生产活动创造的社会财富，而忽视其造成的生态破坏。

早期的生态经济学是批判现实中忽视生态限制的经济行为的武器，主要采取案例研究的方法，剖析现实中忽视生态价值，资源价值的掠夺性生产对资源、生态、环境造成的严重恶果，论述单一追求经济利益、短期利益和个人利益的危险性和危害性。

早期的生态经济学主张通过抑制经济增长来达到人与自然的和谐相处。然而，现实中许多冲击生态系统的行为大多是贫困人口为了维持温饱而采取的迫不得已的选择，抑制这些行为有碍于贫困人口的温饱，所以这种主张往往难以付诸实践。

20 世纪 90 年代以来，生态经济学家开始赞同适度增长，研究重点转向探索生产活动更有效、生活方式更合理、生态循环更流畅的技术体系，涵盖农业、工业和服务业等领域。

探索建设生态社区的制度安排，包括生态村、生态乡、生态县、生态市、生态省等层面。探索生态与经济互补互容的方法和途径。逐步完成由宣传的生态经济学到实践的生态经济学的转换。

（五）生态经济学与相关学科的关系

边界是学科的基础。学科边界不清，研究目标和研究任务就不可能明确，研究方法就不可能有特色，所做的事情就不可能被圈外认同。鉴于这种认识，下面就主流经济学、资源经济学、环境经济学和生态经济学的定位以及边界做一点探讨。

主流经济学的基本问题是优化资源配置，资源配置优化的标志是投入产出达到边际平衡，各种替代品的投入产出达到边际平衡，各种生产要素的产出率达到边际平衡。市场机制是它的基本手段。

政府的基本职能是保护合法产权、维护公平竞争和提供公共物品。辅助手段是调节收入分配［第二次分配，包括开征累进所得税（代内公平）、遗产税（代际公平）和实施贫困救济等］和促进慈善组织发育（第三次分配）。

资源经济学的基本问题是自然资源可持续利用。具体策略有以下五类。

一是确定可持续利用量，例如，根据可采水量确定取水量，根据森林生长量确定采伐量，根据草地产草量确定载畜量，根据渔场产鱼量确定捕获量。

二是发放（取水、采伐、放牧和捕捞）许可证，把可持续的资源利用量的使用权界定给特定社区（或人群）。

三是做出诱致性制度安排和强制性制度安排，前者如森林、草地、渔场生态补偿制度，后者如禁伐、禁牧、禁渔制度。

四是促进技术创新。

五是缩小开放尺度和引导社区合作。

环境经济学的基本问题是鼓励正外部性和消除负外部性。鼓励正外部性的基本策略是对提供正外部性的企业和个人发放补贴、给予补偿。解决负外部性的基本策略是对造成负外部性的企业和个人课税、罚款。这是新古典经济学家庇古于 1928 年提出来的。

近年来环境经济学的进展是提出在控制污染排放总量的前提下开展排污权交易，一方面使生态系统的自净能力得到充分利用；另一方面使排污权成为稀缺资源，进而变得有需求，有价格。

实行排污权交易，可以降低污染治理的成本，可以引导排污权流向更有效率的企业或产业；各级政府、环保组织购进排污权而不再卖出，可排放的污染总量就会逐渐降低，环境质量就会逐步得到改善。它们的实质是用市场的办法替代管制的办法，用我来做替代要你做。

生态经济学的基本问题是追求少数人利益与多数人利益的统一，短期利益与长期利益的统一，经济效益与生态效益的统一。基本策略是借助于集体理性追求社会最优解，实现自利与利他的统一。

自利是一种权利，利他是一种责任，自利与利他的对称，实际上也是权利与责任的对称。自利与利他相统一的尺度是随着人类社会的发展，特别是规则认同范围的扩大而增大的。人类伊始，自利与利他相统一的尺度很小，仅局限在氏族内部，和动物没有多大差别。一旦出现短缺性危机，通常采用暴力方式进行资源和财富的重新分配。这种做法不利于人们形成稳定的预期，不利于社会财富的积累，不利于人类的发展。历尽沧桑，人们终于琢磨出了通过形成共同认可的规则获得正和博弈结果的方式。随着共同认可规则的不断完善，自利与利他相统一的尺度越来越大，从村民认同村规民约的小尺度集体理性，扩展到国民认同法律法规的大尺度集体理性，从本土合作拓展到区域合作、全球合作。

集体理性得到认同的缘由是：人们的利益冲突需要通过协商方有可能消除，而显在的和潜在的共赢机会需要通过合作方能获得。

集体理性与社会最优化的实现程度可以从以下三个维度来把握。

一是保护生态系统承载力。保护分三个阶段：第一阶段强调未知物种的潜在价值；第二阶段强调生态系统的内在机理对改进生产系统的作用；第三阶段强调生物多样性的不可或缺性。

二是有限供给的拓展。所谓有限供给的拓展，就是建立地球与外部的联系，例如太阳能利用、太空育种等。按照生态经济学的视角，问题不是现有能源还能用多少年，而是在这个时间内能不能完成化石能源替代技术的创新。

三是减轻人对资源、生态和环境的压力。通过社会保障体系对家庭保障体系的替代，实现人口总量下降；通过污染总量控制、排污权交易和清洁发展机制，实现污染排放量下降；通过技术和制度创新，实现资源需求量下降。在这些行动的作用下，发达国家的人口总量、污染总量和水土资源利用量都已经趋于下降，总要素生产率的贡献率已经超过80%。随着经济和社会的发展，这样的地方一定会越来越多。

（六）生态经济研究中的思考

1. 新的物质分类方法的意义

人们通常把物质分为可再生资源和不可再生资源两大类。其中生物资源属于可再生资源，而非生物资源属于不可再生资源。这是人们普遍接受的分类方法。

然而，我们也可以把物质分为资源和能源两大类。按照物质不灭定律，只要投入足够的能源，所有资源都是可再生（可复原）的（极少数过程不可逆，从而不可复原的资源除外）。

这个分类方法的理论意义是把工业和农业统一起来了，即它们都是利用能源生产产品的过程，它们的差异仅仅表现在农业借助于流量性能源（太阳能）进行生产，工业借助于存量性能源（太阳能的转化形式，包括薪柴、煤炭、石油、天然气等）进行生产；这个分类方法的现实意义是把培育可再生能源和提高太阳能的能级作为科学研究最重大的方向。

太阳能在总量上足以持续地满足人类的能源需求，但它的能级太低，无法直接替代存量性能源。所以，资源可持续利用的关键是通过光电转换和光热转换，提高太阳能的能级，使其能够替代存量性能源。如果太阳能利用的技术创新达到这个水平，能源短缺的危机就被克服了，资源可持续利用的目标也将得以实现。

随着太阳能开发和资源利用技术的不断进步，原先以为不可再生资源将会越来越多地都能再生（复原）出来，而可再生资源一旦灭绝无法再生出来了。因此，保护生物多样性要比保护非再生资源更为重要。

由此得出的事关可持续发展的两个结论是：开发可再生能源，保护生物多样性。

2. 成本核算公式的完善

C_T（总成本）＝C_V（活劳动成本）＋C_C（物化劳动成本）＋C_R（资源成本）＋C_E（环境成本）＋C_U（使用者成本）。

C_V和C_C分别反映生产产品和提供劳务过程中的活劳动及物化劳动消耗；

共同构成生产成本，它是适应市场竞争的成本概念，一个企业想占有市场份额，就必须降低生产成本。

C_R反映的是生产产品和提供劳务过程中的资源消耗；资源稀缺性的变化会通过资源价格反映出来，将资源纳入成本核算体系，企业就会减少稀缺资源消耗或用相对丰富的资源替代相对稀缺的资源，从而诱发资源节约和资源替代的技术创新。

C_E是环境成本，将环境纳入成本核算体系，生产者就无法采用损害他人利益的做法来谋利，这样就解决了代内公平的问题；C_U是使用者成本，它是指当代人和后代人利用资源的效率差异，把使用者成本纳入成本核算，就解决了代际公平的问题。

3. 生态环境问题的解决

（1）产业结构理论

结构理论的含义：经济发展是产业结构不断提升的过程。其间，经济增长依赖的资源结构会相应地发生变化，即经济结构、资源结构与经济发展水平有着密切的关系。低收入国家以第一产业为主，农业和采掘业对资源施加的压力较大；中等收入国家以第二产业为主，制造业尤其是重化学工业对环境施加的压力较大；高收入国家以第三产业和高新技术产业为主，对自然资源的依赖程度较低，对环境施加的负面影响也趋于下降。

按照产业结构理论，经济发展初期的资源与环境问题，是产业结构低级化的后果，这些问题要通过提升产业结构来解决。

（2）产权理论

有关产权与资源、环境关系的分析是以公地悲剧为例展开的。经济学家以公地上的悲剧为例，得出了如果资源没有排他性的产权，必遭过度利用之厄运的结论。

无论历史上还是现实中，产权界定清楚的资源利用和保护得更好一些，几乎是一个不争的事实。针对各国捕捞半径愈益扩大和海底矿产资源开发技术不断提升，海岸国家将领海扩展至200海里，其实质是从缩小资源开放尺度（将世界级改为国家级）入手，降低资源管理的难度，遏制资源耗竭和环境恶化。

产权界定是解决资源耗竭和环境恶化问题的重要手段，但无限夸大产权的作用也是不适宜的。

第一，各种资源的产权界定难度是不一样的。一般来说，大尺度资源的产权界定难于小尺度资源；弱可分性资源的产权界定难于强可分性资源；流动态资源的产权界定难于固定态资源。

第二，在产权界定清楚的情形下，如果资源价格不适宜，仍有可能出现资源过度开发，导致资源和环境灾难。例如，如果资源的增殖率低于银行利率，那么开发资源并将其变现，然后把钱存在银行里面就比留住资源还有效。由此可见，除了产权界定以外，资源价格变动对资源利用决策也有重要影响。

第三，将所有资源的产权都私有化是不太现实的。

（3）外部性理论

所谓外部性，就是行为个体的行动不是通过价格而影响到其他行为个体的情形。外部性有以下两种。

负外部性，即生产者把一些成本转嫁给社会。例如一片森林，如果采伐者获得全部收益，由此产生的水土流失造成的损失由大家承担，那么尽管林主知道皆伐会造成严重的水土流失，他仍有可能为了降低成本而选择对水土保持负面影响最大的皆伐方式。如果在制度上规定林主要缴纳相当于采伐森林造成的负外部性的税金，就可以有效地解决诸如采伐森林这样具有负外部性的问题。

正外部性，即社会获得了生产者的效益外溢。例如造林给社会带来的正效应。如果效益外溢导致造林者收益过少，造林者的积极性就会受到抑制。激励造林，就要采用赠款、软贷款、价格补贴、税收减免等生态补偿方式，让造林者间接地获得一部分正外部性。

4. 危机与创新的关系

人们往往谈危机色变。其实发展，实际上就是通过创新克服危机的过程，所谓经济活力实际上就是克服危机的能力。相反，一个没有危机的社会，很可能会因为没有创新的激励而缺乏活力。

人类社会碰到的危机有三种，第一种是资源短缺的危机，第二种是资源原有比较优势丧失的危机，第三种是环境承载力超过极限的危机。

资源短缺和资源原有比较优势丧失可以通过技术创新加以解决，而环境承载力是有限的，超过环境自净能力的污染将累积在环境中，污染累积超过阈值后将对生态环境造成毁灭性打击，所以第三种危机是最难以应付的危机。在应对危机的过程中出现了三个转变。

（1）创新类型的转变

与三种危机出现的秩序相似，首先出现的是旨在化解资源短缺的创新，其次是旨在形成新的比较优势的创新，最后是旨在化解环境承载力接近极限的创新。

改革开放前，中国面临的是生产不足的压力，当时是围绕着如何开发生产潜力这一任务进行创新的。进入90年代以后，情形发生了质的变化，我国通过天然林保护和退耕还林等措施，实现了由开发生产潜力到保护生产能力的转变。

发展的过程是从生产潜力开发向生产能力保护转变的过程，所以也是可持续性变得越来越强的过程。

（2）从依赖自然资源到依靠人造资本和人力资本转变

发展的初级阶段是人跟着资源走，哪里有自然资源，人造资本、人力资本就向哪里迁移，发展的高级阶段是自然资源跟着人造资本和人力资本走。例如森林，一方面把东北、西南的天然林保护起来，另一方面在更适宜森林生长的南方培育速生丰产林、工业人工林。水资源也是如此，不是人向水资源丰富的地区迁移，而是把水资源调到人造资本、人力资本丰富的地区。

（3）从资源基础型经济向科学基础型经济转变

最基本的根据就是科技进步对经济增长的贡献越来越大，即经济增长越来越不依赖于自然资源，而依靠科学技术进步。所以美国经济学家，1979年诺贝尔经济学奖获得者Theodore W. Schultz教授指出：自然资源是最不重要的，资本在经济起飞阶段是重要的，最重要的是人力资本。一个越来越依靠人力资本的社会，显然是可持续性越来越强的社会。

5. 可再生资源与可持续经济的关系

广义的可持续发展是与共产主义理念相通的。其中代内公平强调发展的普遍性，主要措施包括增加穷人的福利和制止各种有损于他人利益的行为；代际公平强调发展的持续性，主要措施是保护资源与环境，制止有损于后人利益的行为。

狭义的概念是指通过生物科学革命、生态产业革命和资源替代革命，建立以可再生资源为基础的经济。

早在 100 多年前，马克思在分析工农差别时就曾经指出，工农差别的实质是科学发展的差别。他认为，生物科学的发展远远滞后于力学、物理学的发展，是造成工农差别的根本原因。当生物科学赶了物理科学之后，工农差别才有可能消除。

换言之，现有的经济发展模式，即工业化、城市化、市民化的模式，很可能是物理学遥遥领先于生物科学的结果。一旦生物科学的发展赶上了物理学的发展，生态产业的发展赶上了传统工业的发展，经济发展模式很可能会发生变化，工农差异、城乡差异就有可能逐步消失。

最初的资源替代是以不可再生资源替代可再生资源，以高级资源替代低级资源为特征的。随着以可再生资源为基础的经济体系的形成，资源替代方向将发生变化。如用太阳能替代石油、天然气，用棉毛产品替代化纤产品。从非再生资源为基础的经济体系回到可再生资源为基础的经济体系，是建立在生物科学革命基础上的否定之否定。

6. 生态经济与清洁生产、生态工业园区、循环经济的关系

人们早就认识到生产中排放出的污染物的严重性，最初采取的是"末端治理"的方式。这种做法是有效的，但存在四点不足：影响企业的经济效益和竞争力，以致企业缺乏治理污染的积极性；治理难度大，并存在污染转移的风险；不能消除生产过程中的资源浪费；政府监督管理的成本过高。

鉴于 30% ~ 40% 的工业污染可以通过优化生产工艺加以解决。于是出现了以过程治理替代末端治理为内涵的清洁生产。清洁生产使污染治理成为企业发展战略的有机组成部分，而不是强加于企业的约束手段。

生态工业园区是模拟自然生态系统的人工生态系统，它根据企业资源利用上的相互关联，组成一个结构与功能协调的共生网络系统，实现污染物的"零排放"。例如，将火力发电企业产生的粉煤灰作为建筑企业的原料，建筑企业产生的废料作为其他工业企业的原料，由此形成良性循环。企业群聚集在一起称工业生态园区，不在一起称虚拟工业生态园区。生态工业园区旨在解决无法通过优化生产工艺解决的 60% ~ 70% 的工业污染。

循环经济旨在实现生产领域与消费领域的连接，使生活中废弃的各种资源或废旧物资通过回收加工实现再利用。循环经济是清洁生产从生产领域拓展到消费领域，是清洁生产的两次扩展，是实现清洁生产的新方法和新途径。

7. 生态经济学需要发展

莱斯特·布朗认为，以生态中心论取代经济中心论的重要性，宛如历史上以"日心说"替代"地心说"。"地心说"是托勒密根据大量观测和研究的基础上提出来的。该学说的缺陷是需要满足他提出的48个假设才能成立的。哥白尼做出"日心说"这个正确判断时并没有足够的科学依据，而仅仅基于自然界的规律简单而完美的，不应该依赖如此繁杂的48个假设的认识。

生态经济学的提出也有相似之处，当时提出主要的是为了扭转生态环境恶化的局面，而并非生态经济学研究已经有了多少积累。经过多年的努力，生态经济学已经基本建立起来了。然而，我们不应满足于现状，以为生态经济学理论体系已经完美无缺了。如果没有不断完善生态经济理论体系的责任意识，没有认真对待别人提出的不同意见的心理承受能力，我们就不会有持之以恒地开展生态经济学理论创新的动力，就不会有踏踏实实地填补空缺、弥补缺陷的工作态度，生态经济学就不可能成为一个越来越完整、越来越严密、越来越精致的学科理论体系。

三 中国的生态保护与建设

（一）自然保护的进展

1. 自然保护区

改革开放前的30多年里，中国自然保护的进展极为缓慢。到1978年，共建了34个自然保护区，自然保护区总面积126.5万公顷，占国土面积的份额为0.13%。改革开放以来，中国自然保护建设速度明显加快。到2011年底，全国已经建立各种类型、不同级别的自然保护区2640个（不含港澳台地区），总面积为149.7万平方公里，陆地自然保护区面积约占国土面积的14.93%。超过了世界平均水平和发达国家水平。其中国家级自然保护区335个，面积9315万公顷，分别占全国自然保护区总数和总面积的12.7%和62.2%。28处自然保护区加入联合国教科文组织"人与生物圈保护区网络"，20多处保护区成为世界自然遗产地组成部分。

90%的国家重点保护野生动植物种和90%的典型生态系统类型得到保护
（见表2）。

表2 中国自然保护区的结构

	国家级	省级	市级	县级	合计
数量（个）	335	870	421	1014	2640
百分比（%）	12.7	33.0	15.9	38.4	100.0
面积（公顷）	93152684	41525888	4723921	10308971	149711464
百分比（%）	62.2	27.7	3.2	6.9	100

2. 森林公园

1982年9月，中国在湖南张家界建立了第一个国家森林公园。到2011
年底，国内已建立国家级、省级和县（市）级森林公园共2747处，其中国
家级森林公园746处，规划总面积达1700多万公顷，占国土面积的1.78%，
基本形成以国家级森林公园为骨干，省级和市（县）级森林公园配套发展
的基本格局。

3. 珍稀植物繁育基地

相继建立了400余处珍稀植物迁地保护繁育基地和110多个植物园（树
木园）。

4. 种质资源保护

收集各种农作物种质38万份，对30万份种质材料进行了原份和复份保
存；初步形成农作物种质资源保存体系，大多数农作物种质资源得到了
保护。

（二）森林培育的进展

改革开放30年来，中国森林培育速度不断加快。全国第一次森林资源
清查与第八次森林资源清查相比，森林面积由12186万公顷增加到19545万
公顷，增长了60.4%；活立林总蓄积量由95.3亿立方米增加到149.1亿立
方米，增长了56.45%。森林覆盖率由12.70%增加到20.36%。人工林面积
居世界首位。

1. 天然林保护

为了消除森林采伐对生态环境的负面影响，中国于1998年实施了天然

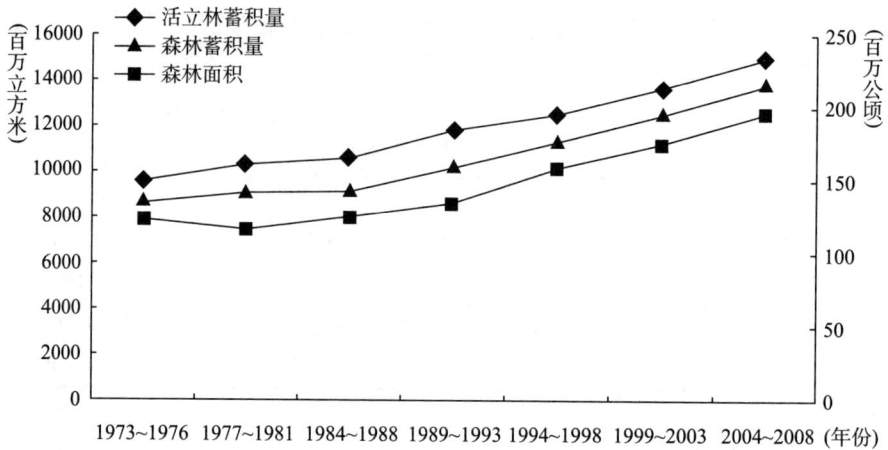

图1　中国森林面积和蓄积的变化

林保护工程。该工程的实施，有效保护了5600万公顷天然林，营造公益林1526.7万公顷，森林蓄积净增4.6亿立方米。

2. 防护林体系建设

为了确保国土安全，中国政府从1978年起，先后开展了十大防护林工程建设。十大工程规划区总面积705.6万平方公里，占国土总面积的73.5%，覆盖了中国主要的水土流失、风沙危害和台风、盐碱等生态环境脆弱区。规划造林总面积1.2亿公顷。

3. 退耕还林

退耕还林工程的实施范围包括除上海、江苏、浙江、福建、山东、广东以外的25个省市区。退耕还林1467万公顷，宜林荒山荒地造林1734万公顷。

4. 森林培育对降低碳排放的贡献

通过我国近三次森林普查可以发现，中国森林储存的碳也是增加的，这意味着中国森林培育为减少全球温室气体做出了贡献。

表3　林业六大工程（2000~2010年）增加的固碳量

	总项目		其中新增森林面积	
	实施面积（万平方公里）	年增固碳量（百万吨）	实施面积（万平方公里）	年增固碳量（百万吨）
退耕还林工程	31.98	73.46	27.30	71.08
环北京风沙源治理工程	4.94	11.13	3.17	7.13

	总项目		其中新增森林面积	
	实施面积 (万平方公里)	年增固碳量 (百万吨)	实施面积 (万平方公里)	年增固碳量 (百万吨)
天然林保护工程	38.88	94.99	8.39	18.99
防护林工程	34.40	95.46	14.27	37.60
速生丰产林工程	13.33	40.20	13.33	40.20
森林自然保护区工程	9.74	22.98	0.00	0.00
合计	133.27	338.22	64.46	175.00

(三) 草地保护的进展

中国拥有各类草原近4亿公顷,约占国土面积的41.7%。随着禁牧、休牧、轮牧的推行和草原改良步伐的加快,舍饲的实施和草畜平衡的控制,草原生态环境的态势趋于改善。

2011年,全国天然草原鲜草总产量为100248.26万吨,折合干草约31322万吨,载畜能力约为24620万羊单位。

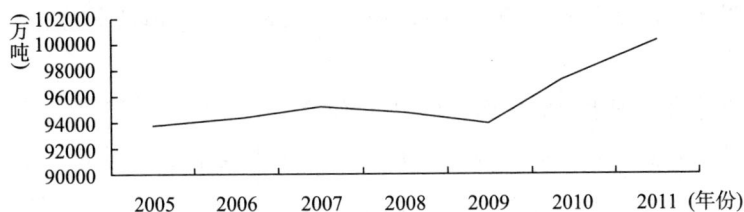

图2 2005~2011年中国266个牧区半牧区县的草地状况的变化

(四) 水环境保护的进展

中国水资源总量为28000亿立方米,年平均河川径流量为27000亿立方米,占总量的96%。我国人均水量2300立方米,约为世界人均水量的1/4。

为了保护好水环境,中国实施了一系列保护水环境和节约用水的措施。经过持续多年的水环境管理、污水治理等工作,2008年地表水中高锰酸盐指数年平均浓度为5.7毫克/升,第一次达到Ⅲ类水质标准。

七大水系Ⅰ~Ⅲ类水质断面由2005年的41%提高到2011年的61%。通过各种节水措施,农业用水量占全国用水总量的比例由1997年的70.4%

降低至 2011 年的 64.8%，下降了 5.6 个百分点。

用水总量在经济快速增长的情境下得到相对稳定的保护。

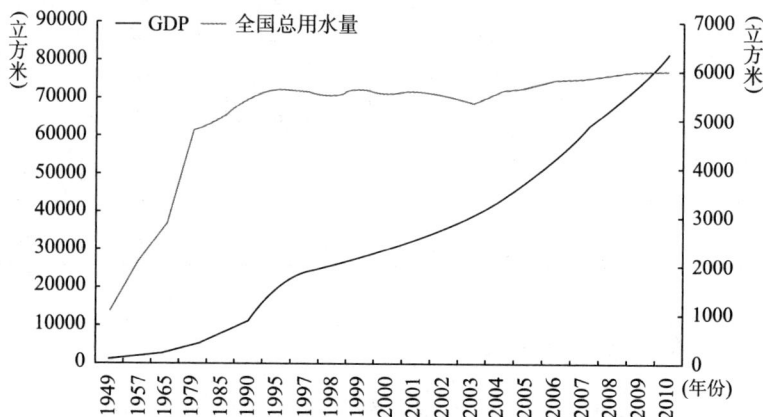

图 3　中国用水总量的变化

（五）水土流失治理的进展

中国的水土流失主要分布在西部的新疆、内蒙古、甘肃、青海、四川、重庆、贵州、广西等省（市、区），每年流入长江、黄河的泥沙量达 20 多亿吨。

每年综合治理水土流失面积由 20 世纪 90 年代初的 2 万平方公里，提高到现在的 4 万多平方公里。截至 2011 年底，全国累计初步治理水土流失面积近 110 万平方公里，每年可保持土壤 15 亿吨，增加蓄水能力 250 多亿立方米，增产粮食 180 亿公斤，1300 多万农民通过水土流失治理脱贫致富。

防治目标：用 15~20 年的时间，使全国水土流失区得到初步治理或修复，大多数地区生态趋向良性循环；所有坡耕地采取水土保持措施（包括坡改梯、退耕、等高耕作、保土种植等）；严重流失区的水土流失强度大幅度下降，中度以上侵蚀面积减少 50%；70% 以上的侵蚀沟道得到控制，下泄泥沙明显减少；全国范围内的人为水土流失得到有效控制，开发建设项目水土保持"三同时"制度落实率接近 100%，水土流失重点预防保护区实施有效保护。

（六）荒漠化治理的进展

自 2001 年以来，年均治理沙化土地面积达 192 万公顷。目前中国已有

20%的沙化土地得到不同程度治理。中国土地荒漠化面积由 1999 年的 267.4 万平方公里减至 2009 年的 262.4 平方公里，缩小了 5 万平方公里。需要指出的是，荒漠化土地治理的成就主要表现为荒漠化程度下降。

表4 中国荒漠化程度的变化

荒漠化程度	1999 年		2004 年		2009 年	
	面积 （1000 平方公里）	份额 （%）	面积 （1000 平方公里）	份额 （%）	面积 （1000 平方公里）	份额 （%）
轻度	540.4	20.21	631.1	23.94	665.8	25.37
中度	868.0	32.46	985.3	37.38	968.4	36.91
重度	565.1	21.13	433.4	16.44	426.6	16.26
极重度	700.6	26.20	586.4	22.24	563.0	21.46
合计	2674.1	100.00	2636.2	100.00	2623.8	100.00

四　生态经济与少数民族地区发展

（一）少数民族地区的经济发展战略必须与时俱进

党的十八大提出了到 2020 年全面建成小康社会的战略目标，提出了培育生态文明、建设美丽中国的新任务。

少数民族地区是我国全面建成小康社会的难点所在，又是我国供给生态产品的重点所在。要确保少数民族地区在 2020 年建成小康社会，必须提高经济发展的速度；而要增强生态产品供给，又必须提高发展的质量。

如何处理好速度和质量的关系，使之相互照应、相得益彰，而不是顾此失彼、两败俱伤，少数民族地区应该确立生态与经济协调发展的战略，通过发展生态经济，把经济发展同生态建设、环境保护有机结合起来，把经济效益、生态效益、社会效益三者统一起来。

以生态经济学为指导，培育生态产业体系，主要有两类工作要做。一是大力发展具有比较优势的生态产业，并从生产集约、产品安全和管理科学三个方面入手，实现生态经济的耦合，全面提高生态经济效益。二是大力开展生态建设，促进生态系统的顺向演替和生态资本的积累，增强生态系统的结构与功能，不断提高生态系统服务价值，增强发展的后劲。

少数民族地区的发展不可能毕其功于一役，更不是确立一个跨越式发展战略就能够奏效的。

20世纪50年代，我们在人均收入仅为美国5%的情形下提出10年赶英超美的目标，20世纪70年代我们又提出到20世纪末实现四个现代化的目标。这些说法对于鼓舞士气有很大作用，但并不能奏效。

中国改革开放以来的经验表明，只要较长时期地保持发展得更快一点的态势，发展差距就会逐步缩小，就有可能通过一代人或两代人的努力，将发展差距消除掉。对于少数民族地区来说，要做到这一点，必须注重比较优势和后发优势的发挥。所谓发挥比较优势，就是在经济发展的每个阶段都选择符合自己要素禀赋结构的产业结构和生产技术。

在现实中，最先进的生产技术通常是资本最密集的技术，而少数民族地区最稀缺的就是资本，所以选择最先进的生产技术，一是不符合发展少数民族地区的比较优势，二是不容易掌握从而难以真正产生效益。

选择比自己现有技术先进一些的技术，不仅合乎自己的比较优势，而且能以比较低的成本获得，并比较容易掌握，从而能较快地产生效益。这种基于比较优势的小步快跑的做法，是加快发展的必要条件。注重比较优势的好处是，在任何状况下都有比较优势，都能找出有竞争力的产业。

政府的责任是为这些有竞争力的产业的发展创造条件。这样，整个经济就有竞争力，就能促进要素积累，就能在要素积累过程中不断提升产业技术，且产业技术的提升会不断得到市场激励。

处于技术创新和产业升级边缘的国家和地区，其创新的含义是新技术的发明和新产业的形成。做这样的事情不仅创新的成本很高，而且失败的概率很大。

少数民族地区采用的技术和产业结构尚未达到技术创新和产业升级的边缘，只要所用技术优于原有技术就是创新，且这个技术可能是别人用过的成熟的技术，这就是"后发优势"。

就此而言，技术相对落后恰恰是少数民族地区快速增长的源泉。中国就是凭借技术上的后发优势保持了长达40年左右的高速增长。

少数民族地区的后发优势更为显著，获得新技术的条件更好，成本更低。所以更有可能实现较快的增长，进而以更快的速度促进产业结构升级。

（二）少数民族地区要注重自然资源和生态资产利用效率的提高而不是开发速度的加快

少数民族地区自然资源丰富，包括生物资源、水能资源、矿产资源和旅游资源等，生态资产更为显著，发展的资源基础很好，发展的潜力很大。对此，大家在认识上基本上没有歧义，不需要探讨。需要探讨的是：少数民族地区的这个发展潜力是从来就有的还是随着社会发展逐渐形成的？这种潜力是稍纵即逝还是会随着社会发展变得越来越大？

少数民族地区的发展潜力是随着社会发展逐渐形成的。做出这个判断的理由是：少数民族地区的自然资源、生态资产过去比现在更丰富，发展潜力在资源、资产丰富程度下降的情形下变大，说明社会发展水平的提高对发展潜力的形成具有极为重要的影响。在此基础上做出的推论是：少数民族地区的发展潜力会随着社会发展水平的提高而变得更加显著。

做这两个判断是想说明：少数民族地区一定要避免以最短的时间把自然资源开发完、生态资产消耗完的倾向，少数民族地区的主要任务是不断提高资源利用效率，而不是不断加快资源开发速度。

当然，这不是少数民族地区特有的问题。中东部地区类似的问题是：不重视提高农村建设用地的经济密度（即单位土地面积上的 GDP 总量），盲目追求任期内的卖地收入最大化，急于把农村建设用地统统转换成城市建设用地。

（三）少数民族地区必须加快产业结构升级

少数民族地区的产业结构大多以农业为主，农业又以旱地耕作、坡地耕作和游牧等粗放的生产方式为主。从资源角度看，一个地区的农业是否具有比较优势主要取决于两个因素，即平坦的土地和丰富的水源。西南地区有水资源缺乏平地，西北地区有平地缺乏水资源，都不具有发展农业的比较优势。

少数民族大多居住在西部地区，产业结构始终以缺乏比较优势的农业为主，是其经济发展相对滞后的主要原因。改革开放以来，尤其是最近 10 多年来，少数民族地区交通、电力、通信等基础设施有了很大的改进，提升产业结构的条件变得越来越好了。所以，少数民族地区应该把工作重心放在产业结构提升上。

发展特色农产品和第二产业、第三产业也需要平地和水资源，但它们对水土资源的需求量大大小于粮食生产，单位水土资源可吸纳的就业量和创造的增加值都大大高于粮食生产（生产 1 公斤谷物需要 1 吨水，1 亩平地用来生产谷物一年创造的增加值难以超过 2000 元）。所以，进入工业化、城镇化发展阶段以后，少数民族地区的发展条件会大大改善。

在产业选择上，必须突出比较优势，突出特色，突出互补性，不宜简单地模仿其他地区，不宜贪图短期之利而承接其他地区的污染产业。

（四）少数民族地区在人才使用上要有更大的视野

毋庸讳言，少数民族地区的软肋是人才相对不足。为了解决这个问题，各级政府在培养和引进人才方面都采取了很多措施。培养和引进人才固然重要，但购买一流技术人才的服务更为重要。少数民族地区应该采取培养引进人才与购买技术服务相结合的人才战略。

购买技术服务有以下三个特点。

一是针对性最强，即购买技术服务针对的是特定的技术难题，而培养和引进人才针对的是特定的专业或技术方向。

二是有效性最强，即购买技术服务的费用同技术问题的解决挂钩，解决不了问题就拿不到服务费用，至少无须支付所有服务费用。购买技术服务，为人力资本支付的单价很高，但由于是短期合同，总费用并不高；引进人才的工资不是很高，但要提供房子，提供研究经费，总费用会很高。比较起来，购买技术服务可能更有效。

三是招聘面最宽，即购买技术服务可以面向全世界的科研人员。

少数民族地区与其引进国内二三流的科技人才，不如把重点放在购买世界一流人才的技术服务上。

（五）中央政府应继续加大对少数民族地区的财政支持力度

少数民族地区发展生态经济，不仅会使当地各民族普遍受益、持续受益，而且会使整个中国普遍受益、持续受益。所以，中央政府和其他的地方政府有责任为少数民族地区发展生态经济提供各种各样的支持。

　　中央要从产业政策、财税政策上帮助少数民族地区发展经济，促进该地区的产业结构转型，不断减轻经济增长对生态系统的压力，使生态系统由获取资源型产品转化为提供生态型服务。

　　为了增加生态产品供给，中央应对少数民族地区的生态建设给予生态补偿，在制度上要做两点调整：一是改补助为补偿，二是改项目补偿制度为基金补偿制度。要建立西部生态建设储备粮制度，减少当地食物需求对生态系统的冲击。

（六）调查者要勤于思考，准确理解遇到的现象和听到的说法

　　传统经济模式既不宜彻底否定，也不应全面肯定。比如牧区的游牧，由于数千年来少有技术进步，其与农区舍饲畜牧业相比竞争力越来越弱，加之愿意继续过游牧生活的年轻人越来越少，游牧作为一种畜产品生产方式会趋于萎缩。游牧作为草原文化的重要组成部分，会在草原旅游观光活动中得到延续。

　　对广为流传的说法要做一番思考。比如风吹草低见牛羊。这只是一种夸张的说法，至少不是典型的草原景观。这些年在草原做调查确实看到过比牛还要高的草，但这样的草牛羊是不吃的。换句话说，只有牛羊不吃的草，才有可能长得比牛羊还要高。所以这肯定不是草原的典型景观。

　　草原建设的目标，绝不是为了重现风吹草低见牛羊的景观，所以，对这种没有实际作用的夸张说法，没有必要太在意。

　　不要轻易否定农牧民的行为。比如刀耕火种、饲养土羊。很多人直接把刀耕火种等同于落后的生产方式。其实，需要森林作为基础的农业是不可能对森林造成毁灭性破坏的，恰恰是无须以森林为基础的农业才会对森林造成毁灭性破坏。刀耕火种是坡地（而不是平地）耕作采用的技术，在降雨量极大的地方进行坡地耕作，刀耕火种这种对地表破坏最小的技术，是最利于持续耕作的技术。当然，刀耕火种不是唯一的技术，在坡地上修梯田可以达到同样的效果。

　　牧民饲养土羊而不饲养改良羊，最主要的原因是当地草场质量差，一只羊一天必须跑几十里地方能吃饱，改良羊跑不动，因而吃不饱，土羊能跑这么多路，能够吃饱。我们的技术人员忽视羊和草必须匹配的道理，只改良羊不改良草，却批评牧民不重视他们的科研成果，这种说法显然是不

全面的。

要弄清其他地区成功模式的适用性，解决存在的问题，一些人往往过于相信成功的做法，并试图将其延展到更大的范围。例如把农业分户经营的经验推向牧区，把缺土地区的经验推向缺水地区。其实，耕地生态系统以农户为基础是适宜的，而草地生态系统很难以牧户为基础，因为无法形成以户为单位的包括牧道、牲畜饮水地的相对完整的草地生态系统，所以牧户之间需要合作。

农户之间有较大的差异，比如一些农牧户地多、牲畜多，一些牧户劳动力多，是农户之间合作的基础之一。农牧户的匀质性越强，合作的倾向就越低。现实中农牧户匀质性太高，是影响合作的因素之一。

要善于倾听。我们要调查的问题，当地干部群众早就遇到了，而且为解决这些问题采取了许多措施。所以调查时一定要善于倾听，善于总结和归纳，而不宜随意出招。

任何事情，最适宜的决策者是权利和责任对称性最好的人，而不是智商最高的人。现实中好多决策出问题，不是因为决策者智商不高，而是决策者的权利与义务太不对称造成的。

研究人员要有好奇心，要有提出问题的能力，要有解决自己提出的问题的能力。自己没有问题，只有答案，就不是一名好的研究人员。

总之，调查人员一定要有甘当小学生的心态，一定要把自己试图弄清楚的问题梳理出来。如果自己没有需要弄清楚的问题，就不可能有调查的热情和耐性。

第 十 讲

新时期中国西部大开发战略与政策

魏后凯 *

今天很高兴能有机会到民族所来介绍这几年我们的研究成果,与大家一起进行交流。原来举办方希望我讲一讲区域发展问题,但我想区域发展问题涉及的领域较多,难以深入,今天想集中讲一下西部大开发战略与政策问题。

一　西部大开发战略的重要进展

从国家层面看,我们把改革开放以来实施的各种区域战略统称为区域发展总体战略。自改革开放以来,国家就支持沿海地区在改革开放方面先行先试,率先发展,后来大家把它归纳总结为鼓励东部率先发展;1999 年 6 月,江泽民同志提出"抓紧研究西部地区大开发",9 月中共中央正式提出"实施西部大开发战略",2000 年国务院成立了西部开发领导小组,出台了实施西部大开发若干政策措施;2003 年,中央又提出实施东北地区等老工业基地振兴战略,当时提出的是东北地区"等"老工业基地,主要是想先解决东北老工业基地振兴问题,2007 年把东北老工业基地政策延伸到中部的 26 个城市,最近又把东北老工业基地政策延伸到西部地区,刚刚批复的《全国老工业基地调整改造规划》,就已经把它延伸到西部地区。这样,过去针对东北地区的板块政策已经扩展成为针对全国老工业基地的部门性政策。2004 年 1 月,中央经济工作会议提出"促进中部崛起",这一战略在

---

　*　魏后凯,中国社会科学院城市发展与环境研究所副所长、研究员。该讲座时间为 2013 年 4 月 19 日 10:00~11:30。

2006 年正式实施，中共中央、国务院发布了《关于促进中部地区崛起的若干意见》。这样，就形成了四大板块的区域发展总体战略，包括西部大开发战略、东北地区等老工业基地振兴战略、促进中部崛起战略，以及鼓励东部率先发展战略。针对这四大板块战略，国家有关部门出台了一系列政策措施。

2006 年以来，在四大板块战略的基础上，国务院在区域层面又批复实施了一系列区域性的意见、规划和实施方案，针对西部民族地区差不多每个省区国务院都有一个意见，还制定实施了众多区域性规划。显然，近年来密集出台的各种区域规划和政策，对国家区域政策体系产生了重要的影响，有些人说中央的区域政策被搞乱了，因为它没有了重点，到处都是，现在对每一个省区来说，国务院给你批了一个东西才感觉到被关注，而没有批就觉得吃亏了，因为大家都有，你没有就觉得吃亏了，区域政策的泛化带来的一个严重问题就是没有了重点。再有一个很重要的问题，就是西部大开发政策现在也产生了泛化的问题，最早西部大开发政策的享受范围是 "12 + 3"，12 个省市区加上 3 个民族自治州，即湖北恩施、湖南湘西以及吉林的延边。在实施促进中部崛起战略的时候又把这个政策延伸到中部的 243 个县（市、区），现在很多地方都希望能比照实施西部大开发政策。

近年来国务院批复实施的各种区域规划和政策，大体分为三个层次：第一个层次是国务院发布的支持各地区发展的意见，如促进或支持西藏、新疆、内蒙古、宁夏、广西、甘肃、贵州等经济社会发展的意见；第二个层次是国务院批复的各种区域性规划，比如成渝、关中—天水、北部湾、珠江三角洲等区域性的规划；第三个层次是国务院批复的改革开放和创新试验实施方案，比如国家综合配套改革试验区，西部地区就有成都、重庆城乡统筹综合配套改革试验区，国家自主创新示范区有北京中关村、武汉东湖等。

西部大开发战略是 1999 年最早提出来的。1999 年 3 月，江泽民同志在九届全国人大二次会议和全国政协九届二次会议的党员负责人会上，正式提出 "西部大开发" 的战略思想，6 月他在西北五省区国有企业改革和发展座谈会上进一步强调，必须不失时机地加快中西部地区发展，特别是要抓紧研究实施西部地区大开发，后来中央在 9 月就提出了 "实施西部大开发战略"。但是，国家发改委将西部大开发从 2000 年算起，原因就在于，国务院在 2000 年 1 月决定成立西部大开发领导小组，各项政策措施也是从 2000 年 1 月 1 日起开始实施。这个领导小组现在还在，后来又成立了西部开发办，西部开发办后来撤销了，相关职能部门并入国家发改委的西部司，因为当初成立西部开发办（部级单位）以后，后来又成立了一个东北振兴办，紧接着又成立了中部崛起办。不同于西部开发办和东北振兴办，中部崛起办并非一个部级机构而是放在国家发改委的地区司，中部崛起办成立没多久就撤销了，原因主要来自东部地区的强大压力，西部地区有西部开发办、东北地区有东北振兴办、中部地区有中部崛起办，东部地区的同志也希望能成立东部率先发展办公室。所以最后的结果是全部撤销。目前，国家发展改革委设有西部开发司、东北振兴司和地区经济司，其职能相互交叉重叠。

从开发进展来看，2000 年 10 月国务院发布了一个很重要的文件《关于实施西部大开发若干政策措施的通知》，明确了在 2001～2010 年国家支持西部大开发的相关政策。2001 年 8 月国务院西部开发办发布了《关于西部大开发若干政策措施的实施意见》。2002 年 2 月，原国家计委和国务院西部开发办联合颁布了《"十五"西部开发总体规划》，这是西部地区的第一个五年发展总体规划。早在 2000 年，国务院就确定了西部大开发的长远目标，即到 21 世纪中叶，中国基本实现现代化的时候建成一个经济繁荣、社会进步、生活安定、民族团结、山川秀美的新西部。在王洛林副院长和我共同主持的《中国西部大开发战略与政策》重大课题中，也主张西部大开发需要花 50 年、分三步走，也是说大约花 50 年的时间分三步建立一个现代化的新西部。①

随后，国家又颁布了一系列的意见，包括 2004 年 3 月颁布《关于进一步推进西部大开发的若干意见》，2006 年 5 月发布《关于促进西部地区特色优势产业发展的意见》，等等。西部地区要大力发展特色优势产业，最早是我们提出来的。2004 年 10 月，我们向国务院提交了"要大力推进西部特色产业发展"的建议，曾培炎同志高度重视并做出了重要批示。后来国务院西部开发办委托我和迟福林分别组织开展《西部地区经济结构调整和特色优势产业研究》。西部地区是否要推进工业化，是否要发展特色优势产业，

---

① 王洛林主编、魏后凯副主编《未来 50 年：中国西部大开发战略》，北京出版社，2002。

这在大开发初期是有争论的，有一些学者包括院士认为西部大开发种树种草就行了；有的学者说通过中央财政的转移支付就能解决西部大开发的问题；还有的学者说西部大开发没有必要，把人都迁到沿海地区去也能解决这个问题。这实际上是否定实施西部大开发的。

之所以会出现这种似是而非的观点，主要是这些人对西部地区的情况并不太清楚。要知道，西部地区国土面积占全国的 71.5%，人口有 3.6 亿人以上，面对这么大面积的地区和这么多的人口，不加快工业化和城镇化进程，没有产业支撑肯定是不行的，单纯依靠中央财政转移支付和人口迁移的办法也不可能解决问题。更何况，作为一个社会主义国家，也不应该只让沿海一少部分地区发达富裕起来，而让 2/3 的国土衰落和萧条下去，使其边缘化。但是，应该看到，在当前市场竞争日趋白热化、中国经济由短缺向过剩转变的情况下，西部地区要加快工业化不能再走过去沿海地区的老路，不能再搞低水平的重复建设。我们的想法是，从西部地区的优势出发，培育和发展具有市场竞争力的特色优势产业。在实施西部大开发的前几年，虽然国家提出了七八个重点，但实际上我认为只有两个半重点，一个是基础设施建设，另一个是生态环境建设，还有半个重点是科技教育。由于缺乏政策支持，当时西部地区工业化推进缓慢，与沿海地区的差距不断扩大，有些地方的产业甚至出现衰退。这样，从长远发展来看，一旦西部地区生态环境改善了，基础设施也建好了，我们将发现缺乏有力的产业支撑。在这种情况下，要想建设一个现代化的新西部肯定是空中楼阁，肯定是一句空话，是不可能的。需要指出的是，工业化是一个国家和大区域层面的概念。前段时间我在云南和贵州讲课时也说过，总体来说云南和贵州要加快工业化，要搞特色优势产业。但并不是每个地区每个县都要搞工业化，都要发展制造业，这肯定是不对的，要不然我们搞一个《全国主体功能区规划》干什么呢？

继浦东新区、滨海新区和深圳之后，2007 年国家发展改革委批准重庆市和成都市为全国统筹城乡综合配套改革试验区，国务院还先后批复或同意《西部大开发"十一五"规划》、《兴边富民行动"十一五"规划》和《关于进一步促进新疆经济社会发展的若干意见》。2008 年，国务院又批复了《广西北部湾经济区发展规划》，这个规划是西部地区第一个批复的重点经济区规划，我参加了这个规划的好几次讨论工作。继新疆之后，国务院又批复了支持西藏、宁夏、青海等省藏区发展的意见，这一年国务院批复的意见较多。2009 年，国务院发布了促进重庆和广西发展的意见，并批复了重庆、成都统筹城乡综合配套改革试验区方案。为应对 2008 年的金融危机，国务院办公厅还发布了《关于应对国际金融危机保持西部地区经济平稳较快发展的意见》，这个意见的配套政策不多，含金量并不大，主要针对金融危机发布的。

2010 年，继发布支持甘肃发展的意见和批复重庆"两江新区"总体方案后，国务院发布了《关于中西部地区承接产业转移的指导意见》。这个意见最早只是针对西部地区搞的，是关于西部地区承接产业转移的指导意见，由国家发展改革委西部开发司负责拟定。但在制定的过程中，有关领导认为中部地区具有承接产业转移的较好条件，应该把中部地区包括进来，由此演变为中西部地区承接产业转移的指导意见。事实上，沿海产业要越过中部地区跨越式地转移到西部地区确实难度较大，中部和西部地区同样都具有较好的承接产业转移的条件。后来该指导意见转由地区经济司负责拟定，两边我都参加了前期的讨论，并提出建立承接产业转移示范区的建议。2010 年 8 月，国务院最终发布了这个意见。

2010 年发布的一个最重要意见是中共中央、国务院《关于深入实施西部大开发战略的若干意见》。2000 年国家确定的西部大开发政策期限是 10 年，2010 年以后，必须明确西部大开发还搞不搞，优惠政策是不是要继续下去，同时还必须明确后 10 年即到 2020 年大的政策框架。这个意见就是在这一背景下出台的。2011 年，国务院又发布了支持内蒙古发展以及新疆喀什和霍尔果斯两个经济开发区建设的若干意见。国家将新疆这两个地方叫作经济开发区，实行特殊政策，有的同志称之为"特区"，即实行特殊政策的经济开发区。2012 年，国务院又发布了支持贵州发展的意见，批复同意《西部大开发十二五规划》和《陕甘宁革命老区振兴规划》，同意设立兰州新区，此前还批复设立了重庆的两江新区。今年 2 月，国务院办公厅又转发了《深入推进毕节试验区改革发展规划》，这是国家批复的一个地级市层面的规划。从 2010 年 9 月到 2011 年，我有幸主持了毕节试验区发展规划研究。

现在正在开展的工作，一是沿边地区开发开放规划，主要由商务部和国家发展改革委负责编制，规划初稿已经讨论了多次；二是 14 个集中连片贫困地区扶贫攻坚和区域发展规划，由国务院扶贫办和国家发展改革委负责编制，现已基本完成报批。在这 14 个规划的专家论证中，我有幸参加了9 个规划的论证讨论。

应该说前 10 年，在实施西部大开发过程中，中央投入了大量的资金，并在财政、税收、投资、金融、产业、生态环境、社会、扶贫政策等方面给予了大力支持。比如财政政策，从 2000 年到 2009 年，中央财政对西部地区的转移支付累计达 4 万亿元，占中央对地方转移支付总额的 43.7%。在税收方面，对设在西部地区的国家鼓励类企业，减按 15% 的税率征收企业所得税。

再一个就是投资。一个重要的政策就是国家搞了西部大开发重点工程。2000~2012 年，西部大开发累计新开工重点工程 187 项，投资总规模达 3.7 万亿元。对于这些重点工程人们也有不同的看法。有人说，西部大开发的重点工程就是把对西部投资的项目汇总在一起，还有一些关键的项目，比如西气东输、西电东送等，这是全国性的项目，而不单纯是西部大开发的项目，西电东送主要是通过北中南三条路线把电输送到东部，西气东输是把西北的天然气输送到长江三角洲地区，主要解决长江三角洲能源短缺和环境保护问题，当然对当地也有好处，主要是地方税等。不管怎么样，这些重大项目对促进西部地区发展，改进西部地区的生产生活条件起了相当重要的作用，比如高速公路的建设，过去到遵义很不方便，现在从贵阳、重庆过去都很方便，从重庆一下飞机，直接走高速，穿隧道也能很快到遵义，很方便，这都是西部大开发的成效。

当然人们对西部的基础设施建设也有不同的看法。有人说，我国的一些基础设施超前了，尤其是西部的基础设施超前了，修的路放在那儿晒太阳。但我觉得西部地区的基础设施应当适度超前。应该看到，在西部地区，尤其是远西部地区很多路都具有国土开发的意义，具有边境安全和国防的意义，而且现在很多地方的路确实不行，因为去年我去了两趟西藏，在那儿待了一两个月。其中一次是沿着雅鲁藏布江从拉萨经山南、林芝到墨脱，当时嘎隆拉隧道还没有完全通，尤其是从林芝到墨脱这段路确实很危险，一不小心就会掉到下面去。后来，我们又从拉萨开车经过日喀则，由拉嘎走北线，经措勤、改则、革吉到阿里狮泉河去，阿里北线经过的 3 个县没有柏油路，我们早上 6 点多出发，晚上 11 点才到达措勤，一共走了两天才到达狮泉河镇，因为北线 3 个县全部是土路，这些土路有将近 1000 公里。当然阿里地区面积很大，34.5 万平方公里总共才 10.1 万人。

有一次，我们到阿里地区神山附近的一个乡调查，乡党委书记向我们介绍乡发展情况，讲得挺好，我就说你给我们打印一个文字材料吧，他说打印文字材料倒是可以，但需要先发电，把电脑带动，因为他们乡没电，得用备用发电机发电，才能带动电脑，带动电脑才能把这个材料打印出来。所以，我觉得西部边远地区确实相当艰苦，不能与沿海地区一个标准，西部大开发不单纯是经济问题，更是民族团结、边境稳定、国防安全和政治上的问题。

除了财税、投资政策外，还有金融政策、产业政策、生态环境政策、对外开放政策、社会政策、扶贫政策等。从扶贫政策看，2001~2009 年，中央财政扶贫资金 63.3% 投入了西部地区，其实这个比重也不算太高，因为这期间全国农村贫困人口的 2/3 都集中在西部地区。

前 10 年的开发，国家投入了大量的资金，给予了较大政策支持，这些政策对推进西部地区发展、改善群众生产生活条件发挥了重要作用。到 2010 年，这些政策已经到期。所以在这个时候，中央、国务院出台了《关于深入实施西部大开发战略的若干意见》，就是要明确新 10 年深入实施西部大开发的总体目标、战略思路、重点任务和具体政策措施。把过去中央对西部大开发的政策从 2010 年延伸到 2020 年。这个文件明确了西部大开发在国家区域发展总体战略中的定位，这一点我认为很重要。第一是西部大开发在我国区域协调发展总体战略中具有"优先位置"；第二是在促进和谐社会中具有"基础地位"；第三是在实现可持续发展中具有"特殊地位"。这一战略定位对西部大开发是相当有利的。

同时，这个文件还明确了到 2020 年西部地区要上三个大的台阶，包括综合经济实力要上一个大的台阶，生活水平和质量要上一个大的台阶，生态环境保护要上一个大的台阶。这个文件的基本思路，可以概括为"一根主线，一个核心，两个支撑，六个更加、六个着力"。"一根主线"就是以增强自我发展能力为主线；"一个核心"就是以改善民生为核心；"两个支撑"就是以科技进步和人才开发为支撑。西部大开发人才很重要，虽然西部地区资源丰富，但最关键的问题是人才。文件还提出"六个更加""六个着力"。我以为，这个文件的核心思想主要有以下几点。

1. 重点建设"五横四纵四出境"综合交通运输体系

这是一个新的提法，过去西部开发也重视通道建设，这次提出构建"五横四纵四出境"体系，同时提出把昆明、乌鲁木齐机场建设成为门户机场。中国的民用机场很多，截至 2012 年底有 183 个，支线机场 139 个，但大部分是亏损的。支线机场做得比较好的是云南和新疆，现在机场不管大小，都希望直航，直接飞北京或上海等目的地，而不是先飞到枢纽机场，再从枢纽机场中转到世界各地，而云南和新疆按照合理分工的原则，大部分航班是到昆明、乌鲁木齐进行中转，我觉得这一点他们是做得不错的。所以把昆明和乌鲁木齐打造成为门户机场是对的，也有利于两地的旅游产业发展。

2. 加快产业结构调整，提高自我发展能力

一是实行以市场为导向的优势资源转化战略。西部地区资源性产业比重大，一些资源性产品运到东部地区加工以后再返回到西部地区，这是一种典型的垂直产业分工思路。这次国家明确提出实行"以市场为导向的优势资源转化战略"，西部尤其是西部落后地区要依托自身的资源优势，延伸产业链条，建立资源的深加工基地。这是一个重要的战略转变。二是建立承接产业转移示范区，积极引导东中部地区企业西进，鼓励东中部地区与西部地区共建产业园区，实现东西部合作互动。

3. 着力培养形成三级增长极（带、点）

第一级是将成渝、关中—天水和广西北部湾等经济区建设成为具有全国影响的经济增长极；第二级是将呼包银、新疆天山北坡、兰西格、陕甘宁等经济区培育成西部地区新的经济增长带；第三级是将滇中、黔中、西江上游、宁夏沿黄、西藏"一江三河"等经济区建成省域经济增长点。

4. 实行集中连片特困地区扶贫开发

过去我国的扶贫开发采用分散扶贫的方式，就是扶贫到乡、到村、到户，这对发达地区和东部条件比较好的地区是有效的，但对西部的落后地区可能不行。因为这些地区贫困县集中连片，整个都属于贫困地区。从根本上讲，这些集中连片特困地区的脱贫问题就是地区经济的发展问题，单纯扶贫到乡到村是难以解决贫困问题的。改革开放初期，我国贫困人口有2.5 亿人，那个时候到处都是贫困，发展水平那么低，国家不发展起来、区

域不发展起来怎么扶贫？当前我国集中连片特困地区面临的主要问题，就是经济社会没有发展起来。所以，对于这些集中连片特困地区必须把区域发展与扶贫攻坚有机地结合起来。只有这些地区整体发展起来才有可能根本解决它的贫困问题，要不然即使脱贫了也肯定是不稳定的，一旦遇到自然灾害可能又返贫了。

5. 积极发展内陆开放型经济

重点是推进重庆两江新区、两路寸滩保税港区和西安港务区等建设，建立高水平的综合性国际陆港，尤其是西安。同时，进一步促进东西部地区合作互动，加快沿边地区开发开放步骤，主要是在新疆喀什、霍尔果斯各搞了一个经济开发区，实行特殊政策，并在广西东兴、云南瑞丽、内蒙古满洲里建立了重点开发开放试验区。我曾主持了沿边重点开发开放试验区总体方案的设计研究。下一步，将在这三个点的基础上进一步拓展沿边重点开发开放试验区的范围。

关于《"十二五"西部大开发规划》，一共 12 章 58 节，内容很全面。现在国务院批了那么多区域规划，内容都非常全面，各个规划大体差不多，唯一体现特色的是战略定位。"十二五"西部大开发规划的特色，我觉得主要体现在两个方面：一是两个"两手抓"，即一手抓重点经济区培育壮大，一手抓老少边穷地区脱贫致富；一手抓资源合理开发利用，一手抓生态建设和环境保护。二是体现了"因地制宜、分类指导"思想。前些年，无论是西部大开发还是东北振兴，都主要采取普惠制办法，没有较好体现分类指导的思想，我在很多场合都提到了这一点。这次"十二五"规划较好地体现了这种分类指导的思想，划分出了六类重点区域，包括重点经济区、农产品主产区、重点生态区、资源富集区、沿边开放区、特殊困难地区。虽然各类区域的划分会存在争议，但这种思路无疑是正确的。西部地区那么大，不可能也不应该实行均一化的普惠政策。

第一类是重点经济区。重点是培育壮大城市群，包括关中、成渝、黔中、滇中、宁夏沿黄、北部湾等城市群；支持城市一体化，包括西安—咸阳、成都—德阳—绵阳、贵阳—安顺、酒泉—嘉峪关等一体化；推进新城新区建设。"十二五"规划提出在西部建五个新区，包括两江新区、西咸新区、天府新区、兰州新区、贵安新区。现在两江新区国务院批了，兰州新区刚刚批，贵安新区正在做方案，预计年内拿出方案报国务院。

第二类是农产品主产区。

第三类是重点生态区。

第四类是资源富集区。规划提出了 8 个重点能源资源富集地区，包括鄂尔多斯盆地、塔里木盆地、川渝东北地区、天山北部及东部地区、攀西—六盘水地区、桂西地区、甘肃河西地区、柴达木盆地。

第五类是沿边开放。国家对重点沿边开放地区赋予了不同的战略定位，内蒙古是向北开放重要桥头堡，云南是向西南开放重要桥头堡，新疆是向西开放门户，广西是东盟合作高地，每个地区都有它的独特战略定位。同时，还对沿边开发开放区建设进行了规划。

第六类是特殊困难地区。目前，国家已经组织编制了 14 个集中连片特困地区区域发展与扶贫攻坚规划。现在需要推进的是制定支持革命老区发展的指导意见。陕甘宁革命老区振兴规划已经国家批准，我们主持的"中央苏区振兴需要国家支持的政策研究"已经完成，国务院《关于支持赣南等原中央苏区振兴发展的若干意见》已经发布，中央苏区、川陕、左右江等革命老区振兴发展规划也在组织编制。也就是说，民族地区、边境地区、革命老区下一步也是一个重点。

到目前为止，西部大开发虽然取得了较大进展，但至今仍没有法律地位。在国外，落后地区开发是先立法，后规划，再开发，而我们是先开发，后规划，不立法。我本人也是《西部开发促进法》起草小组成员，几年以前这个法律草案就完成并上报了，但至今并没有获批，不了了之。就目前的情况看，要解决西部大开发的法律地位，难度较大。原因就在于目前国家搞的区域开发或战略太多，但西部开发不同于一般的区域开发或战略，因为西部地区整体上可看成一个落后地区，实施西部大开发符合国际规范，在市场经济条件下，中央的区域政策要讲究公平，实行雪中送炭而不是锦上添花。如果实行锦上添花，就等于中央的区域政策在强调扩大地区差异，没有哪个国家把扩大地区差异作为中央政策的目标，所以西部开发肯定是对的，也是许多发达国家的普遍做法，比如美国阿巴拉契亚山区的开发、意大利南部地区的开发、日本北海道的开发等。目前，无论是西部大开发、东北振兴、中部崛起，还是一些小范围的高新区、经济技术开发区、新区等，都没有解决其法律地位。这是今后需要深入研究的课题。

二 西部大开发十多年来成效显著

实施西部大开发以来，西部地区经济社会发展取得了显著成效。尤其是"十一五"期间，西部地区很多指标增速都高于全国的平均水平。

1. 固定资产投资增速加快

2005～2010 年西部地区固定资产投资比全国平均增速高 2.8 个百分点，比东部地区投资增速高 7.8 个百分点，2011～2012 年也是这样的增长态势。2004 年以后，西部地区投资增速一直高于全国平均水平，高于东部地区。2012 年西部地区固定资产投资增长率是 28.7%，虽然这个速度在全国不是最高的，但远远高于全国平均水平和东部地区，也略高于中部地区。从 2000 年起到现在，西部地区绝大部分年份投资增速在四大板块中都是最快的，后来由于实施了东北振兴战略，又实施了中部崛起战略，东北和中部地区投资增速也加快了，一些年份甚至超过了西部地区。

2. 地区经济呈现高速增长态势

我们不能把民族地区 GDP 增长速度和国家统计局发布的全国 GDP 增速相比，那是不可比的。打开中国统计年鉴可以发现，31 个省市区 GDP 增长速度大都高于全国 GDP 增长速度，31 个省市区的生产总值加总数远远高于国家统计局发布的全国 GDP 数据。根据我们的估算，省一级的增长速度加总数平均要比国家统计局发布的增长速度高 1.5～2 个百分点；地一级的增长速度加总数平均要比省一级的增长速度高 1～1.5 个百分点；县一级的增长速度加总数和地一级的差不多。因此，我们在比较地区增长速度的时候，只能与同一级地区的增长速度加总数进行比较。实施西部大开发以来，西部地区 GDP 增长速度在逐年加快，1999 年才 7.3%，2007 年达到 14.5%，2008 年以后受金融危机的影响，西部地区仍然呈现高速增长态势。现在西部地区 GDP 增速已经是全国最快的，高于全国平均、中部、东北和东部地区。分阶段看，1999～2007 年东部增长速度最快，西部地区比较慢，2008 年以后发生了重要变化，中西部地区、东北地区的增长速度全面超过了东部地区。2011 年西部地区的增长速度是 14%，东部地区是 10.5%，全国 31 个省市区是 11.8%，西部的 GDP 增速远高于全国平均水平，也高于东部地区。

"十一五"期间，西部 12 个省市区 GDP 增长速度是 13.8%，这个速度也是全国最高的，31 个省市区平均是 13.1%，东部地区是 12.8%，中部地区和东北地区分别是 13.2% 和 13.6%，西部地区增速高于全国平均水平，高于东部地区，也略高于中部地区和东北地区。由于增长速度不断加快，西部地区和东部地区经济增长率差距不断缩小，2007 年以来已经超过了东部地区。1992 年西部地区 GDP 增速比东部地区低 7.4 个百分点，2011 年则比东部地区高 3.5 个百分点。

3. 地区工业化快速推进

从 2001 年到 2008 年，西部地区工业增加值占生产总值的比重由 31.9% 迅速提高到 41.1%，增加了 9.2 个百分点，远高于同期东部、东北和中部地区的增幅。由于西部地区的工业化在不断地加速推进，所以从 2003 年以来，西部地区和东部地区的工业化差距在不断地缩小。再从 2011 年到 2012 年西部地区的增长速度看，2011 年西部地区工业增长速度是 16.8%，仅次于中部地区；2012 年是 12.6%，在全国是最高的。总之，西部地区的工业增长速度是比较快的。

4. 居民生活水平明显改善

从人均地区生产总值看，若以全国 31 个省区市平均水平（不含港澳台地区）为 100%，1999 年西部地区的相对水平是 60.7%，2011 年提高到 71.3%，这个相对水平在不断提高。城乡居民收入也在快速增长，到 2011 年，西部城镇居民人均可支配收入的相对水平为 83.3%，农民人均纯收入为 75.2%，比 2007 年分别提高 1.3 个和 2.1 个百分点。再从贫困人口看，按照老的贫困标准，西部贫困人口从 2000 年的 5731.2 万人减少到 2010 年的 1751 万人，贫困发生率由 20.4% 下降到 6.1%。

5. 东西发展差距趋于缩小

2003 年开始，东西部地区间人均生产总值差距不断缩小，2006 年居民人均消费水平差距开始缩小，在经历驼峰形波动之后，城镇居民人均可支配收入差距在 2006 年以后也开始缩小。农村居民人均纯收入差距也是在 2006 年以后开始缩小的。人均一般预算财政收入差距 2003 年以后开始缩小。人均财政支出差距在 2003 年以后也在缩小。

通过对东西差距变化的研究，可以得出以下几点结论。①东西差距已经由过去的扩大转变为缩小，但东西相对差距还是远高于改革开放的初期

（财政收支差距除外），绝对差距仍然很大。②各指标转变的拐点具有差异。2003 年发生转变的有人均生产总值、人均财政收入、人均财政支出。2006 年人均消费水平、城镇居民收入、农村居民收入差距从扩大变为缩小。③各个指标的区域差距相差较大。差距最大的是财政收入的差距，其次是人均地区生产总值的差距，第三是人均消费水平差距，再往后是农村居民收入差距、城镇居民收入差距，最小的是人均财政支出的差距，反映了中央财政转移支付的影响。

国际比较来看，中国仍然是世界上区域差距最大的国家之一，要缩小区域差距，促进区域协调发展的任务还十分艰巨。我国的省际差距仅次于南非和印度，当然南非和我国不可比，面积比我国小很多，印度的省际差距比我国大。

6. 对外开放水平显著提高

实施西部大开发以来，西部地区外商投资和出口总量不断扩大，在全国所占比重也在不断增加，对外开放水平在不断提高。但应该看到，到目前为止，西部出口和外商投资占全国的比重仍然很低。自 2004 年以来，西部外商投资占全国的比重在不断地增加。需要指出的是，过去国家统计局和商务部每年都公布各个省市区的实际利用外资数据，2007 年以后不发布了，因而要考察全国实际利用外资的地区分布，只能采用各省市区数据进行加总。更重要的是，31 个省区市数据加总以后远远高于国家统计局和商务部发布的全国实际利用外资数据。所以，2007 年以后我们是根据 31 个省区市发布的数据进行加总获得的，虽然两种方法获得的结果不完全可比，但还是可以看出近年来外商投资分布发生了明显变化，即东部地区的比重在不断地下降，中西部地区和东北地区的比重不断上升。

7. 投入产出效益稳步提升

长期以来，人们普遍认为西部地区投入产出效益较低。近年来我们进行了多次测算，结果发现西部地区的投入产出效益并不是这样，我们测算了很多指标，比如全员劳动生产率、工业成本费用利润率、投资利润率等，西部地区工业的这些指标都高于东部地区，东部地区的某些效益指标却是全国最低的。比如，2010 年西部地区规模以上工业企业成本费用利润率比东部高 27.0%，比全国高 20.1%。当然，我们也不能说西部地区投入产出效益就很高，但也不能说西部就很低，因为我们测算的是整个工业的情况，没有把高税行业和资源性产品涨价因素考虑进来。对西部地区而言，一般高税的行业比重较大，比如烟酒；同时，资源性产品比重较大，像石油、矿产品，这些行业因资源性产品涨价，利润和税收是很高的。假如剔除这些行业之后，情况又是怎样的呢？由于这些产业恰恰是西部的特色优势产业，所以总体来看西部地区的投入产出效益稳步提高应该没有问题。

三　当前西部大开发面临的主要问题

1. 产业结构呈现逆向调整态势

西部地区近年来经济增长速度较快，但这种快速增长主要是依靠资源性产业，依靠采掘、原料工业和能源重化工来支撑的。比如，前些年内蒙古 GDP 增速很快，连续多年排在全国第一，但其资源性产业比重不但没有下降反而进一步提高。从 2001 年到 2008 年，在规模以上现价工业总产值中，内蒙古资源性产业所占的比重由 60.9% 提高到 70.2%，增加了 9.3 个百分点。内蒙古前些年还面临另外一个问题，GDP 增长速度很快，但城乡居民收入增长和其他地区没有什么大的差别。此外，西部地区高技术产业比重也较低，有的甚至呈下降趋势。当然，对高技术产业统计目前尚有不同的看法，因为科技部这个统计口径有缺陷。现有的统计口径是按工业行业统计的。按照现行的统计口径，一些省市区高技术产业比重都出现了下降，甚至某些年份西藏的比重比东部一些地区还高。总之，近年来西部地区的高增长是依靠资源性产业和能源重化工快速扩张来支撑的，一些地区产业结构曾经呈现出逆向调整的态势。

2. 地区增长主要依靠投资拉动

我们测算了一下，2005～2010 年西部地区的 GDP 增长 75% 是靠投资拉动，东北地区更高，GDP 增长的近 80% 是靠投资拉动，均远高于东部地区48.1% 的水平。这种情况肯定是不可持续的。当然，未来西部开发仍需要依靠投资拉动，投资在经济增长中仍然是很重要的，但单纯依靠投资拉动增长，将难以持续下去。

3. 城乡二元结构十分明显

中国城乡收入差距很大，2010 年全国城镇居民人均可支配收入与农村居民人均纯收入之比是 3.23∶1，西部地区差距更大。西部地区城乡收入差距是全国最大的，城乡居民收入之比高达 3.58∶1，还有一些省区如云南、贵州超过了 4∶1，均远远高于东部地区（2.86∶1）、东北地区（2.48∶1）和中部地区（2.90∶1）的平均水平。城乡收入差距比较大的主要是西部的一些省区。

4. 公共服务能力低下

2011 年西部地区人均地方财政本级收入仅相当于全国平均水平的76.2%，东部地区的 53.1%，上海市的 20.4%。目前，中央财政的均等化转移支付比重偏低，规模小、总量不足，采取撒胡椒面的方式。在 31 个省市区中有 20 多个都享受中央财政的均等化转移支付，而且比重也比较小，税收返还和各种专项补助仍占很大比重。由于地方财力有限，加上中央财政转移支付的水平偏低，所以西部地方政府尤其县乡政府的公共服务能力明显不足。西部农村地区和北京、上海相比简直一个天上，一个地下。所以国外说中国把城市搞得像欧洲，农村搞得像非洲，确实差距很大。北京、上海和欧美发达的城市相比差距并不是很大，但是农村尤其西部地区、民族落后地区的农村确实差距就很大。我一直在想这样一个问题，中央提出的基本公共服务均等化就应该全国采取统一的标准吗？我认为不应该这样，西部民族地区要考虑它的特殊性。比如很多地方有双语教学，有民族出版、民族文化和维护稳定等问题，这些都应该属于基本公共服务的范围。我认为基本公共服务均等化要考虑到民族地区的特殊性。

5. 农村贫困问题突出

西部是我国农村贫困人口最集中、贫困程度最深、扶贫难度最大的地区。按照新的农村贫困标准，我国现有农村贫困人口 1.28 亿人，占农村总人口的 13.4%。这个新的贫困标准是 2010 年农民年人均纯收入 2300 元，合人均 0.93 美元/天，逐步接近世界银行人均 1.25 美元/天的绝对贫困标准，与世界银行人均 2 美元/天的贫困标准仍有较大差距。在全国 1.28 亿农村贫困人口中，大约有 7000 万集中在西部地区，14 个连片特困地区有 9 个分布在西部地区。同时，西部地区贫困人口返贫现象严重，返贫率高，平均返贫率在 15%～25%，个别地方高达 30%～50%。所以说，贫困是西部地区未来的一个大问题，全国扶贫攻坚的重点和难点在西部地区。

6. 高碳经济特征明显

西部经济发展呈现出"高消耗、高排放"的高碳经济特征。我们测算的结果表明，西部地区单位产出能源消耗和"三废"排放量远远高于全国平均水平，更高于东部地区。2012年，西部地区万元生产总值能耗为1.27吨标准煤，分别比东部、东北和中部地区高81%、25%和30%。对于西部地区的高碳特征，我们该怎么看？我们不能希望西部地区像东部地区比如上海、广东那样达到一个很低的碳排放水平，因为产业结构不一样，发展阶段不一样，在全国承担的功能定位也不一样，所以从国家战略层面看，我们应该因地制宜实行差别化的节能减排。我的想法是，东部发达地区要实行强制减排，中西部尤其是西部地区要实行发展减排，因为西部地区发展水平还比较低，仍处于工业化和城镇化加速阶段，资源性产业、能源重化工产业所占比重较大，承担着为全国提供能源和资源性产品的功能定位，是全国主要的能源和原材料基地。譬如，在内蒙古、陕西、宁夏生产的能源重化工产品不单纯是供应本地的，是为全国、为北京、上海服务的，新疆的天然气就输送到上海去了，所以对西部要实行差别化的发展减排。但是，现在西部地区单位GDP能耗和"三废"排放量确实太高，必须得降下来。

7. 物流和税收成本比较高

我们现在都在谈中西部地区承接产业转移问题，事实上影响中西部地区承接产业转移主要有四个关键因素：一是投资的软环境有待改善，二是物流成本比较高，三是税收负担比较重，四是产业不配套。这四个因素严重影响了中西部承接产业转移，影响了西部地区经济发展和产业承接。可能大家会问，中央高度重视西部大开发，对西部地区制定了那么多政策，但西部地区平均税负为什么比全国还高。我们连续几年测算的结果是，目前西部地区工业平均税负全国最高，高于东部、中部和全国平均水平。原因在哪儿呢？我认为有以下三点。

（1）过去中国的税收优惠主要是两个导向，一是出口导向，二是外商投资导向。近年来中央对出口产业给予了很多的优惠，对外商投资给予了很多优惠，实行超国民待遇。由于这种超国民待遇，后来吸引的外商投资中有相当部分是假外资，主要是国内的资本转移到海外，到维尔京群岛、开曼群岛等注册一下再返回国内，这样就可以享受超国民的各种优惠，尤其是税收优惠。我们知道，过去在华外商投资和出口都高度集中在沿海地区，出口占90%以上，外商投资占80%以上，所以这两个导向下的税收优惠政策带来的好处，绝大部分都被沿海少数地区攫取了。

（2）西部地区烟酒、资源性产品，这些高税收行业比重大。

（3）税收环境不一样。沿海地区经济实力较强，税源比较充足，所以大都实行"放水养鱼"的政策。在沿海一些地方，征税环境通常较松，尤其是在经济形势较好的情况下，政府官员就和老板说今年的税太高了，你的税明年再交吧，实行的是藏富于民的政策。但西部地区不一样，西部经济实力薄弱，缺乏财源，通常实行严格的税收政策，管、拿、卡要严重，还有各种各样的规费。

在投资软环境方面，中西部地区也尚有待进一步改善。在实地调查中，一个民营企业的老板跟我说，中西部有些地区是轰轰烈烈招商引资，"关起门来打狗"；一个外资企业的老板也说，有些地区是"阎王好交，小鬼难缠"，投资之后中下层观念和服务却难以跟上，实际运行中会面临很多困难。当然，物流成本较高也是西部大开发面临的重要问题。

四 对西部大开发的战略思考

1. 西部地区正处于工业化与城镇化双加速时期

根据我们对147个国家的截面数据以及伦敦、纽约、巴黎、东京四个国际大都市100多年的时间序列数据进行分析，结果发现工业化和经济发展水平之间大体呈倒U型关系，人均收入5000美元以下工业化是加速的，工业增加值、工业就业比重不断增加；5000～10000美元主要是提高工业化的质量，工业增加值和就业比重保持相对稳定；超过10000美元以后开始进入逆工业化阶段，工业增加值和就业比重将逐步下降。从工业化的进程来看，2011年西部地区人均生产总值超过4000美元，达到4300美元，现正处于工业化加速时期，随着工业化的快速推进，西部工业增加值和就业比重将进一步提升。

从城镇化的进程来看，一般认为城镇化率30%～70%区间是快速推进的时期，但城镇化率50%是一个重要的拐点，30%～50%区间城镇化是加速的，50%～70%区间城镇化是减速的。目前，中西部地区，尤其是西部地区大部分处于城镇化加速时期。2011年，中部地区和西部地区城镇化率分别为45.5%和43.0%，而东部地区已经超过了60%，达到60.8%。所以未来中西部地区将是加快城镇化的主战场。

从长远发展看，未来我国的国土开发应实行多中心网络开发，最近编制完成的《全国国土规划纲要》吸收了我们这一思想。多中心就是依托城市群培育国家增长极体系，重点构筑世界级、国家级、区域级三级城市群。关于世界级的城市群，除了珠三角、长三角、京津冀以外，长江中游地区在2030年之前也有条件打造成为世界级的城市群。从总量规模来看，长江中游城市群过不了几年就有可能超过珠三角，因为它的范围很大，发展潜力也大。因此，把长江中游城市群提升为世界级的城市群，是有条件的，也是完全可能的。当然，也有专家持不同看法，认为长江中游地区发展水平低、联系松散，不可能成为一个城市群。

网络开发就是依托主要交通干线，构筑"四纵四横"重点开发轴线体系。四条纵向的轴线，除了沿海轴线以外，要把京广轴线、京九轴线以及与西部相关的包头—南宁轴线作为国家级的主轴线。四条横向的轴线分别是：第一条沿长江轴线；第二条陇海—兰新轴线；第三条沪昆轴线，即从上海经杭州、鹰潭、株洲一直往西到贵阳和昆明，这条轴线也是以未来高铁作为支撑的；第四条东西向轴线尚具有不同的看法（我们认为，应把从青岛经济南、石家庄、太原往西到银川、兰州、西宁的青西轴线，作为国家级的主轴线，《全国国土规划纲要》采用的是从天津、北京沿呼包银往西的轴线；我觉得，从人口、产业和城镇集聚的角度看，选择青西轴线作为未来国土开发的主轴线更为合理一些）。

2. 实行转赶结合，走绿色发展之路

目前西部地区面临一个两难的问题，一方面西部发展水平低，要缩小与沿海地区的差距，就必须实行赶超战略，实现跨越式发展，而这种跨越将对西部地区脆弱的生态环境形成巨大的压力；另一方面，西部地区是生态环境敏感和脆弱地区，是中国重要的生态屏障，必须把生态建设和环境保护放在更加重要的战略位置上。当前，中央对新疆、贵州等都提出了跨越式发展、同步小康的要求。根据我们的测算，这些地区同步小康的难度很大。比如贵州要在2020年和全国同步小康，按照现在的态势和政策看很困难。今年3月底我到毕节的威宁去，威宁县长跟我说，要按现在全国小康的标准，威宁要实现GDP每年增长30%以上才能和全国同步小康。这怎么可能呢？这么长时间，这么多年连续增长30%，这只是一个指标，还有别

的指标。更何况威宁生态环境脆弱，保护生态环境是主要任务。

显然，西部地区要缩小差距，实现中央提出的同步小康目标，就必须实现跨越式发展，但这种跨越式发展搞不好就会带来生态环境的破坏。西部地区本来生态比较脆弱，又是国家重要的生态屏障，所以西部地区不能再走过去那种先污染、后治理的老路，也不能像过去珠三角、长三角那样，以牺牲耕地、粮食和农业现代化为代价来加快工业化和城镇化。当前中央明确提出"四化"同步，工业化、城镇化、信息化和农业现代化要同步发展，就是吸取了珠三角、长三角等地的经验教训，原来珠三角、长三角都是国家粮食主产区，但现在耕地大幅减少，粮食产量也下降了，粮食主产区变成了粮食主销区，这样就把保障国家粮食安全的任务转移到中西部和东北地区，如果中西部和东北地区也像过去珠三角、长三角那样，把大量耕地拿去搞开发，不种粮食而是盖房子、建工厂，效益肯定更高，但这个路子肯定是不行的，所以这是一个两难的问题。我们常讲既要金山银山，更要青山绿水。西部地区要实现跨越赶超，必须与转变发展方式和生态环境保护有机结合起来，在跨越赶超中实现绿色转型和发展方式转变，在绿色转型和发展方式转变中实现赶超和大跨越，我们把这种战略叫作"转赶结合"，一方面要转变发展方式，另一方面要跨越赶超，走绿色跨越式发展的道路。对西部地区来说，必须走绿色发展的道路，推进绿色工业化和绿色城镇化，构建绿色经济体系、社会体系和管理体系。尤其是，西部在承接产业转移的过程中，不能把污染也承接下来，要做到产业承接，污染不承接。

3. 全面改善投资环境，积极发展特色优势产业

西部地区要实现跨越赶超，就必须要有产业支撑，而西部产业发展的核心是培育特色优势产业，并把这些特色优势产业形成产业链，最后形成整个产业链的竞争优势，这一点非常重要。这其中很重要的是要改善投资环境，包括基础设施、软环境和产业配套。在编制"十二五"西部大开发规划的时候，大家就在讨论，第二个十年西部大开发重点是不是要进行转移，是否应该继续把基础设施建设作为开发重点？显然，经过前十年的开发，西部地区的基础设施有了很大的改善，但大家还是觉得基础设施建设、生态环境保护是基础性的，应当继续作为大开发的重点。当然，全面改善西部投资环境，除了基础设施建设外，更重要的是改善软环境，提高产业配套能力。产业配套能力低，这是制约西部地区发展的一个重要因素。要突破这一瓶颈限制，最关键的是实行产业链招商引资。

4. 建立多元化的投融资机制，切实提高资金的使用效率

西部地区的经济增长主要靠投资拉动，而西部投资主要依靠政府投资和银行贷款，投资渠道比较单一。在今后一段时间，西部地区增长仍将主要依靠投资拉动，关键是要建立一个多元化的投融资渠道和机制，切实提高资金使用效率，逐步形成"造血"机制，提升自我发展能力。既要争取国际组织、政府间贷款、国家财政资金和其他地区的援助资金，更重要的是营造良好的环境，积极培育资本市场，采用多形式的融资方式，激活民间资本，吸引外部资金进入。

5. 全面提升要素，打破"富饶的贫困"

在座各位跑西部地区、民族地区可能比我跑得更多，因为西部还有不少县，甚至地级市（州、盟）我都没有去。西部很多地区资源很丰富，但是发展水平很低，经济上很落后，我们叫作"富饶的贫困"，我认为一个关键的原因就是西部地区拥有的是简单、低级的要素，缺乏高级的要素，比如人才、技术、观念、制度、品牌、营销等。这些高级的要素可以把低级、简单的要素有机地整合起来，把资源优势转化为现实的经济优势。所以我觉得要打破这种"富饶的贫困"，必须高度重视和充分挖掘高级生产要素的潜力，发挥高级生产要素的作用，尤其是人才的作用、制度的作用、观念的作用、品牌的作用。

今天就介绍到这儿，不对的地方请大家批评指正。谢谢大家！

提问环节

问：非常感谢魏所长的报告，产业聚集、企业转移和就业发展我也看到了，后来我用到"产业转移——从东部到西部"的研究中，非常好。您做的贵州和毕节的课题我也知道，所以这次大调查我也选择的是贵州。这次您讲的是从整体和全局的观念，从国家大趋势来理解西部大开发我觉得特别好。我在民族所已经工作26年了，我觉得有三个大缺点很难克服，希望您给我一点指点。第一，弱，我们有一种弱者的心态，老是把民族地区视为弱势群体，我们有一种扶弱的心态，还有希望获得优惠政策。第二，低，我们都喜欢研究基层社会，很难理解高层的发展，比如说整体、全局的东西。第三，特殊性，前面的低和弱形成我们特殊的东西，我们的研究对象是少数民族，研究地区是少数民族地区，研究的领域是民族文化、民族经济、民族社会，都是特殊的观点，因为这个我们对城镇化、工业化、市场化这种主流的大事情也很难理解。如何形成整体的概念，怎么克服我们低、弱、特殊的研究视角？

魏后凯： 你提出了一个很好的问题，这个问题很大，也很难回答。究竟如何看待西部民族地区政策，我认为可以从不同角度来看问题。西部民族地区经济发展较落后，自我发展能力较低，下一步重点是增强地区自我发展能力，有一些地区因为观念的问题确实存在等、靠、要的思想，但我觉得从国家层面来看，过去对西部民族地区有一些观念也未必正确。比如西部民族地区发展存在着诸多困难，国家要加大投资，给予支持，给予扶持，这些政策都是一种援助政策吗？我认为不单纯是，有几个层面，首先是生态补偿的问题，民族地区很多比较落后，但生态比较好，她们保护好了生态，生态产品是外部效益，不可能有更多的经济效益。对这种产品我们要给予补偿，而不能叫援助。

如果国家对这些地区的生态补偿足够高，使农民群众依靠保护生态也能够过上富足的生活，那么他们就可以专心搞好生态环境的保护，包括耕地的保护，提供新鲜的空气。无论是保护生态还是保护耕地，都存在经济补偿的问题，这不是援助，而是中央或受益地区要给予的补偿，因为这些地区提供的是生态产品。除此以外，第二个层面才是一种区域补偿或援助，这种区域补偿带有援助的成分，因为这些地区比较落后，从公平角度来讲应该给予扶持或援助。所以，我认为要把补偿和援助区分开来，尤其是补偿力度要进一步加大。假如我们把生态补偿和耕地补偿加大的话，西部地区、民族地区得到的财政转移就更大了。

据研究，贵州森林生态系统服务功能总价值每年超过4000亿元。要是按照这些地区每年提供的生态价值进行补偿，一个地级市或自治州可能就要给好几百亿元，我估计中央财政也给不起，要真那么算账的话那真要给好几百亿元，那不是一点点，很多民族地区搞生态也能够富裕起来。对于这些地区的发展，我曾把它归纳为"不开发的发展""不开发的富裕""不开发的繁荣"。《全国主体功能区规划》把各地划分为优化开发、重点开发、限制开发和禁止开发区域，所谓开发就是大规模的工业化和城镇化活动，所谓限制开发和禁止开发实际上是剥夺一个地区的开发权限，我们可以限制或禁止一个地区的开发，剥夺一个地区的开发权限，但不能剥夺她的发展权限，更不能剥夺她富裕的权限，也不能剥夺她繁荣的权限，这就要求我们探索一种不开发的发展、不开发的富裕、不开发的繁荣的全新发展模式。这很大程度上要靠生态补偿实现，还要发展生态产业。

问：我们不研究区域问题，不研究产业问题，有很多疑问，在您这儿都得到了解答，非常感谢您！有一个问题，西部大开发以来，西部地区资源开发的力度是很大的，这些资源开发对当地人的心态有一些影响，我们到新疆调研或在学术场合，有一些当地的学者也会说，如果走市场化的道路，新疆和内蒙古就可以直接进入中等发达国家的水平，但我们资源是国有，全国一盘棋，有一个调配的问题。这个调配背后的补偿肯定也是多种形式的，比如财政转移支付和对口援助等，资源大范围的调配和财政上的补偿有没有测算。刚才您也讲到西部地区其实最大的问题是公共经费不足，中央的财政转移支付也存在协调问题，不可能针对某些地区给高比例的补偿。资源调出和财政转移支付的测算，有没有可能成为中央加大对西部地区援助的一种依据，可能我们认识得不够全面，您能不能给我们分析一下这方面情况？

魏后凯：这个问题很好，在学界也存在争论。实际上过去有过测算，测算较多的都是西部省区，比如甘肃、内蒙古就做过测算，要全国一个个测算难度很大。因为从新中国成立一直到现在要分产品来测算，要统计各个产品调出、调入多少，以及这些产品市场价格和调拨价格之间的差额。现在这个问题已不像之前那么重要，因为国家调拨的产品越来越少，即使是资源性产品，也主要由市场定价。的确，自新中国成立以来很长一段时期内，由于通过计划的调拨比重很大，转移资金量也很大，过去我们把它叫作"双重转移"。第一个转移是国家通过计划价格调拨资源形成的转移，由于市场价格高，调拨价格低，国家在西部地区大量低价调出资源，必将导致西部地区创造的价值转移到东部地区。第二个转移是东部高价的加工产品返回到西部地区和民族地区，又形成一种价值转移，所以学界叫"双重转移"。这种"双重转移"是计划调拨体制下形成的。

现在我们也在思考这个问题，你说的权益和资源开发问题，我到过新疆和西部其他地方，民族地区的同志有意见，认为你火车拉进来的时候空空的，出去的时候都满满的，你把资源都拉走了。确实有这么一种情况，这种情况与中国和美国的贸易格局一样，中国运到美国去的大都是低附加值的，而美国运过来的芯片等高科技产品就一点点。这种国际或区际利益分配不均格局主要是产业分工格局引起的，要打破这种格局就必须促进产业转型升级。现在中央已提出要延长产业链，尽可能把深加工放在西部，不到沿海去，但西藏因生态环境脆弱是一个例外，西藏不适合大规模搞加工制造业。一些国家急需的矿产资源可以从西藏运到格尔木或兰州去深加工。

我觉得你们还可以探讨一下产权的问题，我们曾经向有关部门提出过，能不能把西部地区，比如少数民族地区的一些矿产资源，不管所有权还是使用权干脆就给地方，这样有利于西部民族地区的发展。延安就是一个很好的例子。延安就是因为国家把石油资源开发利用和生产经营权下放给了地方，延安就有钱就富了，我觉得这是可以探讨的，有一些资源可以下放给地方。西部落后民族地区可以这样做。也有学者提出来过，但都没有深入的研究，我以为这种做法有得也有失，单独对某一些民族地区这么做，沿海地区会不会有意见，中央把不住怎么办呢？还要进行测算。我觉得这个问题是可以探讨的。

问：这里面还有国有企业进入，不完全是国家的利益，因为国有企业有独立的利益，国有企业在全国、全世界的点能不能取得投资收益，产权的因素考虑进去之后会不会带来一些问题，是国有企业把产权让出去还是国家把产权让出去，可能从所有权和法制角度来说是新角度，目前也没有什么研究。

魏后凯：现在研究这个问题的倒不多，但研究国有企业的倒挺多的。目前还没有好的制度安排，国有企业进入以后和地方能够相互融合就比较好，要是融合不好就有可能形成典型的"两张皮"，企业把钱赚走了，地方还是"江山依旧"。比如陕北某个国有煤矿，采煤技术很先进，据说是亚洲生产力最高的煤矿，但前些年我们在调研中发现，当地的农民还是没钱，它和当地没有什么联系，国有企业和地方发展融合不够。这实际上是国有大企业嵌入式进驻带来的空间二元结构，这也是一个难以较好解决的棘手问题，二元结构问题在西部地区最典型。从各地的经验看，无论是国有企业还是外商投资和民营企业，大企业的嵌入式进驻，如果不能与地方经济相互融合，都会形成"两张皮"的问题。但是，产权的多元化，无论是国有企业出让还是国家出让，都会刺激地区经济的活力，有利于竞争。

问： 谢谢魏所长的精彩报告。我有一个问题请教。您讲的是西部开发，西部开发当中重要的主体是国家乃至对口支援的援疆援藏区域和省份，在整个西部开发和跨越式发展过程中，地区的发展是很明显的，但是在这个地区发展过程中，少数民族自身的发展是否成了受益群体，地区的发展和少数民族的发展是两个不同的概念，地区的发展对少数民族自身的发展是产生了正向的影响还是负面的影响，如果有影响的话，应该包括哪些？

魏后凯： 这是一个很好的问题，应该是我向你们来请教的，我也思考过这个问题，我们出过一本《中国区域政策：评价与展望》，里面有一章讲了"中央扶持民族地区发展政策"，还是很初步的，很多问题我们也没有搞清楚。西部大开发无疑促进了民族地区发展，过去民族地区与其他地区的差距在扩大，近年来已经出现缩小的趋势。这些年，民族地区经济都增长很快，尤其是投资，包括内蒙古、新疆、贵州等，前阵子我刚到云南也感觉到增长很快。民族地区的快速发展，肯定会使少数民族家庭受益。但不同群体谁受益多谁受益少？这个问题其实和扶贫是一样的问题。国家投入了大量扶贫资金，受益的群体究竟是开发商、老板还是贫困群体？在西部大开发过程中，各地增长都是很快的，但受益群体到底是来投资的企业、老板还是那个民族，我没有研究过这个问题，也不知道。我觉得你们倒可以研究一下，也很有意思，但研究难度也很大，因为涉及不同民族家庭样本调查，地区的选择也要有代表性。光选一个地区，在民族地区不一定有代表性，所以你还得布点，布了点以后再选不同的家庭进行研究，这个工作量很大，需要钱，没钱无法做抽样调查，有钱就可以做。

第 十 一 讲

关于政治文明建设的若干思考

房 宁[*]

特别高兴能够来到民族学与人类学研究所和同事们有这样一个交流机会，对我来说也是很难得的学习机会。一是我把大家需要了解的一些东西向大家做一介绍，我也特别希望有机会和同志们做交流。我对民族所非常景仰，我们研究的问题非常重要，我们的这些同志都在各方面学有所长，都有真才实学，都是各方面的专家。二是民族学研究方法也是我特别希望政治学界的同志们能够多学习的，我们觉得现在的学问是要通过调查研究，通过实际的、有实践经验的研究和总结，我们才能得出真正的理论，特别是经世致用的一些理论。我们又是一个学部的，所以今天来到这里非常高兴。同志们要做许多研究，需要各方面的背景，我把我国改革开放以来政治体制改革、政治发展当中的一些情况做一介绍，特别是当中存在的一些问题我也会涉及。我会尽量简短一点讲，有可能的话希望大家能够提一些问题，这样可能更好。

中国改革开放 30 多年了，如果从更广义的社会发展角度来看，它就是中国的工业化、城市化、现代化的过程。有的学者把中国的工业化、城市化、现代化归结为四次努力，最早有清末的，然后有孙中山的、国民党的，再就是新中国成立以后，应该说真正成功的还是改革开放以来，我们现在还把它概括为"中国梦"，当然以前的积累，正反两方面的经验都算数。改革开放 30 多年，根据中国社会科学院社会学所初步的研究，一般认为我们东南沿海地区已经是工业化的中期甚至是中后期了，中部、西部，现在是

---

* 房宁，中国社会科学院政治学研究所所长，研究员。该讲座时间为 2013 年 4 月 23 日 14：00 ~ 17：00。

中国工业化的第二波。像中部六省，包括西部甚至包括新疆，都是在工业化以后进入了快速发展阶段。未来20年，那就是20年前的浦东。像中部的一些地区，长株潭、两江新区、四川成都城市带产业群，包括东北沈抚新城，都是中国未来发展的重点。

在整个中国社会巨大的发展和转型中，上层建筑、政治制度和政治体制以及整个的政治生活也随之发生了很大的变化。但有点区别的是和中国的经济体制改革、中国的经济发展有所不同，就是大家对这个问题会有一些不同的看法，国际上讨论也很多，比如中国的经济体制改革比较成功，经济发展成果显著，但好像政治体制改革滞后甚至说没有进行什么政治体制改革，大家都有各自不同的看法。我想什么是政治发展、什么是政治体制改革，跟不同的定义有关，再有同志们对这些问题的理解有各自不同的角度。从我们多年做这个工作研究下来，应该说毫无疑问，中国社会有这么大的发展，不可能说别的都变了，就是政治没有变。大家怎么看这个问题？我们今天也把这个问题讲一讲，讲讲中国改革开放一开始是怎么考虑的。

在改革开放30年的时候，2008年我做了一个小课题，就是研究一下改革开放30年来的政治体制改革的问题。当时我们采访了一些老同志，也把当年邓小平等领导人的设想做了追溯和了解。改革开放之初，其实邓小平对政治体制并没有一个全面的设想，他实际上是反应式的，当然我们说摸着石头过河，都是反应式的，按照西方学的理论是刺激反应学说。在发展中国家，殖民化和非殖民化以后整个进程都是刺激反应。邓小平当年对中国的政治体制和想法有三个点，现在可以观察出来，不知道他老人家自己是不是非常有意识。

第一，否定"文化大革命"，否定毛主席晚年的错误。这对政治体制改革来说就是反封建，要搞民主。为什么他要发展民主，搞政治体制改革呢？首先他认为"文革"有教训，毛主席晚年有教训。这个话他说出来过，他说的是什么呢？咱们的第五任院长李铁映的父亲李维汉同志和邓小平讲，邓小平管他叫罗迈，他说罗迈同志跟我讲，中国的反封建任务没有完成。我觉得这是一个见识。还有一位也是和我们院有关的，于光远说要补课，纯属书生之见。邓小平对政治体制发表了两个很重要的谈话，很重要的观点，他认为过去不行，所以要用民主的方法来解决这个问题。

第二，具体他不知道怎么搞，但他有一个设想，就是今天我们要谈到的基层民主。邓小平的思想是要通过一个政府的力量和通过一个党的力量来扭转当时经济的颓势，搞现代化，他是这种思路。但是民主又体现在哪里呢？民主更多的在基层，基层实际上是政权的上移，过去大家都知道，中国的政治不设下限，中国共产党建立的计划经济体制实际上在农村是到乡镇的，那是一级政权。但他认为这个不行，要上移，上移到哪里是有争论的。另一个比邓小平思想更激进的人，就是人大委员长彭真，他坚持说要搞村民自治，因为政权走了，底下怎么办？当时想得很简单，就搞群众自己管理自己、自治，这实际上是当时很大的一个东西。

第三，四项基本原则，这也是中国改革当时的一个方法。它有一个具体的过程，就是三中全会，三中全会是从 1978 年底到 1979 年初，是跨年的。这个会实际上思想并不是很统一，叶剑英建议开一个理论务虚会来统一全党思想，在改革问题上取得更大的共识。因此，三中全会一结束，由中宣部和中国社会科学院在 1979 年 1 月春节前联合召开了理论务虚会，中间又跨了春节。三中全会跨了新年，理论务虚会跨了 1979 年的春节，之后社科院的事，就是中宣部自己直接搞，这个会上没有统一思想，甚至使思想更活跃了。当时在这个会的外头就是西单民主墙，这个会就开不下去了，越开越乱了。主持会议的是胡乔木，实际是由胡耀邦负责的。胡乔木一看这个会有问题，就去找邓小平汇报。邓小平就让胡耀邦做总结，胡耀邦就不去做这个总结。邓小平没办法，别人压不住阵，所以他出来了。邓小平还用了一个稿子，这个稿子就是邓小平发在《邓小平文选》第二卷上的《坚持四项基本原则》，这就是在理论务虚会上的总结发言。这个"四项基本原则"实际上是邓小平的一个策略，他不知道该怎么改，不知道怎么改，他首先就决定不能改，"我先射一箭，这四堵墙，我先把这块地圈上，咱们就在这里面改革"。当然实际上也不太可能，但是你看他这个方法论，这些东西不能动，其他的就可以动，这个就是他的认识。所以中国改革开放，我先说政治体制改革，我先介绍一下所谓的顶层的思考，当然这很复杂，我先给大家介绍一下大背景。

之后的改革开放，在 80 年代开始的时候有四大改革。第一个所谓的改革是干部"四化"。教科书上似乎不那么写，当然现在也没有什么成熟的写中国改革开放史和中国当代史的教科书。但不约而同的，只要一说政治体制改革，他们都说干部"四化"，领导干部的"年轻化、革命化、知识化、专业化"。其实刚开始是"三化"，是"年轻化、知识化、专业化"，"革命化"是后加上去的，要讲政治，首先得革命化。这"四化"是什么意思？因为一切都是人事，人和事，改革是改一个事，要改革政体，整个中国的改革开放，必须有一些拥护改革开放的年富力强的领导干部，才能做这个事，没有人就做不了事。所以，改革首先从人开始，当然这是一个系统，不是说哪一天哪一点。他首先把老干部组成了顾问委员会，让老同志退居二线。革命化首先就是拥护改革开放的、年轻的、有活力的、有积极性的，然后就是有专业知识的这样一些人。

第二个改革是减政放权，这是更大的改革。你们搞调查研究，肯定特理解这个事。我们现在的研究，2008 年以来得到了很多所的支持，很多精英加入了我们的这个团队。我们要研究亚洲，选了亚洲十个国家和地区，准备把这些国家的工业化，包括政治发展做一个系统研究、经验性的研究，我们一步步扎扎实实做这个事。我们看了一些国家，看下来也有不同的类型，有西亚、东亚、菲律宾，等等。其实改革开放、工业化两个问题，在后发国家，有人讲东亚模式。就是保障人民的权利，扩大社会的自由，就是利，这个东西就是动力。中国为什么能行？无中生有，莫名其妙，这是习近平说的，有人说是张德江说的，浙江的两任省委书记都说过这个话。1984 年我就去过义乌，当时什么都不是，现在居然成为世界最大的商品城。中国改革开放真正的指数是义乌指数，整个世界消费品的价格实际上是由中国的义乌指数来确定的。这个地方在 1984 年的时候什么都没有，无中生有，也就是经济学上讲各种要素都不具备，要什么没有什么，但是也发展起来了。莫名其妙，妙在哪里？给人民权利，给自由。

我们的改革开放，把从"文化大革命"后期的那种以家庭出身和政治态度决定地位的社会，变成了以受教育和个人成就为主决定地位的社会，其实就是这样一种转变。所以，600 万农民闯市场，大家都发财，一天能干24 小时，如果有足够的时间可以做 48 小时。中国人不怕累不怕苦，只要能挣到钱，那简直就兴奋得不得了，这就是历史，顺着这么走过来的，其实这是改革开放非常重要的，为什么？就是要减政放权，要让老百姓自己做。义乌叫作"四允许"。所以，我特吃惊地发现，明治维新的那些诏书和 1982年义乌县委的文件有很多词都是一样的，明治皇帝的诏书允许这个允许那个，义乌也是允许农民经商不受限制，这就是政治体制改革。

第三个就是中国特色，这就还是傅高义，这个人确实很厉害。他怎么出名呢？他是有情报背景的，这要感谢美国的政治学。有一次和五角大楼的官员见面，我还请教他，我说感谢你们对政治学发展的贡献。他说你什么意思？我说我才知道，因为美国的政治学在"二战"后是领先的，这你不得不承认，政治学新的知识，大多数都是美国人构建的。因为刚开始看一个个人不知道，后来才知道，其实很简单。因为政治学有三大方法，一个是历史法，研究历史的，因为政治学的对象不是研究民族的，民族也有这个问题，但民族是活的，回族有，维吾尔族也有，当然也是在变的。但政治有很多东西是没有的，政治学缺乏一种对象，不是说到处都是政治你就研究，所以，研究历史，是研究基层、个案。再一个是比较法。因为现在中国这一段，像工业化中期和中后期，前面呢？前现代我们没有经历过。还有后现代，这个社会发展到一定程度以后会怎么样？所谓的5000美元、1万美元、3万美元会怎么样，我们不知道。那我们就可以通过比较研究，当然不是说它的今天就是中国的明天，那是幼稚了，但是可以看出来一段。这就是比较法。

"二战"后美国人要统治这个世界，所以它就派出了很多学者，特别是政治学家去研究这个世界。哪两个机构资助呢？一个是CIA（美国中央情报局），另一个是国防部五角大楼。后来我才知道，这些做出巨大贡献的像亨廷顿都是很典型的，他有公开的身份，是美国国防部顾问，剩下的那些人后来我才知道，全是中央情报局研究中国的那些人，基本是中央情报局中国科的，像傅士卓、傅高义，等等。他们的学问从哪里来呢？其实就是看多了，比较，我们叫作从差异性中发现问题、重复性中寻找规律。为什么这个事是这样，而不是那样？在你这里是这个样，在他那儿是那个样，为什么？你看一个国家看不出来，你看多了就明白，所以就是比较研究。所以，他们做了很大的贡献。傅高义是负责东亚的，他出的第一本书叫作《日本第一》，出名的书叫作《领先一步》，现在他岁数也很大了，80多岁了，他出的最后一本书也是关于中国的，叫作《邓小平时代》，他的学术最高成就在这里。《领先一步》他就看出了中国改革开放的一个重要的特点，叫作府际竞争，做中国的研究要懂得这一点。

中国改革开放发展这么快，刚才我讲了，给人权力，全世界都一样，我认为这一点上没有太大的区别。你看越南，越南现在发展很快，一个人搞三个兼职，天天跑，我就想起了80年代的温州。其实我们一看就明白是怎么回事，那就是当年的机制。除此之外中国谋求发展还有什么是最重要的呢？政府的作用。中国的发展是两条腿，或者说是两个积极性，一个积极性是所谓群众的积极性，你用经济学就是市场经济，政治学就是人民群众的权利和自由，这是一回事，给它这个了，这个国家肯定会发展起来的，这是各国的普世价值。

菲律宾为什么不行？印度为什么慢呢？那是因为它的社会结构不行，这时候你才理解，为什么中国台湾、韩国、日本包括中国发展这么快，四小龙也好，四小虎也好，其实和它原来的社会结构被打乱、荡平非常有关系。敖仑斯讲过分立集团，原来社会都有结构，也就是说大家是各就各位的，谁老大，谁老二，谁老三，印度叫作"种姓制度"，其实每个国家都有"种姓制度"，都有社会等级。韩国是战争荡平的，中国是革命荡平的，日本是改革荡平的。从这个意义上讲，国家要平等。菲律宾就不行了，菲律宾是家族，号称200多个家族，所以它有美国式的政治体制，但是它的社会结构和美国不一样。所以，它的工业化也起源于家族，但它永远搞不成别的国家那样。因为"成也萧何，败也萧何"，它既是工业化的动力也是工业化的障碍。中国怎么样呢？一方面是老百姓，另一方面是政府竞争，主要是县级政府府际竞争，所以它对生产组织是非常严密的，科学的，这是中国的特点。中国为什么改革开放取得了成就？比较具体的原因，这就是一个原因。当然这也是问题，所以，现在大家就说腐败，其实大家都不知道。中国的概念是"农民企业家"，农民和企业家不搭界的，是不能画等号的，那么这个等号是怎么画上去的呢？是干部。我们每一个成功的农民企业家的背后肯定是有我们共产党的干部的，无一例外。但是现在有问题了，你看反过来了，每一个党员干部的背后都有企业家，这就是辩证法嘛，所以现在很难办。

我们的干部刚开始都是一样的，他可能是个乡长，他可能就是一个企业家，什么企业家，其实就是个万元户。现在这个企业家已经是千万、亿万元的身家了，那我们这个干部呢？弄一个副处级，还快退休了，怎么也弄一个正处级调研员嘛，你说他心里能平衡得了吗？这就是问题，这是中国现在的问题。我们就这么一路走来的，这你也不能怨谁啊，没有这个就没有今天。所以，当时中国重大的一个改革就是减政化，但造成了更多的问题，包括地方和中央的矛盾。地方和中央的矛盾就是差异性，就是区域差异造成的。这个矛盾平常你看不出来，什么时候最突出？治理整顿的时候，经济波动了。经济一波动，中央要从实际出发，改革开放就是从中国的实际出发，那浙江省要不要从浙江省实际出发，温州要不要从温州实际出发，你这个镇要不要从你这个镇的实际出发？但政府一定要给下面以空间，但是国家又是统一的，要遵守国家整个政令，金融政策就必须要统一办理，不能搞老鼠会，这都是矛盾的。所以在中国中央和地方的矛盾很大程度是区域发展不平衡的间接反应。

第四个是承包责任制，就是废除人民公社体制。中国的改革从农村开始，农村从家庭联产承包责任制开始，但联产承包责任制到了政治体制，乃至行政体制和经济管理体制的层面就是人民公社的废除，政社分开，经济职能和社会管理职能分开，这就和基层民主有关系。过去是党政军民学，东西南北中，人民公社是个小细胞，是全息的，这是毛主席当年的一个乌托邦的设想，其实根本就不行，普遍没有效率。那怎么办？最后就取消农民公社，把行政管理制度收到乡里去，这就是所谓的家庭联产责任制，基层民主就是这样来的。

所以，中国在前期的改革四大类，具体的措施，就是"干部四化""减政放权""废除人民公社""废除司法自由，强调法制"，后来变成党的领导、人民当家做主、依法治国的有机统一，"三统一""四制度""五不搞"，这就是现在中国的政治模式。

改革开放之中，体现在哪里呢？90年代以来，市场经济体制下的改革主要是行政体制的改革，是党内的民主，这两个是最主要的。行政体制改革主要的还是要提高行政效率。经济体制改革前期政府的作用是很大的，经济往前走了，市场才会逐渐建立起来的，现在我们已经宣布基本建立了社会主义市场经济体制，这个体制就意味着政府的作用要往后退，减少审批，减少各种干预，发挥市场作用和国际接轨，用加入WTO来反推政府。加入WTO最大的作用并不是说出口待遇，其实是改革的倒逼机制，实际是把政府继续向后推。政府向后推以后，社会的管理就要靠法制，法制要往前行，所以，我们现在宣布初步建立了市场经济体制。

再有就是党的问题，党怎么能够保持。为什么呢？实际上是三个问题提出来了，即现代的一个前沿问题了：我们改革开放会成功吗？

第一，现在管理这样的一个社会，我们没有经验。习近平总书记一直在讲能力的危机，最大的问题是执政能力不足，就是讲这个问题。能力不足怎么办呢？所以他希望集思广益，共产党的民主和原来一个词特别接近——群众路线。我们研究过共产党民主，它不讲民主，它讲群众路线，后来把这个词逐渐变成民主，也就是在共产党这个词典里，民主这个词的来源和解释就是群众路线。所以，它是这么来的，通过民主的方式来提高执政能力，这个很有意思。

而西方的经验认为民主是低效率的，因为民主是短板效应，往往导致民粹主义，像美国的财政悬崖最典型了，要让大家说了算，那往往谁也说了不算，达成共识的成本极高。但是我们的思路不一样，这也许和中国的传统文化有关系，我们是重和睦、重和谐的，是协商民主的传统。搞政治体制改革，首先一个很重要的思想是认为民主可以带来智慧，我们经常讲群策群力，集中全党智慧、全民智慧，中央特喜欢这句话，民治民用。当然这个话太老。

第二，反腐败，这在现在是一个大事，大家一定要关心，因为工业化时期肯定是腐败的高发期，这在全世界也是普世价值，只要是工业化，它一定是腐败的社会。为什么呢？三点原因，一是动力；二是机会；三是成本。什么动力呢？工业化是经济基础，那上面是上层建筑，这是工业经济基础和上层建筑，经济基础决定上层建筑，那么怎么决定呢？具体来讲有四个变化：社会大流动、身份大改变、财富大增加、关系大变化。所谓的关系就是社会结构，政治学研究中国的社会阶层有变化，注重什么呢？注重一个是新旧，因为我们观察整个世界的过程，政治结构的变化，大到民主化，小到改革，它为什么会发生？我们现在的看法，叫作政治发展动力学。原有的社会阶层在工业化以后往往地位有所变化，然后又出现了新的社会阶层，这些新的社会阶层在权力结构中没有地位，不是在宪政体制上，而是在实际中没有地位，所以他们要进行政治参与，由此带来政治变化或者叫作转型。这个看你怎么说，民主化也好、改革也好、转型也好。简单说，政治有时候很宽泛。中国政治经过 30 年改革，以政治学的角度看三老三新：干部、务农的农民、国企职工，这是体制内的三个老阶层。现在出了三个新阶层：农民工、企业家、白领。白领从职业上来讲应该说不是新的，白领有医生、教师，但有两个概念，一是规模和数量，这个是前所未有的。二是体制内外。过去的白领是体制内的，现在的白领是体制外的，是自己找食吃的，那身份就不一样了。"三老三新"的结构给中国社会带来了很大的问题，将来改变中国很大程度的就是这三大阶层，他们的动向关系中国未来的发展。

腐败是怎么回事呢？首先在这个过程中，所有的变化都带来财富的变化，主要是经济部门。这个话不准确，这不是我们的话语，但是为了说清，只好借用他们的话说就是精英，经济精英发展起来了。那政治精英呢？刚才我也举了个例子，两个人年龄差不多，一个当了公务员，另一个当了企业家，前面二三十年走下来，您是副处级，他是千万、亿万富翁，这就形成了一个落差。也就是在整个工业化过程中，政府管理机构、官员、政治精英集团形成了这种巨大的心理落差，这种心理落差实际上是腐败主要思想方面、主观意识方面的主观动力。所有的国家都是一样的。现在我国怎么样呢？腐败是少数，古今中外什么时候都有腐败，这次我们研究中国历史，封建王朝前期后期中期都有腐败，而且腐败很严重，汉初的腐败很厉害，所以，腐败亡国的话现在也不能这么说，清朝前期腐败很厉害，盛世的时候腐败也很厉害，像和珅就处于盛世，末期也有腐败，当然腐败是一个现象，是一个表征，它是内部问题、矛盾、弊端的外在表现，甚至是危机的外在表现。但是严重的腐败确实是问题，中国现在就处在这个阶段。为什么？实际上干部的待遇太差，所以治标治本，本在这儿呢。

其次，意识形态，因为西方没有这个问题，我们这次做了很多调查研究，其实特朴素的一个道理，人家说你是共产党啊，你的调门多高啊，你是起高了。你是吃苦在前，享乐在后。所以，现在这帮人坏得很，要坏我们的事，要坏中国人民的中国梦。他就让你公布财产，你公布财产还有一个财产排行榜在那儿等着，那就乱了，那就是社会矛盾，那就是阶级斗争了。新加坡的财产公示制度就有一条，绝对保密。为什么保密？为什么申报的东西不能公布？它是最严格的，绝对是机密，只要公布，这个社会肯定对抗。所以，现在我们这个腐败问题，一个是我们自己和自己比确实很严重，面积也很大，为什么？就是刚才我已经讲清楚的，就是和我们的发展有关系，和我们的改革有关系，和我们独特的中国化道路有关系，你要不理解这个，就很难理解中国的腐败，也很难理解中国治腐的复杂性，真的是很难的。然后就是机会，机会也特别多，现在是建设财政。你们不研究反腐败，但你们要知道一个概念，贪污不是抢劫，要知道这个概念，贪污是贪污，不是明抢。贪污，市政府贪污，就是要搞工程，搞工程才能贪污。所以，机会特别多，建设时期就有这个问题。

最后，监管。咱们国家之所以腐败还是在控制之下，其实就在于这三个要素，三个相关性里就有一条，就是打击，这是世界上没有过的，从来没有过这么大面积，这么严厉的处罚。现在大赦国际都受不了了，法学界一说起来就激动得不得了，杀人杀得太多了，而且经济犯罪杀人这是违反法理学的。但是我们对腐败打击得非常严厉，新一代中央领导眼里看得更严厉，老虎、苍蝇一起打，怎么个打法啊，咱们倒是不怵大的，问题是你说苍蝇，所谓的苍蝇就是相对严重问题而言有比较轻微问题的人，但是这里有一个前提，你的待遇得好，待遇太低了不足以养廉，这是普遍的现象。所以，现在这个问题就不好办。但中国现在就矛盾，你说你要给公务员涨工资，说实在的老百姓肯定也不干，但是你要不涨这个动力问题解决不了，法律是管住多数人，多数情况下人是可以遵守的，少数人在少数情况下不能遵守的，那样的事情是可以用法律来管。如果多数人在很多情况下都不一定能够遵守，这个法律是无用的法律。将来有一天中国的工业化实现了，干部待遇提高了，腐败的机会也减少了，将来这个问题会从高峰往下走。现在东南沿海地区已经出现这种趋势了，这是好消息。但刚才我说了工业化第二波又来了，这个腐败会不会过去，这个难说，所以这是个很大的问题。

政治体制改革很重要的一个是关系，体制内部的这种关系问题。比如现在我们讲的大部制，政府机构的设置从原理来讲是由三个要素构成的。第一，它要分工，政府管理，中央和地方的关系也好，党政也好，党的内部也好，政也好，首先要有一个专业化。第二，政府和别的机构不一样，权力一定要相互制约，因为你是权力的管理，你是用权力来管理这个社会，所以不能让一个机构来掌握着这一方面的权力。所以，它一定要把权力拆分，分权制衡，分权不是目的，制衡是目的。所以，权力要相互制约。孟德斯鸠就提出三权分立，把国家的权力分成三个部分，其实也不一定是三种权力，可能还有更多，这是一种分法。这个权力被分了以后，被制约了以后又有什么问题呢？又有协调的问题，首先要形成层级管理，但这个很难，我们这么多行政层级，现在有各种方案，这是一个。第三，形成区划的问题。有人说把中国分成五十个省，或者建直辖市，然后在政府内部，大部制、小部制，党政分工与合作，这都是现在的政治体制改革要研究的问题。有的时候外界老讲政治体制改革，政治体制研究，研究什么呢？那是你们的说法，我们没有这个问题，没有什么政治体制改革。政治体制改革那是中央考虑的，我们都是具体的，党的建设、反腐败、行政区划、行政层级、政府改革，我们都是具体的。就像医生讲癌症一样，外人不懂说这个叫作癌症，其实那是组织胚胎学，有很多东西，不是一回事。

我再讲讲基层的问题，因为大家要下基层去。但我这个基层可能就有点抱歉了，你们研究的民族地区，说实在的很遗憾我去得少，因为我们研究都是围绕中心服务大局，中央最关心的地方，肯定不是经济不发达地区，所以我们这些年都在东南沿海研究，现在开始往中部走，这是工作的需要，所以我说的问题主要是在东南沿海地区的经验。就说一条，现在最大的问题是基层群众自治制度，就是我们说的村委会，这个制度不光影响了村也影响了乡，这个东西深刻地改变了中国基层政治生态，并且会进一步地改变更高层级的政治生态。怎么回事呢？简单说，拿选举来讲，民主就是选举，西方人这么说，中国不民主，是因为中国没有竞争性的选举。当然这个是我们可以和他争论的，是不是说选举就是民主。其实选举就是民主有一个前提，如果成立的话是可以这么说的，那就是每个人的投票是按个人意志的自由表达，如果这样选举就是民主，但可惜现代的，无论是从实践还是理论上来说，尤其这次美国大选，有史以来最大的倾听活动，大数据已经可以再次说明人的社会行为是可控的，选举是一个社会行为的控制过程。所以，你的个人意志，你以为是你的个人意志，自由表达更谈不上。

我国的确没有太多竞争性选举，但也有，就是村民委员会，但它不是政权，它是自治组织的竞争性选举，这个大家都很清楚，民族地区也是一样。但现在这个选举已经扩大了，这是中国政治发展最值得关注的一个前沿问题，就是经济发达地区的县市级的人大代表的选举，现在已经在东南沿海经济发达地区演化为竞争性的选举了，这是一个很重要的事实，这是中国一项最重要的政治发展。为什么说它重要呢？就是因为这个选举是在中国整个工业化和城市化的背景下展开的，也就是刚才讲的六大社会集团当中的企业家，他们是这个选举中的主角。为什么都是企业家呢？因为竞争性选举的基础是金钱，这又是一个普世价值，只要选举，它的基础就是金钱。

金钱选举的基础是什么意思？你钱多不一定选得上，但没钱一定没得选。所以只有企业家有那么多的钱或者他支持的人有那么多的钱所以才去选。选了干嘛呢？这就是说他的条件和他的动机，钱是条件，他有这个能力，他为什么要去选呢？这个事很有意思，就是社会身份、地位，更直接一点就是和政府、和官员平起平坐，主要是这个，我们做了很多的研究，它并不是在刮地皮，当然这个因素也有，但这个刮不了地皮，村委会还可以刮地皮，但现在东南沿海地区城市化已经差不多了，没什么地皮可刮了，但还有一些利益。人大代表主要是这样，因为我们现在的选举，我们现在民主了，副市长是由人大代表选举的，而且是差额选举，人大代表应该有很强烈的监督作用，对干部有评价机制，所以这一点也使干部对他们非常尊重。所以经济精英和政治精英在基层通过选举就形成了一种共治的状态，这是中国最大的变化，而且不以人的意志为转移。除非你不选，否则看起来不太可能，你已经这样做了，政治都是单行道，就退不回来了。

现在就是这样的情况，所以现在的基层干部包括党政干部，在受到人大的这种影响，甚至是监督制约越来越大了，人大代表基本上的主题就是企业家阶层，所以基本可以认为在很多地方，正在形成一种以党政官员为主体的政治精英集团和以企业家为主体的经济精英集团的一种共治，无论从发展的角度还是从政治的角度，经济发展和政治治理的角度都是如此。因为发展经济，地方经济也要靠这些企业家，靠他们投入资金，靠他们赞助公益事业，领导要为官一任造福一方，要尽快提升，要有很多显要的政绩。中央就是一个利剑，就是问责，你一出事当场撤职，有的都不问青红皂白，先撤了再说，所以，中央对他来讲就是一把利剑，他是很畏惧的。群众对他来讲基本上就是麻烦，好事不找你，有事肯定找你。现在谁能够帮助他们呢？就是企业家。企业家有求于他们，企业家也感谢他们，企业家也帮助他们，当然关系要处得好才行，而且不是个别的，是群体对群体基本形成这种关系，这个东西深刻地改变着中国，那么将来会怎么样？需要慢慢观察。

其他方面就没有太多了，我就大概把这个过程给大家讲一讲。现在总体上还是以成绩为主的，发展的势头还是好的，政治上也是稳定的，这都没有问题。第一，关键就是能否持续，这是一个问题。第二，现在在这么大好的形势下，在这种发展势头下，在这底下刚才讲了结构的变化，最终会给中国带来什么？这值得关注。至于它究竟怎么发展？究竟带来什么结果？这不知道，说不清。但是值得关注。所以，总体感觉就是这样，给大家介绍点情况。

提问环节

问：我们这次调研的一个主要任务就是要调查少数民族地区，"五位一体"是重点，其中讲政治建设，您觉得民族地区政治建设的重点内容是什么呢？要关注什么呢？

房宁：我觉得这方面你们是专家，我是瞎说。不管在民族地区还是其他地区，因为要调查的很多，我到一个县到一个市里，在政治方面需要看什么？要说都得从细节开始，我们会特别注重细节。首先我们还是从经济发展的面貌上来观察，如果你看它的建设很零乱，城市都有容积率，那这个地方肯定有问题，不是现任领导就是前任领导有问题。我们首先要观察党的建设，观察这个地方的官场政风怎么样，这是关注的一个要点。怎么观察政风呢？你可以做调研，发问卷。做问卷之前，如果是一个城市的话，需要先看看它的规划情况怎么样。再有农村，包括农田基础设施，农田的建设，通过经济建设反过来观察，有时候还是比较准确的。另外看干部的综合情况，总的来讲，干部是比较谨慎的，一说什么都不行，这反倒是官场比较清廉的；一拍胸脯，这个事交给我了，这肯定是有问题。还有一些地区，反正就是说干部口气大，这种干部、这种政风是不太好的。这是我们的经验，观察官场作风。

当然还有所谓的干群关系了，这也是一种反映。干群关系的情况就比较复杂了，孔子都说过，孔子说的是对的，大家都说你好，这种官不好，都说你坏，那肯定也不好。他说一般来说，一个好官有人说好，有人说坏。比较好的人，比较正派的人，毛主席说有人群的地方都有左中右，按照毛主席的说法，比较正派的比较好的人说这个官好，不太正派的人，有点缺点、毛病比较多的人，刁民说他坏，那这种人是好官。这是孔老夫子说的，对不对我们到时候再看看，是不是这样，可能也差不多吧。一般来说都说好的干部肯定是不好的干部，他肯定是不作为或者是讨巧。如果都说坏肯定是声名狼藉，肯定是干坏事了，人人喊打，待不住了。多数干部现在的情况是争议比较多，这就得分析了。

党政建设要观察财政，过去黄仁宇就说过，"上看财政税收，下看基层建设，才能够理解中国的革命"，这是很有名的一句话，他观察中国历史，真正比较深入了解一个地方还是要通过财政这块，收支两条线，包括它的分配、使用。是建设为主，还是民生为主，还是建设、民生比较均衡，这都体现了干部的执政思路，他的境界是否短期行为。我觉得到一个地方，需要比较深入地了解它的财政。像我们去调研，财政肯定要去调查的，要通过人大、通过政协，这都是小经验，不一定管用，民族地区的情况我不太了解，可能更复杂一点，还有民族关系，这我不太懂。

问：提两个问题，第一个问题可以不回答，第二个问题希望回答。第一个问题我刚才听到房先生讲到汉代的腐败问题，和当今中国的问题做了一个类比，我不知道房先生的概念从哪里来的，我想至少不是从两《汉书》和《史记》来的。因为我们知道汉初、汉末的腐败是不可同日而语的，我的问题是中国今天的腐败情况相当于汉初的个别情况还是相当于汉末的普遍情况。这个问题可以不回答。

第二个问题房先生讲到中国官员不宜公布财产，举了一个例子是新加坡的例子，但我们在座很多都知道美国的例子，还有西方其他工业化国家的例子，还有俄罗斯的例子。那么刚才据房先生讲，新加坡财产不能公布，是因为可能引起社会动乱，那么我们至少知道今天以美国为首的西方工业化国家和俄罗斯，在公布官员财产包括最高领导人财产后并没有引起社会动荡，我的问题是已经被证明了没有引起社会动乱的这部分官员的财产信息是不是要在中国公布呢？希望回答。

房宁：第一个问题是概念问题，我们说情况不一样，因为汉初汉末（即东汉、西汉）就是两汉。汉初的时候也是待遇低，无为而治，说它严重肯定是相对而言，东汉末年的腐败肯定比西汉初要严重，和今天的中国不能比，那是古代社会，现在是什么社会，情况不一样，不好直接来对比，可以以古鉴今。这个问题不重要，就不说了。

第二个问题很重要，延中知道我们正好写了本书，目前中国人关于国外财产公示制度最多的知识就在我们那本薄薄的小书里。我们这个团队动用了国外的资源，大概用了一个月写了一本书叫作《国外公职人员财产申报制度》，我们也不敢叫作研究，我们就介绍基本情况，介绍了15个国家加上中国台湾和香港两个地区，目前所有的，就中国人在汉语阅读里能够知道的就是这本小书了。这里有些情况，您要有兴趣的话我可以送您一本，您可以做以研究。

简单说，我认为财产公示制度在中国可以作为一个目标，这个要做，也可以做，我认为最终能够做到。但是现在是不具备条件的，不具备的条件应该有很多条，我们今天也不在这里讨论了，但如果大家要了解的话，我就说两个问题，可能是从学术上比较有意思的事。刚才你谈到美国。过去中国人对这个问题研究都不细，说的都是个别国家，而且都是比较好的国家，不全面，我们现在挑了各种类型的国家，15个国家是这么选来的，当然利用了社科院的资源。我们发现一个现象，凡是西方发达国家的法律，普遍比较含混和不清楚，美国最典型了。美国就是一个《公务员道德法》有规定，而且美国是一个判例法国家，英美法系，所以它要不判的话这个法律还不是真正能实践的，我们还专门为这个事请教过美国很多人，我专门请一位美国公务员吃了一顿饭，就是为了问他财产申报的事。美国等发达国家对这个问题规定比较松，反倒是发展中国家包括刚才你提到的俄罗斯，最严格的是菲律宾、越南，像这些都是腐败最严重的，菲律宾的腐败是进过吉尼斯纪录的，菲律宾的海关放私率一般统计是80%，中国沿海放菲律宾的船如果是一万箱标准货柜，菲律宾海关的统计就是2000箱，菲律宾商人讲话，一千个比索就OK，有的商人就说我和中国人做了20年生意，就没有报过关。但它的财产公示是最严的，而且有一个例子，大法官被干掉了。为什么有这个问题？第一，财产公示有一个理论问题，它实际上是诚信机制，财产申报制度不是发现机制，是诚信机制，官员要说实话，就是这种意思，不是通过这个查你贪污不贪污，全世界都不是这样的。所以，全世界没有哪个国家去核实这个申报，这是中国香港的一个研究，香港考察了世界很多国家。现在大概是美国有个别地区会去核实，其他国家和地区包括新加坡都是不核实的，报就报了，出事查你，不出事不查不核你，没法核实，成本太高。为什么发达国家和发展中国家的差别这么明显呢？就是这个诚信机制和你的宪法法律（基本价值）是冲突的，美国最典型了，它为什么定得这么抽象，就是因为和它的人权、财产权和财产权相应的隐私权是冲突的，任何国家的宪法都保护私有财产，当然是合法的私有财产，也保护和私有财产有关的隐私权。你可以退一步说，你既然是官员，你的隐私就不那么全面，不那么充分了，但再不充分也还有隐私权。

第二，所有的财产申报都不能是官员本人的财产，都是家庭的财产，当然涉及家庭这个事情就复杂了，规定最全的是韩国。我们都不太信，韩国人说就是这样，曾祖父母如果有的话都得报，女的不报，嫁出去的不算，韩国是一个男子社会。但一般的国家就是说配偶和事实配偶、未成年子女这个范围要报。但官员的家属不是官员啊，你要申报的话，他也要报了。所以发达国家在这个问题上经过长期的磨合以后，他们现在就倾向于模糊，不和基本价值、自由、民主、人权冲突，所以，我们国家现在还没有遇到这个问题，我们要弄也会遇到这个问题，很难把握这个界限。这是一个问题。当然这个问题不是很大。

还有一个技术性的问题。技术性的问题是一类，这技术性的一类问题中有一个核心问题，还是这个问题，发达国家的法律定得松，但效果好，普遍是这样，就像刚才这位同志说的。发展中国家法律定得严，要求高，但效果不好。为什么？工业化，因为你看北欧那些国家，它没有这个问题，政府不管事了，它怎么贪污啊，很难，他们自己都讲其实我们也有（贪污问题），有的时候还挺严重，但毕竟我们这个政府就是这么个政府，它是一个工业化的过程。再有就是美国。所以，美国我们一直搞不清楚，美国到底有没有财产申报制度，有人说有，有人说没有，现在是半有半没有，美国也好，发达国家也好，从技术上讲核心问题是对全民进行监管，流程监管、痕迹管理，它是把全体经济活动包括财务、税收、金融这些活动做全面的管理，流程管理和痕迹管理，这个经过几十年、上百年的制度现在已经成为全民监管，然后政府在当中对某个特殊群体官员进行监管，这是做得到的。比如说，在美国房子只要盖好了，就和房主的指纹一样跟他一辈子，变八道手也清清楚楚，发展中国家连基础信息都没有。北京是 2006 年开始实行房产登记，2006 年以前的房产登记统统不全。因为发展中国家对全民的经济活动没有监管，从统计到信息根本都是极其松懈的，所以，不可能在全体没有监管的情况下进行统计。这就相当于捞鱼，你把这个鱼控制在网子里，下罩子才能捕到鱼，你没有这个网子就是大海里捞针。我们说官员这个，有时候咱们开玩笑说你就是"关门打狗"，但这个屋子有八个门，你只能堵一个门，他就从别的门跑了。所以，财产公示必须对全面的经济活动有全面的监管，然后再监管官员。美国财产公示活动只是针对少数的官员，大概加起来只有十几万人，这些人是需要申报财产的，剩下的是不需要申报财产的，美国一般公务员是不需要申报财产的。我们从文件上一直搞不清楚，后来真正去问才问到的，可以不报。但国家可以查，美国怎么查？4 月 15 日是美国人的报税日，所有的经济活动这一天都要报，国家想查你收入、支出和突然增加的财产，这一年你突然增加了几万美元，美国就主动来查你了，联邦调查局就来调查你了。他们是这样做的。

我国现在情况是临渊羡鱼不如退而结网，中国马上就想搞官员的财产公示制度，我觉得首先要有基础的管理，毕竟我们是发展中国家，我们要有基础管理，有了基础管理才能监管官员，否则就是无效的，是毫无用处的。所以，这不是一个态度的问题，这是一个能力的问题，是一个基础设施的问题，是发展的问题。

问：我们这次调研大家都希望把政治民主加进去，但实际上做起来似乎很难，那么民族地区的政治发展是什么样的方向？假如我们还能提一些这方面的政策建议，我们希望它有一个方向，但是在和大家讨论过程中都感觉非常难，难以观察，这个领域潜规则最多，我们去了以后很难了解到背后的东西。当然您讲到基层民主也好，民族地区自治也好，如何做文章，我们觉得民族地区的政治有不同于东南沿海的政治特色。但我们感觉到这个领域的标准化似乎又是一个方向，我的问题是民族自治地区未来民主化政治发展方向应该是鼓励标准化的，还是希望它能有一些特色的东西？

房宁：这种研究我可以给你提供一个线索，史天健，可能有人知道，1990 年的时候，当时史天健和台湾的朱云汉搞了一个调查，我是偶然的原因参与了这次调查。结果没想到这两位把这个调查一直做到了今天，做成世界规模了，在西方已经得到了认可，他们有一个多国的政治文化的研究，这个你可以上网查一查，搜台大朱云汉这个人，将来有机会去台湾也可以和他们交流，我和他们也很熟，可以联系。研究政治问题，包括你说的对于群众自治的观察，他们是比较泛泛的。

再就是我们所去年史卫民教授做的政治参与蓝皮书，我们出了两本了。那里面有问卷，基本上也都是国际标准的。现在由于史天健和朱云汉的研究，现在在发展中国家对政治研究等问题有一个范本了，当然民族是怎么回事还要研究，这个可以参考，可以看看史天健他们的，也可以看一下政治学所的。

我们专门研究这个问题，有两个关注要点。一是权利保障，这是经过了多年的研究，所有的包括我们这次花一百多万元的大调研都是这个结论，我们觉得也不用再调查了。20 年前在调查，调查到现在还是这个结论，都成了一个范式了，每次都大同小异。中国的老百姓认为什么是民主，如果有十个选项，最普遍的一个说法，这肯定是排第一的，而且是最高的，就是当官的对我不错，对我好，他就认为这是民主，这20 年来的调查基本都是这个观点。实际上背后我们学术界认为是权利的保护，他认为这个社会如果给老百姓一些权利，当然主要是经济社会权利就是民主，这就是进步，这我就满意了，这就是好的。

二是参与，这是比较新的，改革开放以来一些知识文化素质比较高、自我意识比较强的社会群体比较强调什么事情我要反映反映，我要找领导，我要上访，有些政治活动我要参加一下，甚至我比较关心政治，看看报纸新闻联播什么的，这些都统称为政治性的参与。一般我们说基层群众方面的政治建设基本看这两条，一个是政治权利意识，另一个是参政议政的行动怎么样，在民族地区我估计第二个方面是关注的重点，再和民族矛盾结合起来。我们以往的经验，基本上做政治学研究的一般研究这两个，而且他们在世界范围内都有比较，比如他们有亚洲十国的比较，在同一个问题上，印度人怎么说，日本人怎么说，特别有意思，你们可以拿来看一下，再和你们的研究做一些对比。

第十二讲

历史上中国边疆民族发展的环境与特点

厉 声[*]

非常高兴有这么一个机会，也感谢延中所长，感谢昌东书记提供这么一个机会。我现在压力挺大，一是在座的都是老师、专家，搞民族、搞边疆的都很有造诣，二是时间有点短，我只讲一个小时，留半个小时供大家提问和讨论，有什么问题，包括我前面讲的大家有什么不同意见，或者是关于新疆的历史现状、关于边疆的。民族方面我可能不行，在座的老师多，有些问题可以提出来在这里互动讨论。

一 历史上中国与中国边疆民族化的 环境和条件

我们是做边疆研究的，可能和做民族研究有些差异。边疆是从区域来做，民族是从区域的不同人类群体来做，我们要注意边疆共性的问题和一体化的问题，而民族研究会比较注重在边疆这个区域内个体性以及差异性的研究。所以，我们做边疆研究，一般是把局部的历史放到大的历史上的中国和历史上中华民族发展的大的背景下去考察，可能很多问题就会迎刃而解，就会看透了。

其一，地理环境。我们都学过中学地理，中学地理讲中国的位置，这个位置叫作北半球北温带亚洲大陆东南部，这是指中华大地，但实际上这个区位是人类历史发展的不同阶段，大体是封闭性的。东南是海，这个一

<hr />

* 厉声，中国边疆史地中心原主任，新疆发展研究中心研究员。该讲座时间为 2013 年 6 月 5 日 15：30～17：00。

看就知道，在古代的条件下捕鱼是很难的，一般就是在近海做点事，所以不好出去。北边就是俄罗斯现在的西伯利亚中部以北，实际上是亚极地区，那个地方生长的都是一些针叶林和苔藓类植物，所以，也不适合古代人类的生活和发展。西南是青藏高原和喜马拉雅山。东南、北边、西南基本是封闭的，但新疆的北边伊犁河谷是一条通道，它实际上是把中国北方的草原地带和欧洲草原连起来的一条通道；第二条通道就是东南亚，从现在的云南、广西通往东南亚，其他基本上是封闭的。所以，这个地理环境应该说对中华民族的形成、对历史上中国的发展、内部的聚合力是有客观影响的，不容易出去，有事都到中间来。

其二，内向型的政治环境。这个既是政治环境也是人文环境，也就是在中国历史和中华民族历史发展的过程中，到17世纪之前中国周边没有和它可抗衡的政治力量。也就是说在1600年之前，历史上的中国和中华民族基本上是独大的，很自主的发展，而周边没有和它可抗衡的政治主体。这个我们可以取一个相应的例子作为比较，就是在公元前17世纪到公元前8世纪的时候，现在的西亚和土耳其有一个历史上的奴隶制帝国赫梯王国，赫梯王国用的是楔形文字，现在楔形文字已经没有人能读懂了。后人在它的国都区域特别是政治中心发现了很多楔形文字资料。根据解读，这些资料有几百份到上千份是赫梯和周边签订的条约，为什么呢？它周边不是没有和它可抗衡的政治力量，而是有大小不等的政治力量，那么它必须要打交道，所以才签署了这么多协议。中国第一个对外协议实际上是1689年的中俄《尼布楚条约》，在此之前中国没有和外部签过相应的协议，这是一个内向型的政治，特点是17世纪之前周边没有和它可抗衡的政治。

其三，大一统的治国理念。从先秦孔子时期开始，先秦诸子百家都倡导大一统。所以，从先秦一直提的中国历史和中华民族的发展，大一统是占主导的。前几年有些人想总结一下，说中国有文化价值传承下来的到底是什么：第一，是大一统的理念；第二，有的讲是中庸，有的讲己所不欲、勿施于人。但讲中国文化传统理念，大家都认为大一统的文化理念是中国思想文化里面留下的一个非常重要的理念，而且对于中华民族历史的发展具有非常重要的影响。

其四，并存互补的社会经济形态。也就是说在我刚才讲的北半球、北温带亚洲地域东南部这个区域或者相对封闭发展的自然空间内，由于自然条件的原因，有不同的社会经济形态。主要的社会经济形态第一是以黄河长江流域和岭南地区为主的农耕经济，也就是我们讲的中原地区的农耕经济，或者叫作半中原。第二是以北边的，从大兴安岭以西一直到蒙古草原，经过阿尔泰山到新疆北部，阿勒泰山至伊犁，往西经过伊犁河谷，再出去到哈萨克斯坦北部的哈萨克草原，再往西经过咸海以北、里海以北，几乎到欧洲的伏尔加各国，这是一条欧亚草原带，基本上是相通的。所以，它有不同的社会经济形态，其中最主要的是中原地区的农耕经济和北方草原经济。

在这两个之外的还有相应的特点：第一个是东北地区的渔猎经济，大兴安岭以东包括东北丘陵地带以捕鱼和狩猎为主；第二个是青藏高原的高原农牧经济；第三个是塔里木盆地周边的绿洲农牧经济；第四个是沿海的近海经济，包括沿海岛屿和沿海的一些区域。但是这些不同的社会经济形态间又不是分割或没有联系的，而是并存和互补的。也就是说草原游牧经济需要农耕经济，同样高原地区的农牧经济也需要平原地区的农牧经济以及和周边地区的交流。也就是说在历史上中华民族发展的大盘子里有些不同经济区域之间的经济的并存和互补性是很强的。

其五，同源融合的民族关系。当然我用的主要是历史语言学，也就是说在这个大盘子里，在历史上中华民族发展的群里面只有两种语言，只有两个语系，第一个是阿尔泰语系，第二个是汉藏语系，同一个语系里面的人类或者民族团体要么是同源，要么是融合性的。根据这个我们实际上在中华大地上将人群分成了南北两个大的语系，北边主要是阿尔泰语系，南边是汉藏语系。汉藏语系基本是在中原地区和西南地区横着画条线，把我们的西边包括了，这里面包括汉语语族，包括藏缅语族，包括壮侗语族，包括苗瑶语族、海岛语族等。另一个就是横着画一条线，包括阿尔泰语系，实际上又分成三个，东边是满-通古斯语族，西边是突厥语族，中部是蒙古语族。整个在中华大地上生活、繁衍起来的古代部族和民族实际上是同源和融合的，当然现在关于一些具体的语族有些不同的争议，我个人感觉不影响整体对中华大地上生活的人类群体的评估，也就是说中华民族的内部是有同源性和融合性的，不同源的也有，但是它在发展的过程中是相互融合的。这是费孝通先生提出来的，从民族发展的角度提出来的中华民族分为六个大区和三个走廊，六个大区分别是中原区、北部草原区，中原区就是指整个中原农耕，北方草原是指北方游牧，东北高山森林是指东北渔猎，西南部的青藏高原、云贵高原和沿海区域。

其六，中国有根深蒂固的封建治国理念，这主要涉及对边疆民族的治理。中国和中华民族历史上发展的疆域是有法律地位的，是从传统的宗法家族理念发展成为封建宗法治国理念，于是就有了册封，就有了朝贡等一系列的对于边疆民族地区的治理。一方面，王者对国家拥有至高无上的主宰权力，相当于家长和宗族族长；另一方面，王者承袭传统的宗法理念，以天下宗主的身份，按照宗法法则，把土地人口以授权的形式册封给臣子。有些西方的学者认为中国的册封体制、朝贡体制是一个贸易体制，如果从近代讲，这种性质是比较明显的，但是如果从古代讲，实际上无论是册封体制还是朝贡体制都是具有中国特色的，历史上中国所独有的对于边远地区、对于边疆民族的治理模式。

二　历史上中国与中国民族边疆发展的特点

（1）中国历史疆域的发展和伸缩，一直是由历史上中国内部的因素主导的。也就是说内部统一强盛的时候边疆的治理就要规范一些，边疆的管理也要规范一些。相应内部割据和相互争夺中原霸主的时候的条件，边疆治理可能就要松散一些，而且疆域也有可能收缩，管理也有可能收缩，但是丢不了，为什么呢？没有可以和它抗衡的政治力量，等中原地区统一了以后，在割据的基础上统一了以后，这个统一的王朝一定要归附前朝的一统疆域。

（2）在中国历史发展的过程中，中原农耕经济文明与北方的游牧与渔猎文明的互动和辩证统一关系是历史上中国与中华民族统合与发展的主要形态。简单地讲，中国历史上中原农耕经济和北方游牧与渔猎文明对立和统一的关系，是历史上中华民族发展的主要形式，因为人民是历史发展的动力，那是农耕和渔猎民族组成的，相互之间对峙和互动是历史发展的一个主要形式。为什么草原游牧经济和中原农耕经济在历史上中国和中华民族发展的过程中起了很重要的作用？是因为他们有条件聚集起社会力量，无论是游牧经济还是农耕经济都能够形成比较大的规模，而其他的处于次一级的，比如说青藏高原的高原游牧经济，比如说分散在西域的，分散在塔里木盆地的绿洲农耕经济和东北的渔猎经济、沿海的海上经济都不具备统一集中重要的力量入主中原，在中原地区争夺霸主的条件，只有草原、游牧和中原农耕具有，当然最后是清朝，也就是生活在东北渔猎民族的满族的后金和北方蒙古的元朝来建立的国家，一会儿我们会简单地提到。

　　既然游牧和中原的农耕之间的互动是历史上中国和中华民族发展的主要形式，当然我这个归纳可能不一定很准确，我想用一些我们从历史上中国发展的情况简单地把这个基本线索梳理一下，统一了北方草原的主要四个民族都曾经入主中原和中原地区争夺中原霸主，我们叫作四波。第一波是匈奴对秦汉。秦始皇是公元前 221 年统一中国的，但是随后在公元前 209 年匈奴的冒顿单于也统一了草原，建立了匈奴帝国，所以，双方差的时间不太远。因为秦的时间很短，汉是接着的，所以，是匈奴对秦汉。从公元前 215 年蒙恬北伐匈奴到公元 91 年北匈奴大部西迁，第一波的结局是中原地区的农耕民族占了上风，而草原地区的南匈奴归降了汉朝，北匈奴败了以后顺着刚才我们讲的欧亚草原带，也就是从新疆西域北边到哈萨克草原北边一直往西，越过咸海和里海直到欧洲，在那儿和当地的部族融合了以后，形成今天的匈牙利，这是第一波。

　　第二波是隋唐对突厥。突厥统一北方草原大概是在公元 551 年，而隋统一中原是在公元 581 年，大致上差不多。当局部统一实现以后，中原统一实现了，北方草原被突厥统一了，这时候又有一次南北之争，谁来做整个中华民族的首领，也就是入主中原争夺霸主，在这个过程中因为隋朝统治时间也很短，所以，我们讲的是突厥对隋唐。结局也一样，东突厥归降了唐朝，西突厥败了以后又顺着这条欧亚草原带到达新疆的北部，然后到达哈萨克斯坦、哈萨克草原，经过咸海北岸和里海北岸，但是它往南了，到了今天土耳其，在公元 10 世纪融合当地的部族形成塞尔柱突厥人，今天的土耳其就是在塞尔柱突厥人基础上发展起来的。

　　第三波是中原割据，是西夏、金、南宋对蒙古。1206 年，成吉思汗统一了蒙古草原，这时候中原地区是处于割据状态，北边，现在的河北包括东北这一带有金，西边有西夏，南边有宋，中原地区形成了三足鼎立，北方是成吉思汗统一了草原。在这种背景下，北边的游牧民族占了上风，所以第三次和前两次不一样。1278 年，蒙古人灭了南宋以后建立了元朝，这个和前两波具有质的区别，是北方草原游牧经济占了上风以后统一了中国。

第四波是明朝对后金和蒙古。因为后金努尔哈赤起来了以后，他先和蒙古联手，满蒙联姻，然后是满蒙政治结盟，最后形成了军事结盟，共同对付中原弱小的明朝。明朝是一个弱朝，因为西部到哈密整个西域这一块是相对独立发展的，没有解决蒙古人的问题，所以，明朝是一个弱朝。在这种背景下，后金和蒙古联手，最后在和中原地区明朝对峙期间占了上风，所以在1644年，清入主中原，定都北京。

这样我们看到的四波，实际上是二比二，后面的元朝和清朝对今天中国各方面发展的影响要大于前面的秦汉和隋唐，当然我们还是没有从民族的角度讲，只是从不同经济形态和社会区域讲这个事情，然后讲在中华民族发展中，他们相互之间的一些互动，最后怎么构成了我们今天中国的历史。

如果我们能从这个观点再看新疆、西藏和其他的问题可能就比较好理解一些。比如说新疆，比如说西域，西域是在第一波匈奴和秦汉对峙过程中，汉朝为了能够遏制匈奴采取的从西边和东边包抄的方式，断匈奴的左右臂，因为匈奴发展的势力太大，中原感觉到压力很大，所以，汉武帝要断匈奴的左右臂，然后派张骞经营西域。在公元前60年，在匈奴和秦汉争夺的过程中，秦汉占了上风以后，接手匈奴统一了西域，西域就是今天的新疆，匈奴是最先来到这里的，当然它也是一个游牧政权，游牧汗国在这里建立的政权。

当然对这些，国外的学者也有一些自己的观点，他们也看到了这些，美国学者拉铁摩尔把游牧民族和中原民族相互之间的互动看成边境之争，他把边境定在中国的长城，认为长城以外都不是中国的，所以是北方的游牧民族和边境以内的汉民族在争，也就是他认为中华民族就是汉族，历史上的中国就是汉族占主导的中原地区，而长城作为汉族和北方民族相对来说的一个势力分界线就可以看作边境。所以，拉铁摩尔讲，游牧社会的威胁迫使整个中国以全力来维护这个边境。我个人感觉这个论述和结论是有问题的，我们应该从历史上中国发展的整体，历史上中华民族发展的整体来看待我们的南北之争，这些都是中国的地盘，只不过是由谁，由哪个地盘上的力量来主导这个时期中国的发展，来主导这个时期中华民族的发展，以及在这个问题上相互之间的互动和争夺。

（3）在历史上国家和民族发展的政治理念方面，向心力不断增强。一个是地理因素，另一个是政治因素，包括中原地区因为相应的定居农业有积累，它比游牧民族要在积累方面占上风，所以，它既有生产的积累，也有生活资料的积累，还有文明的积累。而游牧民族相应在游牧过程中的积累不如中原定居的农耕民族，所以，整体上中华民族或者历史上中国发展大盘子里中原地区比周边有比较强的吸引力，相应也具有向心力。

（4）疆土是封邦建国的根本。先秦时期以来，"受命、受疆土"一直是历代封建王朝建立政权和实施统治的基础，受命就是受天命，受天命是让我为君主，受疆土就是让我治理这片土地和这片土地上的人。所以，历朝在统一了中国以后，都要恢复前朝管理的疆域，而且都认为是祖辈遗留下来的。举两个例子，第一个是《旧唐书》，当时唐朝建立以后，高祖李渊就如何对待东北的高句丽拿不定主意，李渊说算了，隋朝打了那个地方三次都打不下来，最后在第三次征伐高句丽的过程中爆发了农民起义，所以，隋朝就灭亡了，这个地方就算了。但是在廷议的时候，大臣们认为高句丽者"周为箕子之国，汉家玄菟郡耳！魏晋以前，近在提封之内，不可许以不臣"，一致要恢复历朝在东北的旧制和统一，所以，唐朝又出兵征伐高句丽。这是一个重视疆土、重视统一的例子，一块土地也不能丢，都是祖宗留下来的。

第二个例子我们举一个清朝的。1750年，乾隆中期，也是乾隆鼎盛的时候，乾隆在处理西藏问题的时候讲了这句话，"夫开边黩武，朕所不为；而祖宗所有疆域，不敢少亏尺寸"，就是说因为乾隆有十大武功，当时的八大武功都是在边疆地区，所以，乾隆自己讲我不是想在边疆地区穷兵黩武，这是我当皇帝所不愿意做的，但是祖宗所有的疆域，这个祖宗肯定是前朝的，谁接管了中华大地，谁接管了中华民族，往上都可以看成是他的祖宗，所以他认为祖宗的所有疆域，不敢少亏尺寸。这说明我们中华民族发展的一个特点是非常重视疆土，而且非常重视疆土的统一。

（5）边疆与内地、中原地区与中原的关系。为什么讲这个呢，因为西方一些研究者认为历史上所谓边疆与内地、民族与民族的关系是征服与被征服的关系，当然现在他们好像也在对此进行反思，是殖民与被殖民的关系。美国的新清史派在研究这个词，认为他们所理解的殖民和中国历史上包括现在所理解的殖民主义是有区别的，他们认为殖民是指开拓移民，而我们理解的殖民是指近代以来西方殖民列强对殖民地、半殖民地国家的侵略和统治，所以他们现在也在做进一步的反思和研究。但如果认为中国边疆与内地、民族与民族的关系是征服被征服的关系，是殖民被殖民的关系，这是不符合事实的。

我们认为总体上边疆地区和中华各民族、中华民族的关系实际上很简单，就是一个局部和全局的关系，而且他们在互动和交往中是相互融合的关系，在争夺中原霸主的过程中形成了统一和被统一的关系，谁的力量强，在中原夺得了政权建立了统治王朝以后，其他就是被统一的。另外就是包容和被包容的关系，在治理过程中实现了一系列边疆包括对民族的治理动作是带有包容性的，还有管理和被管理，这等于是行政管理方面的。

（6）古代中国、历代封建王朝是国家与民族发展的共有框架。历史上的中国和历史上的中华民族的发展都是以封建王朝作为框架的，我们讲唐朝的中国讲的是唐朝，我们讲唐朝的中华民族讲的也是唐朝，这个王朝的框架既是历史上中国那个时期的框架，也是历史上中华民族那个阶段的框架。但是在进入近代以后，在历史发展过程中，中国的国家整合和民族的整合相对而言，民族的整合较为滞后。所以，在辛亥革命一声炮响，建立了近现代民族国家中华民国以后，开始驱逐鞑虏，恢复中华，后来是五族共和，最后还是因为有了日寇侵华，在国难当头的时候才有了中华民族的整合，但整体上是滞后于国家的，所以，最终形成了统一多民族国家，形成了中华民族的多元一体。如果我们的民族和国家的融合大致同步，很可能中华民族就会成为一个国族的概念，那我们可能就是一个单一民族的国家。当然世界上既有单一民族国家，也有统一多民族国家，我们属于后者。这个现在你也不能说谁好谁不好，而是各有各的特点、各有各的形成和发展的背景。

（7）宗藩体制是历代国家治理边疆包括边疆民族的核心体制。在古代我们讲根深蒂固的宗法理念形成的特点是，宗藩体制是历代国家治理边疆包括边疆民族的核心体制。这实际上是从古代传统习惯，从宗法制度延续下来的，从家族习惯法制度，到早期国家建立以后的分封制，从分封家族、分封诸侯到分封诸王，最后到国家边远地区的分封。到秦统一中原以后，接着汉朝统一中原和周边地区以后，因为汉朝统一的地区要大于秦，所以，周边一些地区，汉朝从原来的封王开始了周边地区的治理宗藩制度，于是这种宗藩治理的体制从汉代以来一直延续到清代，汉代叫作属国制度，只不过汉代本身就是宗主，它下面都是属国，所以称为属国制度，而清朝是藩属体制。这里面随着历史的发展内容非常丰富，我们还要具体研究每个不同的藩属体制和属国制度等，但大体上宗藩治理体制和框架从历史上一直延续下来。

（8）"因俗而治"的羁縻政策是历代治理边疆的基本政策。这实际上是一个相对比较宽松的政策，允许接受羁縻治理的这一部分保持原有体制和原有制度，但前提是你要归附于皇上。这种羁縻宽松治理的边疆模式在中国维持发展长达 2000 多年，尽管斗争很剧烈，但中国还是在分合之间不断地割据统一，不断再割据再统一，形成一个不断攀升的统一局面。

（9）步入近代，情况有变，原来是中国周边没有和它可抗衡的政治力量，现在是列强环逼，所以，中国边疆民族首先成为列强侵略和宰割的对象。

（10）"二战"后，中国的边疆领土包括民族关系进一步呈现复杂化，主要是"二战"以后中国周边国家原来都是藩属，现在独立了。他们在塑造自己国家的民族历史过程中，不愿意或者不愿意多提历史上曾经属于中国，所以这是一个方面的因素。另外就是东西方冷战格局对中国的敌视和封堵政策造成了边疆地区包括领土主权问题和民族关系问题进一步呈现复杂化。

提问环节

问：厉先生，我想听您给我们介绍一下你对生产建设兵团，对新疆稳定方面的作用，大概就这个意思，在那里是什么样的位置，怎么体现？

厉声：兵团的事，是我们国家的一个特例，也是新疆的特例。第一，新疆兵团是我们国家兵团的"长子"，第一个建设兵团是 1955 年建的，第二个是新疆兵团现在成了我们中国兵团的"独子"，就剩下它一个了。所以，它建立的时候有它建立时候的背景，它现在解散了以后，留下了也有它的背景。当时建立出来实际上在很大程度上是为了从夺取政权打天下向坐天下建设国家，向整个国家转型过程中非常重要的举措，当然也有当时部队太多的原因，好像 1949 年全国有 400 多万部队，所以，在这样的背景下，相当一部分要转向生产建设。有人说那个时候主要是为了边防，实际上那时候中苏友好，新疆是大后方，根本不存在边防问题。那时候都不知道边，只知道大概这个地方是国界，那边演电影了，搬着凳子都去看，晚上看完电影再回来，那个时候是有边无防。所以，新疆整个 50 年代或者 1959 年以前基本是这样的，1960 年中苏关系破裂以后双方在边境上才发生了对峙，所以，1955 年兵团建立很大程度上就是生产建设，就是要在边疆地区为开发边疆做出中央的部署。但是既然是开发，也有劳动力的布局，你要开发边疆肯定要有人，所以，兵团的建立也是一个载体，也是中国内地富裕的劳动力向需要劳动力的边疆地区转移的一个非常好的形式和平台，1955 ~ 1965 年，兵团人口只有 20 多万，新疆当时人口 1000 多万人，兵团人口大概只占到总 1/50，但是它的经济量占到 35% ~ 40%，这是最好的时期，而且是具有示范性的。当时 50 年代所有的边界，中苏贸易之间的一些援建项目直接落到新疆落到兵团，一些机械化设备就直接进入兵团，所以，兵团在生产建设上的示范带头作用非常好。这是第一个时期。

第二个时期中苏关系破裂以后，新疆成了反侵华的前线了，那时候没有部队，真没有部队。1962 年伊塔事件边民走了 7 万多人，当时带走了 11 万多头牲畜，在这种背景下，当时整个伊塔沿边地方就空了，经过中央批准，兵团得到一线去，沿边 30 公里全部交给兵团，在那里建立了一系列的垦场，你现在看什么农四师、农五师、农九师、农十师全是沿着从伊犁塔城然后到阿拉善整个边界，按照当时的规定，沿边界 30 公里是兵团的地盘，现在不行了，改革开放后，边界都是口岸。所以，第二个时期从 1960 年中苏关系紧张以后，兵团是守卫边疆的一支力量，不能说是一支部队。

第三个时期是 80 年代以后，这时候由于改革开放，新疆形势出现了复杂化，出现了宗教狂热，出现了一些偏激的民族意识，在这个基础上有些人有了分裂意识，形成了一些分裂性的骚乱，最后发展成分裂性的恐怖活动。所以，在这个背景下，兵团成为稳定新疆的中流砥柱，为什么呢？倒不是说它是汉族还是什么族，关键是兵团是有组织的力量，改革开放农村包产到户，原来都有组织，现在包产到户怎么组织农民？所以一个有组织的兵团，一旦有事，不管是什么事，当然也包括危害社会稳定的一些突发事件，包括自然事故，也包括天灾人祸，只要有事了这支有组织的力量就是供国家和地方政府调动的一支最好的力量。这样随着新疆形势进一步的发展，包括维稳的需要，包括跨越式发展的需要，所以，兵团这么做实际上是在不断地突出。但是，改革开放以后，有一点很重要，我们从原来的计划经济变成了市场经济，市场经济最重要的一点就是竞争，竞争是它的基本规律。所以，在这个规律之下，兵团力量和地方力量就发生了一些不协调或者是有矛盾的地方，但是都做农业，你的水多，我的水少，用水的时候怎么分，以及包括土地和其他的一些企业、其他的一些涉及经济发展中的利益，引发了兵团和地方利益的交错，包括社会矛盾，在这个时候又有一些别有用心的人来挑拨关系，认为兵团就是骑在我们民族头上的，如何如何，对兵团咬牙切齿，这样的人是有一些的。所以，在这个背景下，由于市场经济的规律，产生了一些矛盾，也使民族关系发生了一些不协调，但是无论从中央还是从新疆当地来说，加强兵团或者说支持兵团在新疆的维稳和生产建设中、实现跨越发展中发挥自己应有的作用，这个方针是不变的。

问：您如何评价咱们的民族宗教政策？

厉声：我就讲我国宗教政策和民族政策中比较重要的。先讲民族政策，民族政策的根本是民族区域自治，这是我们民族政策一个核心的东西，当然这两年对民族区域自治也有一些不同的意见，有一部分人认为，这是苏联的，在这种背景下始终保持民主共和国、始终保持民族自治也是苏联解体的原因之一，所以我们要总结这个政策的利弊。还有的人认为这个政策到现在应该要改了，不利于现在民族的整合，不利于我们现在民族边疆发展的方向。对于这些话，我们在做调研的时候曾经有过一个概括，就是谈民族区域自治。我们在访谈时一位蒙古族高级干部是这样讲的，他说现在民族区域自治政策实际上是忽略了区域自治而突出了或者是过度强调了民族自治，使我们的政策发生了偏激。回来以后我们就翻到了依据，是1957年周恩来总理在青岛民族工作座谈会上提出来的，民族区域自治是民族自治和区域自治的正确结合，我们看了1952年中央关于民族区域自治的文件，写的是"民族的区域自治"，中间有个"的"字，如果按照语言来说这个"的"是定语，前面民族是一个定语，民族的区域自治，主语是区域自治，当然后来这个"的"没有了，就成了民族区域自治。但是，周恩来总理在1957年青岛民族工作会议上讲的，民族区域自治是民族自治和区域自治的正确结合，这个观点是完全正确的，而且具有远见的。

在这种背景下，我们提出来在实行民族区域自治的时候，应该加强区域自治方面的内容，也就是说生活在这个区域内的各民族都有享受民族政策优惠或者是这种自治的权力，只有生活在这个区域内的各民族实现共治、形成共治以后才是这个区域真正的民族自治，或者才能是这个区域的真正自治，我们现在不提民族，而民族只是其中的一个方面。

过去我们确实是过多强调了民族自治，而忽略了区域自治，我们现在要完善，也就是说要把过去我们忽略的部分渐渐补起来，而且从实际发展来讲，美国各个州自治，权力可能很多都比我们民族区域自治地区要大，这个州允许抽烟，那个州不允许抽烟，各个州都可以立法，但是它不是民族，它是区域。所以，当时我们有人提的是要完善"民族区域自治"。在2009年"七五"事件以后，我们重新把这个观点稍微润色以后提出，这时候国家民委就比较重视了，专门开了座谈会，因为这时候涉及"七五"事件比较复杂的民族关系的变化，所以，我们还是主张民族区域自治的完善，但是完善的趋势是在坚持民族自治的同时加强区域自治方面的内容，使民族自治与区域自治正确结合起来，特别是在民族区域自治的问题上，我们是这个考虑。当然我们不是专门研究民族政策的，我也不认为现在的民族政策就是全部，因为有些事情做了，甚至有些错误是可以纠正重来的，但有些事情做了甚至有些错误犯了是不好纠正的。我个人感觉民族区域政策从新中国成立以来一直到现在60年了，所有的东西完全不好，不一定。当时提的时候是在40年代末，因为第一个民族区域自治是内蒙古区域自治，是在1947年建立的，那个时候可能民族区域自治是比较符合中国国情的，但是过了60年了，是不是还完全符合国情，这可能就要研究了。但是有些问题因为它敏感，所以，做了就做了，往后的事情不是说要用第二代（比如民族政策）否定第一代的问题，而是要完善。我们过去做的过程中忽略了一些事情，形势发展了以后，需要我们在民族区域自治政策里增加新内容，我们应该把它补充进去，这样经过调整以后，民族区域政策在运行的过程中结合现在民族发展整体的形势不断完善，基本思路是这样的。

相对来说，宗教政策一个主要的点是宗教信仰自由的问题。我们的归结点是宗教信仰自由，不是宗教自由，不是信了宗教就谁也管不了了，我就自由了，不是这样，是宗教信仰自由。宗教信仰自由是什么概念呢？有信的，有不信的，有一天做五次弥撒的，有一年去一次清真寺的，这样才是真正的信仰自由，如果是全民族信教，全民族都如何，这肯定是一种压力。所以，在宗教问题上我个人感觉很重要的一点，就是把握好信仰自由，有信的，有不信的，这是信仰自由；有信的程度比较深的，有信的程度相对弱一点浅一点的，这是信仰自由。但是在外力作用于宗教，然后在宗教发展过程中，形成一些狂热性的，或者是形成一些偏激性的东西，这应该是政府需要制止的。宗教所做的是宗教事务管理，按照法规来管理宗教事务，至于宗教内部的事情原则上应该是宗教人士自己管。所以，像刚才您讲的其他一些宗教问题，在很大程度上要征求宗教人士意见，因为宗教事务管理和民族是一样的，我们现在是一个不信仰宗教的力量或者是政府力量去管信仰宗教的这部分人士，这里面的话如何协调是很重要的。协调得好，会化解很多的问题，而且这个力度和历届政府、历代对于宗教，如果再讲明白一点，历代政府没有公开和宗教作对的，当然比如五帝灭佛教那是例外，但是到近代以后都知道宗教是双刃剑，搞好了有利于政府维持稳定和政府管理，搞得不好就成了一个负面的东西。所以，我们怎么把负面搞成正面的，现在讲宗教正能量，怎么才能够把它提升起来，这可能是个问题。

主持人：厉主任给大家做了非常精彩、非常深刻、非常有启发性的学术报告，其中有大量的政策性解读，我们收获很大，知道了边疆中心长期以来对中华民族边疆研究的基本判断，这些对我们搞民族研究的人是非常有价值的。我相信民族所、边疆史地中心的研究，仍然可以从历史的角度合作，使我们的研究更好地解释我们国家的历史，解释我们现在的政策，对国家的统一、各民族共同发展具有重大意义。

当然厉先生谈的一些观点和见解，是他长期积累的，特别是他在一线尤其在新疆长期调研，了解了很多国内外学界政府政策信息的基础上得出来的。他谈了一些深入研究后的思考，而这些思考有的和我们中央精神是非常吻合的，有的和地方政府的一些具体做法并不太一致，这对我们正在做的大调查有很大的借鉴意义。我们的研究既要全面调查了解当地干部群众的真实想法——当然这是不容易的，又要在这个基础上站在国家的立场上研究这个问题——当然不要危害当地人民包括当地干部，因为他们也有自己的选择，所以，这两点结合起来是很难的。当然我们有自己的立场观点，这是十八大提出来的，我们如何围绕着所要调查地区全面建设小康社会出谋划策，提出专业意见，我们要做系统的研究，但是首先要对具体层面再理解透一些。当然厉主任提到的观点是很有价值的，比如说民族区域自治问题从40年代末50年代初建立到现在已经发生了很大变化，从党确定民族区域自治到底是民族的自治还是区域的自治，还是说正确的结合？我觉得这对我们研究政治理论很有启发，也对我们有很好的借鉴价值。所以，虽然讲座的时间不长，但是这些声音、这些观点都是长期积累和研究后的结论，这些意见和建议对我们下一步进行深入调研有很多提示，更为我们今后所做的民族问题的理论研究提供很多启发。我们再次以热烈的掌声衷心感谢厉声主任。

第 十三 讲

西班牙各民族与加泰罗尼亚问题

〔西〕 叙利奥·里奥斯[*]

各位女士、先生下午好，首先非常感谢所长的邀请，让我有机会能够来到民族所，再次与各位老朋友见面，与各位探讨关于西班牙的问题。对于我来说，这次讲座是一个和各位交流的机会，我们可以借此机会探讨中国和西班牙学者共同关心的西班牙国内问题，以及民族问题，同时这也是我们两个机构之间合作的一次继续深化和延续，是不断加深我们今后合作的契机。

一 西班牙少数民族问题简介

对于西班牙的少数民族问题，我将要做一个非常简短的介绍。同中国相比，西班牙的国土面积也就和新疆差不多。但西班牙是欧盟重要的成员国之一，是除了俄罗斯和法国以外的欧洲第三大国家，在欧洲地区有着非常深刻的历史文化影响。

西班牙有三个少数民族，加利西亚人、加泰罗尼亚人还有巴斯克人。这三个少数民族的国土面积大概占全国的14%，人口大概占西班牙人口的1/4。如果将西班牙少数民族问题和中国少数民族问题相比较的话，我们可以看到两国的民族问题在某些方面有一定的相似性，比如说西班牙的少数民族地区同时也是一个国家的边界，和葡萄牙接壤，或和法国等地区有边

---

* 叙利奥·里奥斯 (Xulio Rios)，现任西班牙加利西亚国际文献与分析研究所所长、中国政策观察所所长、西班牙加利西亚对外事务委员会委员、加利西亚文化委员会委员，同时也是加利西亚皇家学院成员。该讲座时间为2013年9月17日14：00~16：00。

界联系，可以说和中国的一些少数民族很相像。

前不久巴斯克地区的唯一一个武装组织"埃塔"已经决定放弃武力方式，回归和平路线，可以说现在在西班牙的全境已经实现了和平的环境。此外，在这些少数民族地区还有一些要求政治权力自治的运动，比如巴斯克地区和加泰罗尼亚地区都在不断要求更进一步的政治自治。

西班牙的少数民族地区还有一个特点，在经济发展领域，比如巴斯克和加泰罗尼亚两个地区是西班牙最发达的两个自治地区，其他地区虽然也是自治地区，但是其经济发展水平较这两个地区相去甚远。

和中国一样，在少数民族地区，西班牙同样有少数民族区域的自治，通过这种自治的权利来实现对少数民族地区的管理。可以说西班牙既有少数民族自治又有地区和区域自治。西班牙的这种政治结构模式兼具了统一的模式，以及联邦制的政治模式。要是追溯关于西班牙为什么选择自治的历史，我们可以追溯到佛朗哥的独裁统治时期。当时在佛朗哥主义思想的指导下，西班牙希望实现一种中央制的、集权制的国家统治模式。对于反对者来说，他们是反对这种国家统治模式的。1975年佛朗哥的离世，为西班牙带来了新的选择和新的政治模式的讨论。在70年代末，进行一段时间讨论之后，西班牙进入了民主进程的阶段，同时也选择了民族自治的模式，其中最支持这种民族自治的团体就是这些少数民族地区。最后整个西班牙达成共识，承认这种自治的模式。这种自治的模式不仅在少数民族地区推行，也在西班牙的全境推行，这就是我们说的"所有人都有咖啡"。

二　西班牙的区域自治和民族自治问题

关于民族自治问题的讨论其实由来已久，可以追溯到18、19世纪。我们第一个需要提到的是加泰罗尼亚问题。加泰罗尼亚失去独立地位是在18世纪，2014年正好是加泰罗尼亚地区失去独立地位满300年，所以有人提出在2014年进行一个全民公投。当时为了解决自治问题，以及各个地方希望独立的呼声，西班牙选择了高度自治的模式，还统一了整个西班牙国家，也效仿了法国的一些经验。所以，西班牙最终选择的模式是从18世纪以来具有中央集权模式的政治统治。

18世纪以来，所有的政治或者国家社会的动荡和不稳定，基本上都源于领土问题或者说是国土争端。尤其要提到的是在佛朗哥独裁时期，由于他希望进行高度集权的中央统治，所以他发动了内战，当时几乎把整个西班牙带入了一个灾难。

另一个需要提到的是西班牙的工业化进程。西班牙工业化进程始于19世纪，持续到20世纪。该进程对于加泰罗尼亚和巴斯克地区的影响，就是在这两个地区分别形成了一定数量和规模的资产阶级。自治问题还有选择自治的决定，最终是在佛朗哥死后的几年之内实现了，一方面是少数民族地区的呼声，另一方面是国家为了解决少数民族独立呼声而采取的办法。

由此可见，对于西班牙来说少数民族问题非常严峻，而且对国家的影响是很深远的，无论在国土面积，还是在未来发展道路上都不是一个小问题，因为从人口角度来讲，西班牙的少数民族占到整个人口的25%，中国只是8%。

首先我们需要看到的是，西班牙正面临着非常严峻的经济危机。其次我们要看到，目前西班牙的经济危机是非常严峻的，不仅在欧洲地区，而且在整个历史进程当中。西班牙的国家债务已经占到整个GDP的92%，主要通过各种方式减缓和消除，这方面我们可以从欧盟获得帮助，欧盟会给我们的银行一些资助。但实际上这些资金和解决办法究竟是从哪里来的，最后也只能通过国家来解决。

这样我们便能更好地理解加泰罗尼亚的问题，因为刚才讲到加泰罗尼亚是西班牙最好的经济地区之一，如果现在西班牙的经济不这么差的话，可能加泰罗尼亚地区民族独立的呼声也不会这么强。

另外一个问题，由于经济危机引起的一系列社会问题，这个数字也是非常惊人的。首先是西班牙拥有25%的失业率，其次更严重的是在年轻人当中失业率的比重是50%。国家在背负这些主权债务，或者在偿还这些主权债务的同时，也会为了偿还这些债务而减少对社会公共产品的支出，这些减少包括社会保险、医疗方面的支出。五年来，由于经济危机引发了人口的向下流动，目前在社会上有15%的人是处于贫困的。

除了经济和社会领域的危机以外，西班牙还要面临政治危机。政治危机包括两个层面：第一个层面是政治腐败的问题。这个问题在西班牙已经很严重，同时引发了公众很多的不满。因此，社会上对于要求严惩腐败或者政治清廉的呼声乃至运动是日益增加的。也有一些部门是专门面对公共权益还有公众质疑的，但是他们也只能接受呼声或者建议，却没有一些实质性的答复。有一个非常著名的西班牙的社会运动，名叫"五月十五"，已经形成了相当的规模。第二个层面是与加泰罗尼亚有关的独立危机。他们的计划就是离开目前正深陷危机的国家经济体，就是实现一种独立。今年9月11日，在加泰罗尼亚地区举行了非常大规模的游行，参加游行的人数超过160万人，他们手牵手，组成了一个400公里的人墙，是从北到南的一条线。此外，还有一群加泰罗尼亚人来到中国的长城，在同一天也进行了同样的示威游行活动，他们组成一个手拉手的人墙，在地球的另一端表达他们希望独立的心情。

三 加泰罗尼亚问题

可以说现在西班牙面临的国土问题是非常严峻的，还牵连着很多的社会问题，同时社会运动和社会呼声也得到了地方政府的支持。究竟是什么问题引发加泰罗尼亚人希望独立的呼声如此高涨呢？毫无疑问，肯定有历史方面的原因，但是我认为历史的原因并不是最重要的。从历史上来看，加泰罗尼亚从1714年开始就作为西班牙领土的一部分。三个世纪以来，加泰罗尼亚地区原来的统治者曾经或者一段时间内都和西班牙皇室有着种种姻亲联系。因此，历史的原因并不是最重要的原因，更重要的原因就是现实问题，还有现在西班牙的严重状态。

现在我认为有两个非常重要的原因，其中一个重要的原因就是在西班牙地区，每个自治地区都有自治章程，根据这个自治章程行使自己的职权，目前西班牙减少了自治章程当中的地方自治权力。2006年，加泰罗尼亚通过了一个新的自治章程，重新规定了加泰罗尼亚政治结构、政治权利以及自治权利。自治章程在6月提出，随后便得到了74%的公投支持率，在自治区的地区议会当中更是获得了88%的通过率，在马德里的中央政府议会当中也是获得了多数的通过。也就是说这个新的自治章程获得了大多数社会人口以及地方议会和中央议会的三重支持。尽管获得了这么多的支持，但是这个章程并没有获得通过。这个结果最终让加泰罗尼亚地区非常不满。新的自治章程为何没有生效呢？因为它没有获得当时的中央政府的支持，当时执政的是西班牙民主党，而民主党在加泰罗尼亚地区属于少数派。最后政府提出一个议案，但在宪法法院没有得到大多数的通过，法院给出的解释是当时的执政政府不支持这个地方自治条例。在整个过程中，从2006年自治章程的提出，到2010年被正式否认，加泰罗尼亚地区已经进行了很多有关自治章程法律上的细化，因为这个自治章程没有得到通过，所以这些细化的条例和法规最后都变成了一纸空文。当时宪法法院一共有12名法官，最后的结果是7∶5。这7名法官否认的不仅仅是一个自治章程，同时否认的是加泰罗尼亚地区大多数人民的意愿，地区议会的意愿，还有西班牙国会大多数人的意愿。

这个章程的废止引发了非常严重的政治危机并一直延续到今天。关于这个自治章程本身，它究竟有什么原因引发了这么多的政治冲突呢？首先，需要提出的是关于自治的权利。在西班牙，自治方面的权利一共分三种：一种是国家形式的，一种是地方形式的，还有一种是中央和地方共管的权利。加泰罗尼亚提出的自治章程中，规定了更多地方的自治权，但是中央政府是反对这种自治权的扩大。其次，另一个双方争论的焦点是财政权利。加泰罗尼亚地区一直希望能够让他们的税收还有跟税收有关的权利归地方所有，但是中央政府一直不同意。最后，关于中央政府对地方政府的资金支持。加泰罗尼亚地区一直希望改变现有的资金关系，但是中央政府给出的答案是说在现有的财政结构下，这种中央和地方的关系是不能改变的。所有这三个问题，就是关于自治权、财政权、中央对地方的金融支持的分歧，造成了中央和地区的政治纠纷，最终导致了宪法法院对自治章程的否定。对于加泰罗尼亚人来说，他们现在秉承的一个态度是，如果我们不能够得到自治章程，那么我们更希望独立。这个自治章程代表了人们的意愿，同时也表达了加泰罗尼亚人希望获得的权利诉求。

另外一个引发政治危机的原因，就是西班牙目前的财政状况。在西班牙，中央对地方有两种财政支持的方式。第一种就是在巴斯克地区和纳瓦扎地区实行的由地方政府进行税收，然后将税收收入交给中央政府，也就是说在这两个地区中央政府是不进行额外税收或者税制的。其他地区的情况正好相反，地方政府没有税收的权力，所有的税种和税制都是由国家制定的，税收是由国家来完成的，然后由中央政府对地方政府进行转移支付，完成地方的社会和政府的支出。

对于加泰罗尼亚地区来说，他们面临一个最严峻的问题，就是中央政府征收的税收非常多，但是他们获得中央政府的转移支付非常少，不能够满足地方的政府支出，他们每年有占 GDP 5%～7%的赤字。经济危机对他们来说更加严峻，因为他们承担了更多的税负，但是获得的转移支付却在减少。在新的自治章程当中，他们就提出了财政权利，希望在政府提高税收的同时，进行更多的转移支付，实现地方赤字的降低，使之在 GDP 的比重中不超过 4%。

当然还有其他很多问题导致这次加泰罗尼亚地区的独立呼声，比如对于民族的定义，对于少数民族语言的相关政策。中央和地方也有其他的分歧，但是其中最严重的就是经济的问题还有财政赤字的问题。因此有一种呼声，就希望现在能够进行全民公投，决定加泰罗尼亚地区究竟是独立还是作为西班牙的自治区。在加泰罗尼亚地区，最近进行过一次民意测验，在这次测验当中有 52%的人支持独立，只有 24%的人反对独立。2005 年，加泰罗尼亚地区进行过类似的民意测验，当时只有 15%的人是支持独立的。也就是说在 2005 年至 2013 年支持独立的比例从 15%上升到了 52%。增长的原因是多样的，但在其中的五年中，支持独立比率增长的原因是一致的，都是因为经济危机的问题。加泰罗尼亚地区的地方政府和人民都是非常支持全民公投的。在加泰罗尼亚地区有五个主要的政党，其中有两个政党支持中央继续统治，另外两个政党是希望独立的，还有一个政党希望西班牙改变它的政治制度结构，实施联邦制。

与加泰罗尼亚地区支持公投的决定相反，中央政府是反对独立公投的。虽然中央政府不支持独立公投，但是谁也不能保证这个公投将不会举行。现在其实呈现了两种局面，一方面是有人希望能够进行谈判，另一方面是面临的争端非常严峻，中央政府没有进行表态，或者说希望不进行公投，同时地方政府在积极筹备这个公投。此外，中央政府正在积极进行的一个进程，就是取消或者收回地方的自治权利。根据西班牙的宪法，中央政府有权在特殊情况下取消地方的自治权，然后由中央政府直接管理地方。他们也在进行一定程度上的和谈，这是大多数人都希望看到的结果，或者说是一个解决办法。因为只有通过和谈，中央政府和地方政府相关的政治官员才能够坐在一起，提出一个更好的解决办法。

还可以看到的是，西班牙的社会主义党正在积极推进联邦化的进程。这就意味着将会有一个宪法改革。这是我个人的看法，我认为可能在今后的一段过程当中，也许通过改变国家制度的形式，能够解决中央政府和加泰罗尼亚地区政府之间非常紧张的关系。同时需要看到的是，无论怎么解决政治上的中央和地方的分歧，还有加泰罗尼亚危机，西班牙需要首先解决的就是西班牙的经济危机和不好的财政状况。西班牙面临的经济、社会和政治危机是密不可分的，而解决它们也是需要通过全局的角度来考虑的。

我认为对于西班牙来说，如果解决了西班牙或者加泰罗尼亚地区的经济问题，它的政治问题也会随之减少或者解决。经济问题也有可能成为一个推动西班牙进行政治改革的动力，加泰罗尼亚地区也很有可能成为这种改革的先决条件，或者是基石。我的讲座就到这里，希望通过我的简短介绍，能够给大家带来关于西班牙的一些认识。

提问环节

主持人： 我有两个问题向里奥斯教授请教一下。一个是西班牙的自治区和其他非自治的地方，在法律上有哪些特殊的权利？在自治区选择公投的时候，公投的范围，哪些成员是可以有公投权利的？是公投地区所有的居民，还是说全体的国民？

叙利奥·里奥斯： 首先非常感谢您的提问，第一的问题我想说的是，在西班牙地区执行的是两种自治，一个是少数民族自治，另一个是区域自治。三个少数民族地区的自治权利要远远高于其他的自治地区，也就是说在巴斯克、加利西亚、加泰罗尼亚这三个少数民族自治地区，自治章程中规定的地方政府的自治权利远远高于其他地区。

它们自治的权利不仅仅是行政上的，也是政治上的。同时，西班牙正在进行一个进程，在非少数民族自治地区，他们的自治权利在不断地扩大和发展，在进一步地接近这些少数民族地区的自治权利。在这个进程当中，目前为止只有一个大省、大区是实现了自治权和其他少数民族地区自治权的一致或者相似，就是南部的安达卢西亚地区，它目前所享有的地方自治权利和其他三个少数民族地区的自治权是类似的。

在西班牙面临严重经济危机时，有一种观点认为，应该大大地减少或者缩减自治区的自治权利，以节约中央政府的财政开支，引发了更多关于西班牙地方自治的讨论。现在在西班牙有一种观点，同时也是正在进行的一个进程，在少数民族的自治区享有更多或者更大的自治权，在自治地区享有更少的自治权。

关于你提到的公投问题，这在西班牙是非常有争议的。从宪法的角度来考虑，只能由中央政府来行使公投的权利。如果中央政府不授权这个公投，那么这个公投在法律角度来讲就是非法的。此外，在加泰罗尼亚地区是没有关于公投的相关法律的。需要看到的是，加泰罗尼亚地区可以通过制定和颁布有关公投的法律来实现它的公投合法化。但是在自治章程中，加泰罗尼亚地区是没有公投权利的。所以即使议会通过了这个法律，它也不会真正实施，因为它是不合法的。从这种制度的角度，或者是常规的观点来看，加泰罗尼亚政府是不可能，也没有权利去独立公布一个公投的。

在这方面，西班牙和英国目前关于爱尔兰地区的独立公投是非常不一样的。因为在英国相关的法律以及宪法中没有明文关于公投的规定，所以如果地区希望公投的话，它的解决途径是通过政治协商的方式。但是在西班牙的宪法中，它有关于中央政府和地区政府的权力的明确规定，其中关于地方政府自治权方面没有明确条文规定有公布公投的权利。中央政府也同时宣布了，加泰罗尼亚地区政府希望在2014年9月实现公投的做法是违法的，也是违宪的。但是加泰罗尼亚政府宣称，他们进行的民意公投行为，或者说其他的相关行为是合法的，或者说是符合程序的，但是没有法律依据。

问：我看到一个资料，几年前加泰罗尼亚是西班牙的商业和工业中心，有很多卡斯蒂亚人到加泰罗尼亚定居，这个数字已经超过了50%，将来在公投的时候，这50%的卡斯蒂亚人要怎么办？如果他们都同意公投的话，按照加泰罗尼亚的公投，是不是应该超过50%，它有50%的主体人口在那个区域，他们将怎么办？

叙利奥·里奥斯：这是一个非常复杂的问题，首先是关于这些移民和人口流动，有非常大量的人口是从国内的其他地区来到加泰罗尼亚地区，此外还有一定数量的外国人来到加泰罗尼亚。除了卡斯蒂亚人，其他省份的人也都是在往加泰罗尼亚地区移民，比如南部的大省安达卢西亚还有我所居住的加利西亚。此外，还有一个非常严峻的现实，现在在西班牙整个全境民族同质化现象是非常严重的，现在在加泰罗尼亚地区或者加利西亚地区有60%或者58%的人已经不是单纯的少数民族人口。这些移民其实对公投也不会产生太深刻的影响，因为对于他们来说，更关注的是自己的切身利益，他们希望自己能够获得更多的权益，所以在加泰罗尼亚地方他们会支持公投。

此外还有一些政党的因素，比如在加泰罗尼亚地区的左翼政党，就是社会主义党，他们现在支持公投，支持进行公投决定，但是它建议它的支持者，还有它的党内成员最后投反对票。这个政党所持有的政治意见是说不仅反对独立，同时也反对公投。

在我刚才提到的民意测验当中，有一点需要提到的是，虽然它是一个民意测验，但是它所反映的不是一个真正的公投的解决，它只是一种民意，或者民意的反映，在民意测验当中88%的人是支持公投的，其中52%的人支持独立，24%的人反对独立。

地方自治政府现在执政的是右翼的政党，对它来说移民的因素对公投还有它的支持率的影响是非常大的，它也在很多的民意测验或者这种表态当中利用了一些移民，用他们来反映目前大多数移民支持独立的现实，或者是一种状态。

西班牙有一个谚语："会叫的狗大多数都不咬人。"我认为最后能够解决加泰罗尼亚危机最关键的就是要看中央政府的执政能力，最重要的是找到一个政治途径去解决这个危机。解决这个危机的前提是缓解现在经济危机的状况，现在西班牙所面临的经济危机是非常严重的。由于现在西班牙深陷危机，所以对于加泰罗尼亚人来说就有一种观点，认为如果加泰罗尼亚地区实现了独立，那么我们这个地区的经济将会非常快地转好，或者说这种经济危机的状况不会这么严重；但是正因为加泰罗尼亚地区属于西班牙的一个自治省，所以它承受的经济危机影响就更多。

其实现在对于加泰罗尼亚地区的问题来说，真正主导这个问题的并不是普通的民众，而是加泰罗尼亚地区的资产阶级还有工商业的人士，他们是真正主导加泰罗尼亚独立的主要推动者。

同时这个问题也与整个欧洲有着密切的联系，也离不开与美国的关系。在9月11日，加泰罗尼亚地区的独立日这一天，它的大区区长在《纽约时报》上发表了一篇文章，如果只是一个普通的人，也不会有登上《纽约时报》的能力或者机会。

此外，欧洲地区民主进程也是非常支持加泰罗尼亚独立的，重要地方紧张关系的出路就是进行中央和地区政府的政治谈判，这应该是非常严谨和客观的谈判，同时中央政府不可能出动军事力量来解决这个问题。

对于西班牙来说，现在整个形势是非常严峻的，如果加泰罗尼亚地区进行公投、实现独立的话，那么西班牙的国土危机并不会就此解决，而是会不断地深化，下一个进行这一进程的就是巴斯克地区。因此对于西班牙来说，西班牙经济的转好，还有中央和地方紧张关系的解决，将是西班牙未来稳定的一个重要因素和先决条件。

问：我想问的是关于公投的问题，公投需要有多少当地的加泰罗尼亚人参加才是有效的？我想请您假设一下，如果在推出进一步提高自治权的章程被法院否决的当时，西班牙的经济状态像现在这样恶化的话，中央政府或者大法官会不会做出不同的裁决，使得今天的局势不会这么恶化？

叙利奥·里奥斯：首先是关于第一个问题，公投首先举行的地区是在加泰罗尼亚地区，而不是整个全国，它的参加人员是所有法定的、符合年龄的当地居住的居民。这个公投如果合法的先决条件就是必须由中央政府发起。也就是说加泰罗尼亚地方政府需要先向中央政府申请，然后获得中央政府的批准，并由中央政府举办这么一个公投。举行公投的权利是一个中央政府的权利，它永远不会属于地方政府。也就是说即使在加泰罗尼亚地区的地方政府对某项法律实施了公投，没有经过中央政府的话，中央政府也会根据宪法规定的权利来宣布这条法律无效。也就是说如果希望进行合法的公投，在中央政府和地方政府之间必须达成某一种政治上的统一，才有可能实现合法的公投。如果达不成这种政治上的统一意见或者一致的话，这个地方政府所进行的任何公投都将是违法的。即使加泰罗尼亚政府希望进行这么一种民意的调查，或者说得到民意的支持，如果没有中央政府授权，所有的解决都是不会被国家承认的。

关于自治章程，它是在经济危机之前出现的，这个自治章程最早提出是在 2006 年，西班牙经济危机出现在 2008 年，之后的章程没有获得通过是在 2010 年。我认为这种经济方面的因素或者变化，对自治章程的决定影响并不像其他的政治因素影响得那么深。

西班牙的宪法法院是一个法律机构，同时也是一个政治机构，它深受政治因素的影响，在 12 名法官当中，其中两名由中央政府直接任命，另外 8 名由议会选出，还有两名是由这些法官选出的，也就是说它的结果受到经济影响的因素少一些，更多会受政治影响。

问：谢谢您的精彩演讲。刚才您也提到了加泰罗尼亚地区不支持这次的民意活动，具体理由是什么？法律依据是什么？另外，中央政府对这种违法违宪的行为，除了采取协商、进行修宪以外有没有其他的动作？您怎么看加泰罗尼亚的独立前景，如果独立的话，除了对西班牙本身的影响以外，对欧洲其他地区，比如北爱尔兰、苏格兰有怎样的影响？

叙利奥·里奥斯：首先非常感谢你，关于你提出的第一个问题，就是关于它希望独立的原因，或者理由有几个。首先就是刚才提到的公投，几年以前是 12%，到 2013 年支持独立的人上升到 52%。另外就是社会的一种不满情绪，还有经济危机给加泰罗尼亚地区带来的压力，民众希望尽早摆脱这种经济危机，因为经济危机同时引发了社会和政治危机，对于民众来说，他们获得的社会权利减少了，他们希望尽早摆脱，摆脱的唯一办法就是独立。如果他们能脱离西班牙，那么该地区的经济状况会快速地转好，或者说危机不会这么严重。

另外就是他们一直以来在政治上的不满，源于大区的自治章程没有获得通过，他们希望获得更多的自治权、政治权，但是这个章程却没有得到中央政府的肯定，给地方政府和地方人民带来更多的不满。

还有一个非常重要的原因就是源于它的社会认识。在加泰罗尼亚社会中，人们对自己的认识并不局限于民族，他们更多认为自己是一个国家。他们认为作为一个国家来讲，加泰罗尼亚地区的人民是有权自己决定自己未来的。在章程中他们写到了加泰罗尼亚是一个国家，用的是 nation 这个词，没有把加泰罗尼亚规定为一个民族。当时的宪法法院对这条的解读是，即使这个章程通过，关于 nation 这个词的解释也不具有法律上的效力，它表达的仅仅是集体的认同。

如果要是从政治的角度和一个学者的角度来讨论这个问题，我想说的是，现在加泰罗尼亚的危机更多的是现实问题的危机，如果政府能够提供一个很好的对话机制，或者解决磋商方式，那么加泰罗尼亚的问题将会解决。

就像我刚才讲到的，目前冲突的表现有两方面，一方面是冲突，另一方面是谈判。我觉得应该更注重谈判这个方面，找到一个双方满意的政治共识，从政治的角度解决这个问题。同时在冲突的那一方面，大家可以坐下来签一个协定。

就目前的情况来看，加泰罗尼亚政府面对的就是，虽然议会通过，或者说通过公投可以通过一些法律或者自治章程，但是总是在宪法法院遭到拒绝，而且宪法法院总会给他们一个解释，就是说他们没有这样的权利，或者说他们所要求的这些自治权利不能实现。所以对于现在的危机最重要的是给加泰罗尼亚政府和中央政府一个可行的，让大家都能够接受的继续走下去的方式或者机制。这种磋商的机制是非常重要的，因为只有这种磋商的机制才能阻止地方政府进一步通过，或者试图通过违法的手段实现独立。

我能够想到的，比如中央政府能够同意这种公投，但是将公投的时间挪到2016年，就是在他们再一次进行地方选举的时候。在那个时候，各个政党之间是一种地方选举的竞争，它们将可以采取不同的态度，比如政党可以选择，如果你选择投我的票，那么你就是选择支持独立，如果你支持另外一个政党，那就是支持不独立。在那个时候，如果一个或者多数的政党是执政党的话，那么可以单方面在议会宣布独立，这种独立就有可能实现。我认为解决这个问题的最关键三年，就是今年（2013年），2014年，还有2016年。

在西班牙产生的这些影响，因为是政治危机，也将会影响全国各地。对于西班牙国内来说，它影响最大的可能就是巴斯克地区。如果加泰罗尼亚地区实现独立的话，巴斯克地区也将会走上同样的道路。如果真的那样的话，西班牙或者整个欧洲就会出现另一个春天，就好像1991年在苏联发生的事。这种独立的浪潮甚至会波及意大利，因为意大利的右翼政党支持分离的这一拨人，同时也是支持在加泰罗尼亚地区的执政党的。在比利时少数派政党弗拉门戈也是支持独立的。在苏联的一些国家当中，他们也是支持独立的。

　　欧盟很多领导人是持一种温和的反对意见的，他们提出一种观点，认为如果加泰罗尼亚地区独立，它们将被逐出欧盟。对于整个问题的解决来说，就像我刚才提到的关键不在于欧洲，也不在于其他地区，最关键的在于西班牙国内，中央政府和地方政府必须找到能够解决问题的出路和模式，否则面临的就是加泰罗尼亚地区的独立，或者西班牙整个国家的分裂。对于加泰罗尼亚政府来说，最终的利益诉求并不是实现地区的独立，最终的诉求是希望获得一个跟中央政府更好的谈判机会，以及获得中央政府对地方更好的财政支持，获得更大的自治权利。对于中央和地方政府关系来说，过去是由于社会党在执政，这种谈判是在党内的，就是中央政府和地方政府之间，由于社会党在选举中失利了，现在执政的是民主党，所以中央和地方政府的谈判变成了不同党派之间的，也表现了一种党派之间的分歧。也就是说现在我们面临的问题是有解决的可能性的，也是有未来谈判空间的，我们将会在未来看它进一步的走势。

第 十 四 讲

神经语言学对当代语言学与科学
技术创新的贡献

杨亦鸣[*]

很荣幸能够来到民族所向大家汇报一下我们的研究情况。民族所是中国人文社会科学研究领域中的一个重镇，从我的语言学专业来讲，民族所也是大家辈出的地方。老一代的学者，包括今天在座的孙老师，还有一些朋友我都很熟悉。从民族所的各位老师身上，我学到了很多东西。在我们的研究过程当中，也得到了他们很多的支持。

王所长邀请我来做一个汇报，我感到非常荣幸！其实我们也没有做什么工作，但确实有一些自己的想法，也努力地去按照我们的想法做了一些事情，所以我今天的汇报内容就是结合我们的研究工作，谈一下神经语言学对当代语言学与科学技术创新的贡献，主要是讲语言学的研究在当今时代其形态已经发生了变化，它不仅是人文社会科学当中的领先科学，而且在自然科学中也是前沿科学，它是一个真正的交叉科学。

我们知道创新可以分为以下几种情况。一种就是在原有的学术体系内有一些局部创新，不管是在理论上还是在观点上都会产生。还有一种创新就是集成创新，也就是说，综合性的集成创新。这两种创新都和原有的学术体系相联系，因此是有章可循的，所以是学术共同体愿意接受的。还有一种是原始创新。由于原始创新的成果面貌与原有学术体系的直接联系被切断了，甚至是否定原有的科学体系，因此原始创新就表现为"离经叛道"

---

* 杨亦鸣，江苏师范大学语言科学学院院长，我国第一位语言学及应用语言学学科教育部"长江学者"特聘教授。该讲座时间为 2013 年 10 月 15 日 9：30 ~ 12：00。

"异端邪说"。其实，原始创新和原有学术体系之间的联系在本质上与前两种创新是一致的，只是表现形态不一样。这些异端通常就揭示了新的科学方向，往往会发展为新的学说、学派甚至是学科，科学史上这样的例子是不胜枚举的。在语言学上，应该说语言学发展历史也同样如此，一部语言学史就是语言学学术创新的历史，所以对于下面要讲的神经语言学来说，我的观点是神经语言学就是语言学的一种当代形态。我们先从历史回顾开始。

一　语言学发展历史

早期研究中，语文学大家都知道，它就是一个经学的附庸，没有自己的研究方法和研究目的，就是为阅读经典文献服务。在中国有十三经，读不懂时，必然会产生研究这些经典文献的著作，如《说文解字》《尔雅》《方言》《释名》，等等。西方也是，古印度的《吠陀经》，实际上在口传的时候就已经读不懂了，也就出现了口传的《波尼尼经》，今天大家都知道这是一部语言学著作。当读不懂文献时，必然就会产生研究文献的著作，即语言学著作。古希腊也是，《荷马史诗》产生一两个世纪之后，更多的版本问题出现了，也就形成了两个语文学派，贝尔加木斯学派和亚历山大利亚学派。古阿拉伯也是，《古兰经》是 7 世纪产生的，8 世纪就产生出很多阅读上的问题，所以就形成了像巴士拉学派、巴格达学派和库法学派这样一些语文学派。

到历史比较语言学那就不一样了，语言学有了自己的研究目的和研究方法——历史比较法，它的研究目的，就是语言的谱系与分类、语言的亲属关系。到了现代语言学，就是索绪尔阶段，语言学又有新的发展，"为语言而研究语言"，这是一句名言，当然这也被后人诟病，但是我觉得这个思想很伟大。因为在此之前，即便是历史比较语言学有其独立的研究目的和研究方法，但是还不是为语言而研究语言。历史比较语言学的诞生，我个人觉得与民族崛起以及与文艺复兴时期的人文主义思潮及其后的思想启蒙运动是有关系的，就是要强调我这个民族是和别的民族是平等的。所以我们看到历史比较语言学，早期的奠基人多数是日耳曼语族的。为什么？完全是偶然的吗？我觉得因为在那个时代，像罗曼语族比如法语是很高贵的语言，很典雅的，上层社会都要用的。像日耳曼语，他们要证明我们也不是野蛮的民族，特别是像北欧那些国家，所以他们就进行了很多历史语言学的研究，证明自己的语言和这些语言有关系，所以除了历史比较语言学宣称的研究目的之外，还有一些其他的研究目的。

但是索绪尔就不一样，他真的就是为语言而研究语言，他研究语言的结构、语言的本质。他为了研究语言，人为地把言语活动分成语言和言语，共时和历时等，这些观点也一直被后来许多学者所批评。但实际上，我认为索绪尔的伟大贡献就在于此，他实际上把语言学的研究引入"实验室"。所谓纯的语言是不存在的，但是你要真的做研究必须从这个假设开始。就像我们研究人，活着的人没有办法研究，但是我们可以研究它的血液、骨骼、细胞等，这些研究并不是人的研究，但它是对人进行研究的基础。我们不能说人不是细胞，人是活的，怎么可以这样研究呢？但是，实际上我们还就得从这些研究开始，索绪尔就是这样。后来很多人说语言哪能把它分成语言和言语，或者历时和共时，语言是一个系统，不是凝固的，它是随社会发展而发展的。但只有这样，我们今天才能够去说"语言"，才能够去批判索绪尔，我们才能够清楚静止状态是相对的，这是一个系统。尽管对这个系统我们会有各种各样的看法，但是你在实验室里必须这样研究，然后再拿到社会上看。我觉得索绪尔的贡献就是把语言学引入"实验室"，也就是从此以后语言学进入了科学，所以后来描写主义语言学就是宣称它们都是科学研究。当然那时的科学研究还不够，各种学派，布拉格学派、哥本哈根学派、美国描写语言学派，都在往科学的路上走，越走越近。

但是到了乔姆斯基，他认为结构主义根本就不科学，实际上他们都想让语言学往科学的方向发展。乔姆斯基学过数学、哲学，他是在把语言学进一步推向科学的领域，所以他的表现方式都是用公式、用代数的方式。当然，实际上语言本身并不是这样，他进一步强化了语言的科学属性和科学的研究方法，所以乔姆斯基提出的转换生成语言学，就说原来的描写语言学对语言的行为进行描写，但不能描写穷尽，他就是要研究人为什么能说这些话，就是语言背后的语言能力，也就是存在于人脑中的语言知识系统，所谓的"普遍语法"。乔姆斯基转换生成语言学是研究普遍语法的，他的那些表面的表述，比如深层结构、表层结构转换，其目的就是为了研究人脑中的普遍语法。当然现在已经不提这个了，他的思想发展很快，但是最早他的这些观念让人们耳目一新，所以就形成了语言学革命。在 20 世纪 50 年代，那简直是摧枯拉朽，结构主义被他打得七零八落，当然现在又有很多新的学派产生，但是他的贡献确实是巨大的。我们大家都很熟悉乔姆斯基，他的文献引用率在全世界排前 10 名，而且是唯一一个活着的学者。跟他一起进入前十名的包括马克思、柏拉图等著名人物。所以作为一个语言学家能够走到这一步，确实也是语言学研究的光荣。

要研究语言能力，用乔姆斯基的纯理论的研究方法，就是转换生成的方法，能不能真的发现人脑中的普遍语法，即人类的普遍语言能力，这是令人担忧的。乔姆斯基自己很快就认识到这点，所以他也说，神经语言学出现之后，基本上就是语言学研究的核心问题，脑和语言研究的关系才真的涉及语言能力，没有任何原则性的方法可以将语言学与神经语言学区别开来，有关语言研究的部分是人类生物学的一部分，语言学从本质来说就是生物语言学。这是乔姆斯基在 2000 年前后开始有的认识。他的这种转换生成语言学现在就变成为神经语言学，变成脑科学，语言学就是脑研究的一部分，是生物语言学的一部分。当然我们可以看到，这个观点实际上就是强调了语言的自然属性那一面，语言当然还有社会属性。

有的学者着重研究它的社会属性，有的着重研究它的自然属性。自然属性就是它是人的一部分，它是生物的一部分，人为什么能说话，说话的机制是什么，很自然就是它有自然科学的属性。人说的这样的话在当今时代又被另一个领域——信息科学、计算机科学领域密切关注，因为他们要让机器说话，而机器说话既是人文科学，也是自然科学，是两者的结合，但特别着重于自然科学。计算语言学实际上只是人工智能当中的一部分，不仅要对语言进行信息处理，而且还要在工程上应用，互联网、物联网、智能机器人等都要用到语言，所以语言是有自然属性这一面的，语言学也应该在自然科学领域里有自己的立足之地。

这样一来，我们就觉得语言学跟我们学的那些原有的语言学确实在形态上发生了很大变化。所以我们讲的语言学是从早期的语文学为解经服务，到历史比较语言学构建世界语言的谱系图，再到现代语言学探究人类共同的语言能力，成为一门领先的科学，然后再到神经语言学，成为认知科学皇冠上的一颗明珠。它为什么能成为认知科学皇冠上的一颗明珠？认知科学是几大新兴科学、前沿科学中的重要一门，而认知科学中，所有的问题实际都集中在人脑。所谓认知，不管你是物也好，客观事件也好，精神与人也好，实际上最终主要是人脑，特别是人的语言认知，这是最根本的。思维等都是拿语言作为一个载体，没有语言这个载体，所有的研究都没有办法进行，所以是认知科学皇冠上的一颗明珠，这是我对神经语言学作为语言学当代形态的认识。

二　神经语言学的兴起也是神经科学发展的结果

实际上神经语言学的兴起，也不仅仅是从语言学一条线上走过来的，在神经科学发展过程中，也必然要走上神经语言学的过程。对于脑神经研究，对于整个神经系统的研究，我们大家都很清楚，从很久以前，人们就对语言为什么会产生，它跟人到底有什么关系，有了自己的思考。当然过去存在一些错误的认识，如颅相说等。1861 年，法国的神经学家布罗卡，他是医生，有病人到他那儿看病，不能说话，那个病人去世之后通过尸解发现，病人大脑左半球的第三个前额沟回有问题，结果他就恍然大悟，大脑的这个位置有问题和语言生成有关，他就不能说话。所以 1865 年他发表了《口语能力的定位》，引起神经学界注意到这样一个事实，就是失语症是由大脑左半球的损伤造成的。现在我们大家都知道斯佩里研究裂脑人，认识到人的大脑分为左右两半球，两半球的作用是不一样的，这个成果获了诺贝尔奖。实际上这个认识在 1861 年就被发现了，不过那时候没有诺贝尔奖，当然他的研究手段也比较原始，只是尸解。

斯佩里是通过对一个裂脑人的研究，发现左右脑功能不一样，但是又有脑桥进行沟通等。现在我们大家都知道，人的语言是由左脑管的，视知觉空间是右脑管的，但是这两个脑之间又有代偿作用，假如你左脑真的有问题，也不是说语言就绝对不行了，右脑会慢慢产生一些代偿作用。既然右脑是管视知觉空间的，管音律等这些东西，左脑是管理性的，就是语言等这些东西，所以通常我们提出一个开发右脑的理念，一般小学生天天做作业，天天都是用左脑，要有时间让他发展体育、发展音乐，这就是开发右脑。但是开发右脑也不是万能的，有的人不懂科学，只强调开发右脑的重要，实际左右脑平衡发展才是最重要的，所以以科学作为基础，有些问题就能解释得很清楚。

除了发现大脑的额叶与语言的生成有关系，实际上医学界还发现有一种病人，即失语症患者，他们不是不能说话，而是说的话虽然很连贯，但是好像回答的跟你问的问题没有直接关系，不知道他要说什么。1874年德国医生韦尼克发表了他的开创性文章《失语症症状的复杂性：关于神经基础的心理学研究》，标志着失语症学"联系主义"学派的建立。他发现这类病人颞叶这个脑区有问题，他就不能理解别人说话，这是感觉性失语，我们把韦尼克发现的脑区就叫韦尼克区。因此，在语言上一个是不能说话，另一个是听不懂，这关涉到语言最重要的两个方面：一个是生成，另一个是理解。如果这两个脑区有问题语言就有问题，所以神经语言学早期就是由神经科医生辛勤的劳动发现的。他们本来是治病的，但是这些人的兴趣特别广泛，他们对语言感兴趣，对他的病人在语言上的问题不断地探索，就发现了这些东西。

但是这还不叫神经语言学的研究，由真正的语言学家来关注这个问题，那才是神经语言学的研究，最早、最典型的，一个是雅柯布逊，另一个是鲁利亚。他们本人是语言学家，同时对当代科学也感兴趣。雅柯布逊大家都很了解，他是布拉格学派的一位主将，本来是俄国人，十月革命之后他不理解十月革命，觉得自己作为一个贵族会有问题，所以他跟特鲁别茨科伊就都跑到西方去了，这是布拉格学派的两位主将。但是特鲁别茨科伊后来在法西斯控制下的奥地利生活，没有逃到美国，所以很早就被迫害死了。雅柯布逊有幸来到美国，然后在麻省理工学院工作。可以说乔姆斯基就是由雅柯布逊介绍到麻省理工学院的，成就了麻省理工学院的世界语言学研究第一重镇的地位，所以雅柯布逊的眼光确实是很厉害。他在1941年写了《儿童语言、失语症和语言普遍现象》，发现了一些问题，第一次科学地把语言学和神经科学结合起来。

鲁利亚是苏联的神经科学家，也是一个语言学家，他利用"二战"时期的大量伤兵做研究，伤兵中存在各种各样的脑外伤，子弹打到大脑不同的地方，这就是一个天然的实验场。在正常情况下，把人脑这个地方破坏以后看看语言怎么样，那个地方破坏以后看看怎么样，这是违反人类道德的事情，是不允许的。但是在战场上这种脑外伤病人就太多了，子弹是不长眼的，这么多病人送到他医院里面去，他每天就是记录大脑不同部位有问题，语言表现各是什么，后来他写了一本《神经语言的基本问题》。他本来是一个神经科的大夫，但对语言学感兴趣，而且他的整个研究都是以索绪尔结构主义为基础的，大家都看过他的那本书，中译本就是鲁利亚的《神经语言学》，他就是用组合和聚合的观点来观察由外伤引起的语言上的变化的。

神经语言学的兴起和发展，通过这两位学者可以说确实慢慢成熟起来，真正进入成熟发展时期还是乔姆斯基语言学理论诞生之后。因为神经语言学进入成熟发展期要有两个条件，一个是理论要有新的突破，另一个是技术要有新的突破，在 20 世纪六七十年代之后条件就都满足了。因为乔姆斯基的转换生成语言学目的就是要研究普遍语法，就是研究人脑中的语言能力——人脑中的普遍语法，而不是我们所看到的语法。人脑中的普遍语法是原则，我们看到的各种各样的语法不过是加上了某种参数而已，就是人脑对语言是有一个普遍的东西，讲汉语的时候会有一些汉语的参数，讲英语的时候会有一些英语的参数，他这样来理解普遍语法和各种我们所能看到的具体语法、个别语法之间的关系。有了这个理论，大家自然地不仅要研究汉语、英语，还要研究人的语言，不管你是汉族人、英国人，还是什么人，你作为人还有共同的东西是什么需要探讨！这个问题就提到议事日程上来了，所以这个理论就呼唤要研究语言和脑的关系。另外一个是神经科学有了长足的发展，在这个时候我们会有新的技术诞生。在这之前我们研究语言和脑的关系是没有办法研究的，因为我们不能拿人做实验，可以说为什么语言的脑机制研究是世界科学研究的前沿，不仅是人文社会科学的，而且是科技领域的前沿？因为我们不管研究情绪、记忆，还是感知、运动、知觉等，我们都可以拿动物做实验。所以生物学很多都是拿动物做实验，唯独在研究语言的时候不能拿动物做实验，因为只有人类有语言，所以它的难度是最大的。我们过去的研究就是靠失语症，就是靠脑外伤或者脑内伤引起的脑部病变，脑子不管哪个地方有问题，都会引起语言的问题，过去靠这个东西，所以过去的失语症学研究和神经语言学基本上是一个同义词，神经语言学就是讲失语症研究。但是到了 20 世纪八九十年代，科学技术发生了突飞猛进的变化，这使我们可以对正常人进行脑内语言机制的研究了，我们可以研究大脑各种活动变化，也就是大脑由一个黑匣子变成一个灰匣子。过去我们研究脑只能靠行为的研究，或者用失语症研究，就是我输入然后看输出端，但不知道脑子当中是什么样。但是现在我们有了这个技术，一个是核磁共振成像技术，另一个是脑电技术。

脑电（ERP）这个技术，就是在你讲话的时候，你脑内神经回路会引起一定的电位变化，ERP 收集并放大这些脑电信号，它的灵敏度是很高的，时间精度达千分之一秒，也就是一秒钟分成一千次，千分之一秒你的脑子发生变化的时候，这个脑电都记录得很清楚，通俗地说就是当你想说话没有说的时候，实际上从脑电已经知道你要说什么，因为脑电很快，而你说话是有一个时间的。所以这个技术一发现就好了，我们在阅读一个东西的时候，你读不同的东西脑电不一样，我们建立了一个"常模"的关系，就可以分析名词会怎么样，动词会怎么样，歧义句会怎么样，确立了相关的脑电指标，我们就可以做研究了。比如说库塔斯发现，在 400 毫秒时段出现负波的时候，那就是语义的整合上有问题，当你读这个句子觉得语义上不通的时候，在 400 毫秒的时候会出现一个负波；如果发现句法上有问题，就会在 600 毫秒的时候出现一个正波。N400、P600，这些都是基本的脑电成分，当然还有很多这样的指标。所以当你做阅读实验的时候，你自己还没有觉得，我们实验人员已经知道你脑子对这个语言进行加工了，并且知道你加工遇到的是语义问题还是语法问题，所以这是很巨大的发现。

另外还有一个脑成像技术，就是核磁共振成像（fMRI）。人们说话和阅读时是要消耗脑细胞血氧的，核磁共振成像技术就是将大脑不同部位血氧浓度变化用在脑结构图上成像的方式实时反映出来，其精度是毫米级的，就是大脑当中很微小的部分的所有病变都能够看得很清楚。医院里面的脑成像和我们科学研究用的还有不同，科学研究用的同款式的脑成像仪器在精度方面和稳定性方面要求更高。那么我们利用脑成像技术可以做什么呢？当被试者在看一些名词或者动词时，哪一个脑区激活是我们通过成像技术可以观察到的？这样我们也可以建立一个关系，就是我们发现句法上是哪几个脑区激活，语义上有哪几个脑区激活，等等。这样我们就知道了大脑哪个部分是处理句法的，哪个部分是处理语音的，哪个部分是处理语义的，这样我们研究脑的语言机能的技术手段就进步了。当然这些是当代的科学技术，它的成本是很高的，它不是原有的用一支笔、用一个脑子，我们就可以思考，就可以做研究。包括我们做语言调查，找到被调查人，然后靠我们敏锐的听力，你这个音是什么音，那个音是什么音。但是神经语言学不一样，它是要投入很大的成本的，但是它获得的成果也是过去前所未有的，所以神经语言学在这个时候应该是非常成熟的。

此外，这一时期还涌现出了一些神经语言学的专业期刊，这也是神经语言学成熟的标志。像 *Journal of Neurolinguistics*（《神经语言学杂志》）、*Brain and Language*（《脑与语言》）这样的杂志，这些专业期刊的出现说明这个学科真的成熟了，因为有期刊，说明有很多的专业队伍在研究，也有很多的成果诞生。

所以，当语言学研究由以描写语言行为为目的，发展到以解释人类语言能力为目的的时候，语言学就走向了认知科学的道路，语言神经机制和脑功能就成为其重要的研究领域，神经语言学也就应运而生。那么我们讲的神经语言学指的是什么呢？它是指现代语言学的一门新兴的交叉学科，是集语言学、神经科学、心理学和认知科学等为一体，研究语言习得、生成和理解的神经机制，研究大脑如何产生、接收、存储和提取语言信息，从而探讨大脑和语言的关系。我们可以看到语言研究从描写语言行为到解释语言能力，再到探讨语言脑机制，从而形成神经语言学，语言学的历史发展一步一步地走到了今天，所以神经语言学可以说是语言学的一种当代形式。

当然我在讲这些的时候，不是说语文学没有用了，历史比较语言学没有用了，描写语言学没有用了，而是说语言学的当代的形态是这个样的，但是原有的那些学科当然都还继续存在。当我们读不懂文献的时候，我们还要用到语文学的方法，当我们进行语言谱系分类的时候，研究少数民族语言的时候，去调查一种语言的时候，历史比较法、描写方法还是我们需要用的，这些学科都是存在的。但是我是这样想的，学术确实有前沿和非前沿之分，不能因为我是搞传统的就认为传统永远是主流的，当然传统很重要，但是我也认为学术研究是有前沿的。从语言学角度来讲，当代形态的理论语言学与神经语言学研究目的已经合二为一了，从理论语言学一步步发展，到乔姆斯基，然后再到神经语言学，他们的目的都是一样的。从实验科学的角度看，围绕语言研究所形成的各种理论都还只是一种假设，这些理论与人脑当中语言的实际情况是否相符，是需要神经科学和脑科学来验证的。但实验设计和验证是不能脱离理论本身的，甚至是在理论指导下进行的，就是说语言理论既是神经语言学的基础，又对其提供指导，当然理论也由此实现了螺旋式的上升。所以整体看来，应该把理论语言学本身看作神经语言学的组成部分，因为神经语言学目的就是要解决理论要解决的问题，只是它的手段更先进，所以在某种程度上可以说神经语言学是理论语言学的高级形态，至少可以说是当代形态，因为它包含理论语言学的内容，又有脑科学实验的内容。当然，这个观点也不一定正确。

三 神经语言学对当代学术创新的贡献

（一）语言学的领先性

语言学的领先性，我们搞语言学的都很清楚，像格林伯格老早就提出这个观点，20世纪80年代初中国语言学会成立大会上，吕先生好像也讲语言学是门领先的科学，还有好几个先生都讨论过这个议题，其实这个议题是国外先提出来的。像1980年去世的皮亚杰，他是一个心理学家，大家都知道，是发生认识论的开创者，他就非常诚恳地说："语言学无论就其结果而言，还是就其任务的确切性而言，都是人文科学中最先进，而且对其它各种学科有重大作用的带头学科。"一个非语言学专业的人对语言学说出这样的话，可见他们是真正地承认、认可语言学是领先科学的。它的领先性实际上从索绪尔开始就已经明确地表现出来了，他提出了结构主义语言学，随之就形成了一个结构主义的哲学流派，而且成为许多其他学科仿效的对象。

乔姆斯基在提出转换生成语言学之后，也被认为是计算机领域的一个奠基人。计算机领域的学者不一定知道他对语言学的贡献是什么，但他们知道乔姆斯基语言形式化理论对计算机程序语言文法和语言信息处理的基础作用，计算机科学以此为基础才发展到今天。乔姆斯基革命对哲学、心理学、计算机科学、神经科学、生物学，以至当代认知科学的形成都有重大的推动作用。1984年诺贝尔生理医学奖得主、现代免疫学之父尼尔斯用乔姆斯基的生成模式解释人类免疫系统，他在斯德哥尔摩的获奖演讲就题名为《免疫系统的生成语法》。所以有人说乔姆斯基什么都不行，或者说他这个理论成天变、有问题，但是他提出的思想促进了当代各种科学的发展。语言学的领先性，可以看作语言学与其他各种学科的引领关系，不仅与社会科学，而且也与各种自然科学结合，形成新兴的学科，说明它确实有活力，确实有领先性，如社会语言学、法律语言学、计算语言学、神经语言学、工程语言学等，所以语言学确实有它的领先性。

神经语言学产生之后，神经语言学的领先性就更加清楚了。我们刚开始已经论证了，在语言学领域中，神经语言学和大脑密切相关，它成为语言学中最领先的。语言学本身就是人文社会科学中领先的科学，神经语言学又是语言学中的领先科学，最重要的是它和大脑相关。我们知道 21 世纪是脑的世纪。在 20 世纪，在 1990 年前后，世界各国都已经注意到脑的重要性，像美国提出了"脑的十年计划"，欧共体也提出了"欧洲脑的十年计划"，日本提出了"脑科学时代计划"，中国"攀登计划"里面也提到脑科学研究，并成为国际脑研究组织的成员国。到了 21 世纪，脑的问题更加成为科学前沿。在 20 世纪的时候，美国推动一个项目——人类基因组计划，这个计划推动以后，对全世界带来的产业革命和科学革命都是意义深远的。美国投入 38 亿美元，带来了 7960 亿美元的回报，各种基因的研究技术现在成为大的产业，也确实发现了一些科学问题。当时中国政府对基因认识不够深刻，中科院几个人从海外回来想做基因的研究，拿不到经费，中国科学院也不是很支持，结果这帮人就从中国科学院退出体制，在深圳搞了一个华大基因，现在华大基因是中国基因研究的重镇，全世界的基因测序，中国有一部分是由华大基因承担的。华大基因的工作得到了国际的认可，也推动了中国人才培养等很多方面的革命。

在今天又有一个新的机遇，就是"人脑活动绘图计划"，这是今年奥巴马提出的，奥巴马在第二个任期的时候，他说下一个时代，美国科学集中力量做什么？最后他选定叫"人脑活动绘图计划"，这是在 2012 年的时候，一批学者在《神经元》杂志上发文章讲，基因还不能解决所有问题，下一阶段基因和脑的研究必须结合起来才可以，所以提出了"人脑活动绘图计划"。现在美国拟就此计划投入 30 亿美元，据说可以带来上万亿美元的产业和收益，比基因组更加宏大，成果也更加激动人心。欧盟几乎在同时提出了"人脑工程计划"，投入 10 亿欧元。"人脑活动绘图计划"和"人脑工程计划"都是研究人脑和认知关系的，它对人类的健康，对于人类生活都会提供很大的帮助。但是美国和欧洲这两个计划侧重不同，美国主要还是一个理论的研究，但是欧洲是把这个理论变成工程，一个侧重于科学的发展，另一个侧重于技术的进步。在 2013 年这个活动开始的过程中，中国政府还没有迅速、敏捷地发现这个问题，当然很多科学家或者学者会自动跟踪国际学术前沿。我们很希望中国能提出一个引起全世界关注和效仿的课题，但是目前不管是科学家还是政府都尚未达到这个水准，或者虽然达到这个水准，但我们科学决策的过程不是先由学者提出，然后政府采纳，而是先由政府提出，或政府的智囊通过政府提出，政府正式公布后，由一般的学者领会，这个路径跟真正的科学研究路径有点不一样，所以我们现在总还是慢一拍。但是我相信，科学体制改革，包括经济政治体制的改革会促进我们科学研究的发展。

神经语言学的领先性，就是因为脑的高级功能中语言是最难的。我已经阐释过，不管是意识、记忆、学习等都可以拿动物做实验，但是到了语言，就只能用人脑来研究，而人脑有各种伦理障碍是不能随便研究的。所以神经语言学的研究难度很大，也最为前沿，已经成为语言学中的领先科学，当然它也是人文科学、社会科学和自然科学当中的领先科学，所以语言学刊物也发生了一些变化。过去世界顶级的语言学刊物就是美国语言学会办的 *Language*。最近我们调查，它的排名已经发生变化了，这个老牌的语言理论方面的杂志已经降为世界第四，《脑和语言》排到了第一，语言与记忆、听觉，特别是和脑相关的刊物都排到了前面。从全世界语言学杂志排名的变化我们也可以看到当代学术发生了深刻的变化，这些都证明了神经语言学的领先性。

（二）神经语言学是当代学术研究的前沿

1. 神经语言学符合当代前沿科学和学术的形态特征

当代科学是向着宏观、交叉和复杂的综合集成和整体化方向发展的，神经语言学和这个方向的发展是一致的。神经语言学的研究必须是集成的、综合的，绝对不是一个单纯的理论语言学，或者某一个认知科学、心理科学、神经科学、生命科学就可以解决的，它必须是合成的，必须协同这些领域一起来进行研究，所以它的难度很大，所以它的成果可信度比较高，成果也会得到人们的关注，因为得来不容易。

实际上你在国际上发文章，有时候即便没有任何特别大的理论意义，但是你的工程量巨大，很高级的杂志也给你发，因为这是一个劳动，因为工作量在这儿，这个工作是大科学工程。神经语言学就符合这个特点，因为它要综合很多东西，同时用一些先进的手段。大科学时代国际上有一个统计，就是一篇文章有 300 人以上作者署名的情况，中国是很少的，但是在世界上其他的国家就很多，文章一署名就是上千人，或者几百人，像欧洲发现上帝粒子的那件事，全球 85 个国家中的多个大学与研究机构参与欧洲核子研究中心的大型强子对撞机计划，超过 8000 位物理学家合作研究这个项目，著名的 *Phys. Lett. B* 在发表成果时署名 3000 人，在 22 页的论文中，从标题到参考文献只占了 10 页，其他 12 页用于书写几千位作者和他们的单位，那没有办法。神经语言学发表的文章在国际上也有十几或几十个单位、数十个人的，当然也有一两个人的情况，但是常态就是几十个人一起发表。

神经语言学当代的前沿性还有一个就是它的研究方法，既包含传统理论语言学的思辨方法，也最大限度地使用当代最新的科技手段，包括行为测查、失语症研究，更包括新近出现的神经影像学、神经电生理学技术等，这些无创伤的神经科学技术可以满足对脑损伤患者和正常人的大脑语言功能的研究。我们过去用患失语症的人来研究神经语言学，确实可以有一些发现，包括从布罗卡、韦尼克到鲁利亚，他们都是用外伤或内伤造成的脑损伤的病人来研究语言学的，但是正常人怎么样他们没有办法研究。现在我们发明了机器之后，可以研究正常人的脑的语言机制，并且发现原来用失语症得出的一些结论并不一定正确。比如我们过去说布罗卡区是管说话的，现在我们用核磁做的研究发现，在说话的时候，布罗卡区其实并不是唯一被激活的地方。所以当我们的研究手段改变了以后，研究结论就发生了变化，原来认为简直是颠扑不破的真理，当你的技术手段改变了以后，你观察问题的方法不一样了，你就会发现新的问题，科学就是这样进步的。

神经语言学的研究目标不仅体现了语言学发展和脑科学发展的内在动力，而且对深化脑和认知科学研究意义重大，可以直接造福于人类。比如早期我们通过脑区病变了解了失语症病人语言损伤的状况，反过来，我们现在可以通过失语症病人语言状况去分析和初步确定大脑哪些部位发生了病变，再通过仪器确诊。了解了脑子哪个地方有问题，通过手术一下子就可以解决了，或者在做手术的时候，避免触动对语言功能有影响的脑区。你这个手术刀一刀下去，本来给他切除一个肿瘤的，可是过去都比较粗糙，不考虑和语言的关系，只要把病治好就可以，现在科学家或者医生就很懂这一点，我这一刀下去之后，不仅要把肿瘤给切掉，而且不要切到或者触到语言区，使病人手术之后还能够恢复到健康的、正常人的生活，而不是病好了却不会说话了。另外就是有一些脑伤病人的语言康复问题，这都是失语症学和神经语言学要研究的，因为语言学家介入之后，比医院里的康复科要更好。这个语言康复的诊疗师，他不仅会医学，而且还学过语言学，所以像西方很多社会保健福利工作是深入各个层面的。中国也开始注意到了，国务院刚发布的《国务院关于促进健康服务业发展的若干意见》里说，医疗健康服务，不仅是医院，第三方也可以开展这个服务，就是可以有各种语言诊疗师、康复师，不只是由医院来做，可以让社会第三方来做的，可以让高校做。这确实可以造福于人类，包括儿童语言障碍，包括阅读障碍等这些研究。

2. 神经语言学的研究成果切实推动、深化和引领了当代科学的研究

神经语言学的研究成果可以验证和修正理论语言学的假设。这个比较典型，我们在 1994 年前后开始做神经语言学研究，那时候只是用失语症病人，我们通过失语症病人的研究分析发现，汉语皮质下失语症患者的主动句和被动句的理解生成状况与乔姆斯基讲的转换生成语法，就是被动句是由主动句从深层向表层转换是不一样的。我们知道汉语一般的主动宾这样的句子被认为是一个深层结构，同一个主动宾也可以用把字句、被字句来表示，那就被认为是由转换生成的。核心句在早期生成语法当中是一个重要概念，基础句、核心句，然后再经过层层转换，经过一定的转换手段到了表层。但是我们后来发现这样的病人对把字句、被字句和这些所谓基础句的理解机制是一样的，如果把字话、被字句是由基础句转换来的话，基础句理解应该很快，把字句、被字句的理解相应地应该慢一些——从行为学研究来讲，但是后来我们发现不是这样的。我们就大胆地推想，主动句法结构和被动句法结构在大脑存取中并不体现为深层结构和表层结构的转换关系，而是表现出一种相对独立而又互相联系的平行式储取机制，即这样的句子并不是从深层结构到表层结构转换来的，也就是说深层结构和表层结构这样一个理论假设在人脑中不是真的，这对生成语法的框架提出了一个否定。这篇文章发表在 1997 年的《中国语文》上，这也是《中国语文》第一次发神经语言学研究性的文章。巧合的是，乔姆斯基也改变了他的观点，20 世纪 90 年代也正是乔姆斯基思考这个问题的时候，后来乔姆斯基果断地说转换生成语言学以后不再提从深层到表层的转换，提出基于转换思想的理论是错误的，取消了深层结构和表层结构及其转换的框架。后来我们请乔姆斯基做什么事他都很支持，包括我们 2012 年《语言科学》创刊，请他赐稿，他就把一篇从未发表过的文章发过来了，《语言科学》创刊的第一期第一篇就是乔姆斯基的文章。然后我们创刊 10 周年的时候请乔姆斯基过来，他很想来，最后实在没有时间，他主动说我给你发一个视频，对你们的创刊 10 周年表示祝贺。他确实觉得我们做的工作很有意思，他关注到了。也就是说我们做的神经语言学的工作，确实是可以推动、深化、引领这个语言科学的研究的。

这不仅表现在人文科学，在自然科学方面也是这样。比如脑神经结构既然是遗传决定的，那么有些先天患有语言障碍的人是否真的有遗传机理呢？2001 年，英国科学家 Lai 等人首次发现 FOXP2 基因突变会导致语言障碍，这使得基因在语言认知中的作用开始受到学术界的关注。此后的一系列研究都表明 FOXP2 是影响人类语言获得的基因，发展性阅读障碍和言语声音障碍可能都是以 FOXP2 基因为基础的。充分说明神经语言学的研究成果揭示了脑与语言的关系，不断满足并启发人类探索未知的好奇心，推动并引领神经语言学学科及相关学科持续不断地向科学前沿迈进。

另外，神经语言学的研究不仅推动语言学和科技的发展，而且对人类思想和文化范式的研究也有很大的影响。雅柯布逊 1941 那篇文章是从音位学入手研究儿童语言习得和语言病理的，他发现在儿童语言中最先习得的音素，是失语症患者最后丧失的，儿童期最后习得的音素，是失语症患者最先丧失的。由此他认为语言音素系统的层级关系与语言的获得和缺损是有密切联系的，先获得的具有普遍性，后获得的具有稀少性。雅柯布逊的这个观点，或者说他发现的这条规律，后来在神经心理学乃至人类行为学研究当中也得到证实，被称为顺行遗忘，也就是我们先记忆的东西后消失，后记忆的东西先消失。所以人到老的时候，很多老同志会说起我当年什么什么的，都记得很清楚，可是他刚刚拿的药品放哪儿却想不起来了，到处找药，确实是会出现这种情况。

此外，过去人类思想史上出现的很多理论，包括美国早期的语言相对论的观点，那时候提出来大家都觉得很好很新颖，后来被批得一塌糊涂，认为是不可能的，无法得到科学论证，神经语言学兴起之后，就有了复古思潮的研究倾向，现在用神经语言学的研究方法来看语言对人脑到底有没有影响，语言与行为、精神等的互动关系等。只要抓住这些古老的语言学的假说，用现代技术手段去做，很容易在国际顶尖杂志发表，因为这是人类文化遗产，却是一个有疑问的东西，所以神经语言学的研究对人类的思想和文化范式研究也会产生影响。

3. 神经语言学改变当代科学的格局

神经语言学以其前沿性吸引了不同学派的语言学生力军和众多学科顶级科学家的参与，在人力资源和学术资源的分配上，彻底改变了原有的格局。可以从几个角度来看。首先，语言学学术刊物涌现了大量与语言神经机制、语言认知科学相关并且有深远影响的杂志，比如《脑和语言》《神经语言学杂志》等，许多理论语言学的刊物也刊载了很多语言神经机制方面的研究文章，一方面创造了一些新的刊物来满足神经语言学研究，另一方面老牌的理论语言学杂志也腾出大量的篇幅给神经语言学研究。这说明了什么呢？说明神经语言学作为学术研究的前沿在语言学界活跃的状态和地位，以及在背后所体现出来的大量的人力、财力、物力向神经语言学积聚的事实。

其次，我们说神经语言学改变当代科学研究的格局还要从国际综合性自然科学杂志，甚至是专门性的神经科学和脑科学的杂志也刊登了大量与语言认知神经科学相关的文章。比如国际脑科学顶尖杂志 Brain（《脑》）过去就是研究脑的细胞、结构、功能，现在也刊登语言神经机制的文章，因为这是前沿的研究内容。另外像《自然》和《科学》，完全是综合性杂志，而且是自然科学的顶尖杂志，也刊登了大量神经语言学方面的文章。这个很有意思，大家可以看一下统计数据。2001～2010 年，《科学》发表了 90 篇左右语言神经机制的文章，《自然》发表了 50 篇左右。下面是我们随机选出的十篇，请看 PPT 列出的这十篇文章的标题和作者。

1. 《阅读障碍：两种理论的探讨》（Dyslexia：Talk of two theories），《自然》，2001 年，第 412 卷，总第 6845 期，第 393～395 页。

法朗克·拉米斯（Franck Ramus），法国巴黎高等师范学院认知研究中心认知科学和心理语言学实验室，教授，研究方向是儿童语言习得及儿童语言障碍（包括发展性阅读障碍、特异性语言障碍和自闭症）。

2. 《严重言语与语言障碍中的叉头框内的一个基因突变》（A fork-head-domain gene is mutated in a severe speech and language disorder），《自然》，2001 年，第 413 卷，总第 6855 期，第 519～523 页。

塞西莉亚·莱（Cecilia S. L. Lai），牛津大学维康信托基金人类遗传中心，教授，研究领域为神经基因学、自闭症、特定语言障碍、阅读障碍及一些遗传性疾病。

西蒙·费舍尔（Simon E. Fisher），牛津大学维康信托基金人类遗传中心。

简·赫斯（Jane A. Hurst），英国牛津市拉德克利夫医院临床遗传学系。

维加·哈德姆（Faraneh Vargha-Khadem），伦敦儿童健康研究所、发展认知神经科学组，发展认知神经科学教授。

安东尼·莫诺克（Anthony P. Monaco），牛津大学维康信托基金人类遗传中心，人类遗传学教授。

3. 《同一大脑如何处理两种语言：来自脑电和 fMRI 的证据》（Brain potential and functional MRI evidence for how to handle two languages with one brain），《自然》，2002 年，第 415 卷，总第 6875 期，第 1026～1029 页。

安东尼·罗德里格斯·福内尔斯（Antoni Rodriguez-Fornells），西班牙巴塞罗那大学认知和大脑可塑性研究中心，心理学博士，研究兴趣为语言和脑的可塑性。

迈克尔·鹿特（Michael Rotte），德国马格德堡大学高级成像研究员。

汉斯－乔瓦·海因策（Hans-Jochen Heinze）：德国亥姆霍兹神经退行性变疾病中心主任，医学博士。

汤美·努塞尔（T mme N sselt），德国马格德堡大学教授。

托马斯·蒙特（Thomas F. Münte），德国马格德堡大学神经心理学系教授。

4. 《语言的基因》（The language of genes），《自然》，2002 年，第 420 卷，总第 6912 期，第 211～217 页。

大卫·瑟尔斯（David B. Searls），美国宾夕法尼亚大学医学院遗传学系副教授，研究领域为计算与系统生物学，大分子语言学等。

5.《普遍语法的演变》（Evolution of Universal Grammar），《科学》，2001 年，第 291 卷，总第 5501 期，第 114～118 页。

马丁·诺瓦克（Martin A. Nowak），哈佛大学生物学教授、数学教授，进化动力学研究中心主任，研究兴趣之一为语言进化。

纳塔利娅·科马罗娃（Natalia L. Komarova），加州大学欧文校区物理科学院，教授。

帕尔塔（Partha Niyogi），芝加哥大学计算科学与统计系，教授。

6.《语言能力：是什么、谁拥有、如何进化?》（The Faculty of Language：What Is It，Who Has It，and How Did It Evolve?），《科学》，2002 年，第 298 卷，总第 5598 期，第 1569～1579 页。

马克·豪泽（Marc D. Hauser），美国哈佛大学心理学教授，认知进化实验室主任，主要研究人脑的进化与发展。

诺姆·乔姆斯基（Noam Chomsky），麻省理工学院，语言学和哲学系教授。

蒂卡姆西·费奇（W. Tecumseh Fitch），奥地利维也纳大学认知生物学教授，美国安德鲁大学心理学院名誉教授。

7.《语言习得与人脑发展》（Language Acquisition and Brain Development）《科学》，2005 年，第 310 卷，总第 5749 期，第 815～819 页。

萨凯（Kuniyoshi L. Sakai），东京大学人文与科学研究所基础科学系，副教授，研究语言、脑与认知。

8.《双语脑中的语言控制》（Language Control in the Bilingual Brain），《科学》，2006 年，第 312 卷，总第 5779 期，第 1537～1540 页。

科瑞尼恩（J. Crinion），英国伦敦大学学院认知神经科学学院博士，研究方向为失语症和言语康复，使用的神经技术包括功能性磁共振成像技术和经颅磁刺激。

特纳（R. Turner），德国马普人类认知和脑科学研究中心主任，德国莱比锡大学荣誉教授。

格罗根（A. Grogan），英国伦敦大学学院威尔克姆神经科学成像中心。

花川（T. Hanakawa），日本京都大学人脑研究中心，博士，研究兴趣为电机控制、认知控制、非侵袭性、功能性神经大脑图谱。

诺培尼（U. Noppeney），德国马普生物控制论研究所研究小组主任，博士。

德夫林（J. T. Devlin），英国剑桥大学脑功能性磁共振中心，计算机博士，研究兴趣为语言加工与认知系统、动机系统、感觉系统的关系。

麻生（T. Aso），日本京都大学脑研究中心。

蒲山（S. Urayama），日本京都大学脑研究中心。

福山（H. Fukuyama），日本京都大学脑研究中心。

斯托克顿（K. Stockton），英国伦敦大学学院威尔克姆神经科学成像中心。

臼井（K. Usui），日本京都大学脑研究中心。

格林（D. W. Green），英国伦敦大学学院心理学系，博士。

卡西·普赖斯（Cathy J. Price），英国伦敦大学学院威尔克姆神经科学成像中心教授。

9. 《会说话的大脑》（The Speaking Brain），《科学》，2009 年，第 326 卷，总第 5951 期，第 372～373 页。

彼得·哈古尔特（Peter Hagoort），荷兰内梅亨大学认知神经成像中心主任（1999 年至今），马普心理语言学研究所所长（2006 年至今），教授。主要进行语言的认知研究。

威廉·莱维尔特（Willem J. M. Levelt），马普心理语言学研究所，教授。

10. 《布罗卡区词汇、语法和语音信息的序列加工》（Sequential Processing of Lexical, Grammatical, and Phonological Information Within Broca's Area），《科学》，2009 年，第 326 卷，总第 5951 期，第 445～449 页。

耐德·萨辛（Ned T. Sahin），哈佛大学心理学系博士后，加州大学圣地亚哥分校放射学系研究员，研究兴趣为大脑的语言功能。

史蒂芬·平克（Steven Pinker），哈佛大学心理学系教授，2003 年之前在 MIT 大脑和认知科学部任教，主要进行语言的认知研究。

悉尼·凯斯（Sydney S. Cash），马萨诸塞州综合医院神经科、哈佛大学医学院神经科助理教授。

多纳德·塞莫（Donald Schomer），波士顿贝丝雅各医疗中心神经科、哈佛大学医学院神经科助理教授，瑞士日内瓦大学神经科教授，从事语言病理学研究。

埃里克·哈尔格伦（Eric Halgren），加利福尼亚大学神经科学和精神病学教授，放射学教授，研究方向为认知神经生物学。

从上面所列的文章可以看出，现在一篇文章确实需要跨学科、跨组织、跨国界、跨学校，这样的文章确实能够领先、能够成为前沿，同时国际一流杂志也乐于接受这样的文章。我们从上面的作者队伍来看就可以知道，它有自然科学各个领域的顶尖学者，包括生物学家、神经科学家、临床医生、心理学家、认知科学家，甚至数学家、物理学家、化学家等。他们有一些人完全是以自然科学背景从事自然科学研究的，但是从高端切入，加入语言学、语言认知科学队伍中来；有一些是具有语言学背景的，他本身就是语言学的博士和硕士，然后切入进来，从事与自然科学交叉的语言认知等跨学科研究的。现在有许多国际顶尖科学家加盟语言学的研究，这就使得语言学论文和著述的面貌以及品质发生了质的变化，也使语言学家构成发生了前所未有的变化，同时有关语言的研究前所未有地成了当代科学的前沿，改变了科学研究的内涵和外延，推动了语言学特别是神经语言学迅速成为当代科学研究中的核心部分，所以我们说神经语言学改变了当代科学的格局。

以上三点充分体现了神经语言学对语言学学术创新的贡献力，同时也体现了神经语言学对科学特别是生命科学和脑科学创新的贡献力和所占的份额，以及对其他人文和社会科学的引领作用。

四　神经语言学在中国的研究现状和对策

中国现在参与神经语言学研究的学者还比较少，涉及的研究机构也相对较少。研究成果我们这里有一个统计数据，大概在 21 世纪前十年，大陆学者在国内外各种专业杂志，包括国内的《语言科学》《语言文字应用》《心理学报》《心理科学》《外语教学与研究》，也包括国外的，像《脑与语言》《神经语言学杂志》，所发表的神经语言学的文章大概有 80 篇，还不敌

《科学》一个杂志在这十年中发表的神经语言学文章（90 多篇）。所以我们的研究成果确实相对较少，研究水平相对较低，发表的园地也较少。中国顶尖的综合性杂志，自然科学领域的如《中国科学》《科学通报》，人文社会科学领域的如《中国社会科学》，刊登的神经语言学成果更少。《中国社会科学》今年发表了我们一篇关于神经语言学的文章，去年王伟光院长到我们学校去看我们的实验室，给予了很高的评价，还给我们新成立的语言能力协同创新中心揭牌，《中国社会科学》杂志社也去宣传和组稿，后来我们就投了。我的意思就是说神经语言学的发表园地还是比较少的，跟国外是不可比的，国外不仅有专门的神经语言学方面杂志，各种各样的学术杂志都刊登神经语言学的文章，这是现状。

我们具体的研究水平也比较低，好像国内目前在国际上发的，包括语言学界，也包括神经科学界、心理学界，发的语言学方面影响因子最高的文章就是我们那篇在 *Brain* （《脑》）上发表的 "Developmental dyslexia in Chinese and English populations: dissociating the effect of dyslexia from language differences"（《汉语和英语的发展性阅读障碍：从不同的语言中分离出阅读障碍效应》），这篇文章近 40 页的英文稿，送到《脑》编辑部以后两个多月就收到了录用通知，转过来的匿名审稿人的意见是，"文章写作和构思出众，是本领域具有开创性的重要成果，作者应该为他们的成果而感到自豪"，然后一个字的意见都没有提，从文句到内容都没有动。

我们的这项研究有一个重要的发现。我们知道有一些小孩，他实际上很好的小孩，但是他的学习总不好，家长总说他笨，其实他别的智力方面都不差，就是在学习上有问题，学习问题主要是因为阅读有障碍，就是阅读水平一般比同年级低两个年级，所以老师、家长都认为这个小孩不行，其实他可能很聪明，在别的方面可能很优秀的。通俗地说他其实是这方面有病，得治。但是很多人过去不知道，这方面的研究引起全世界的关注。在此之前，在《自然》杂志上有一篇文章，讲到汉语和英语发展性阅读障碍的病人，说这两种阅读障碍在执行语言任务时激活脑区不同，似乎提示中国小孩和英国小孩阅读障碍有不同的神经基础，因此汉语与英语阅读障碍效应具有跨文化的差异性，似乎证明了萨丕尔－沃尔夫假设，就是说语言决定思维、文化什么的，当时看起来好像很有道理，所以《自然》很快就发表了。但是我们把文章仔细读了发现，好像不是这么回事，发现那篇文章用来比较的两个东西，中国的病人是他自己做的，然后他拿中国的病人跟别的杂志上发表的英国病人的报告进行比较，那这个就有问题了。我们重新设计实验，重新做。我们的实验是和英国伦敦大学学院合作同步进行的，花了 5 年的时间，最后我们发现，没有阅读障碍的正常小孩说英语和汉语，脑区激活是不同的，但是有病的，就是有阅读障碍的人，它是在同一个脑区激活。这说明什么呢？如果阅读障碍是一种疾病，它的表现形式应该是一样的，不能说中国人肺炎是肺上有问题，英国人肺炎就是肝上有问题，那就不是肺炎。只要是阅读障碍患者都是从一个脑区激活，那就说明病都是一样的，使用的代偿机制是一样的，正常的不同母语者才会有因母语不同而存在的各种各样的特点。这样一来，这种观点，包括设计、实验过程都要比较优化才行，所以文章发过去之后很快就发表了，这个文章的引用量很大，大概一年之内在国际一流杂志引用过二三十次。但是这样的文章在国内还很少见，而国际上好的研究机构每年会发表大量更高水平的文章。

　　总之，就是说目前我们研究的总体水平还不高，虽然我们做了一些工作，但是中国总体的研究水平还是不行。但是语言学过去的情况不是这样，可以说 20 世纪 50 年代以前，中国语言学是基本保持了与世界同步的水平。比如 20 世纪初，那时候所谓的跨学科的研究就是实验语音学，那时候中国很多学者都做这个东西，就是世界最流行什么，他们就会做什么，你看刘半农的《四声实验录》，王力的《博白方音实验录》，都是二几年、三几年完成的，那时候世界上所谓的跨学科的研究与自然科学结合的研究大概也就是实验语音学，但是中国学者那时候就开始做了，所以他们都是很顶尖、很时髦的。像赵元任，建立了亚洲最好的语音实验室，后来被贝尔实验室聘去做顾问，他用语图仪解决了浪纹计不能解决的问题，那时候中国语言学的研究水平确实跟国际水平都是齐平的，所以赵元任也可以被选为美国语言学会的会长。但是 1949 年之后，我们和世界主流语言学的联系缺少了，苏联模式进来了。而苏联模式实际上对苏联的影响时间并不长，因为斯大林关于马克思主义语言学的小册子在 50 年代流行，可是到赫鲁晓夫上台以后，就开始批判了，所以苏联的工程语言学发展很快，语义学、辞典学、结构主义、形式语言学等也都很发达。但是中国受到了影响，长期地把语言学局限在社会科学这个领域，不考虑它的自然属性，而其他先进的国家，都是综合考虑这个问题的。所以我们和主流语言学失去了联系。

50 年代的时候我们还可以用隐性的方法接受先进的理论，比如朱德熙先生的语法研究用了结构主义分布与替换的方法，到"文革"的时候，连这个也没有了，所以十年又过去了。等到改革开放之后，我们在顶层设计上是有缺陷的，就是中国的语言学有两个没有跟上：一个是形式语言学没有受到重视，另一个是神经语言学发展缓慢。形式语言学不是说它有多对、多重要，是说它作为一个语言学革命，是一个洗礼，在这个过程中不论你赞同还是不赞同，你用它作为参照，你的语言学水平就提高了，所以西方任何一个语言学系都会有句法学、音系学这样的课程，这样的课程就是生成语法推进的，这是一个基本训练，你不要讲生成语法对还是不对，不管你是搞功能的，还是搞形式的都要学这些东西，那么你观察问题的方法、思路、手段就不一样。中国的大学很少有开句法学、音系学课程的，暑期学院为什么受欢迎，就是因为它开这些课程。我们传统的中文专业语言学方面开训诂学、音韵学、文字学这些，还会开一些包括汉语语法、修辞、篇章等，但是真正的核心的句法学、音系学的东西还是很少有人去开、去弄。

神经语言学没有受到重视，总觉得这是一个莫名其妙的东西，实际上它对当代科学的研究是很重要的。前面已经讲了很多了。

为什么中国语言学会出现这种状况？原因有两条：一个是 20 世纪 30 年代语言学学术传承的断裂，另一个是中国大陆没有语言学系。先说后面一条。为什么我们的物理、化学的高等教育基本上跟国际水平是持平的，虽然没有诺贝尔级的奖，但是我们的工作基本上都是这样。但是学语言学的学生到美国跟美国语言学系的学生是不可同日而语的，因为它的课程体系不一样。像中国科技大学的物理系，就是把加州理工学院的物理系教材全部搬过来了，整个课程体系都是，我们没有语言学系，我们只有中文系或者是外语系，民族院校有民语系，就是没有语言学系；当然在西方国家也有自己语言学习与研究的系，比如美国有英语系，也有外国语言系，但是每个学校都还有语言学系，我们确实没有，这就是一个问题。因为中文系不能等同于语言学，外语系也不能等同于语言学，我们语言学的学术体系里还有理论语言学，包括结构主义语言学的各个方面和流派、生成语言学的各个方面和流派，功能的、类型学的等，还有与理论语言学交叉而形成的神经语言学、工程语言学、计算语言学、认知语言学等，这些中文系不愿意开，外语系也不愿意开，也开不了，但是在语言学系中这些课都是必定要开的。因此，中国大陆没有语言学系是一个问题。

再一个就是 20 世纪 30 年代语言学学术传承的断裂，我们没有走完结构主义语言学应该走完的道路，这个道路不是说一定是对的，但是不能越过这个过程，就像社会发展形态一样，资本主义这个形态也应该有，如果由半封建半封闭一下子到社会主义这个社会形态，那你就要补课，就是要搞中国特色社会主义，就是先要把这些资本主义生产要素该发展的发展足，然后才能进一步发展。实际上语言学也是这样，这个过程是重要的。所以，一个是结构主义还没有走完，结构主义没有走完，由结构主义的描写语言现象自然发展为解释语言能力的转换生成语言学就不可能发育成熟，所以我们基本上又错过了一个转换生成语言学阶段，这一点前面已经讲了。

那么，我们现在的对策是什么呢？

对策一，国家层面要加强规划。比如在江苏师范大学（原徐州师范大学），我们成立了语言科学学院，时任国家语委主任、教育部副部长郝平同志亲自去揭牌，他说徐州师范大学语言科学学院的成立是一件具有里程碑意义的大事，他知道语言学系或者语言学学院独立建制是一定要有的，我们当时愿意做这个尝试他很高兴。国家层面也要加强规划、投入大机器、大设备，不投入是不行的，人文社会科学也要进入"重装备"时代。

对策二，人才与团队建设，就是要进行跨学科人才团队建设，如果没有跨学科的人才团队建设，神经语言学还是做不起来的。

对策三，瞄准国际学术前沿，发挥后发优势。我们虽然是后发的，但是我们可以避免前面走过的弯路。现在神经语言学的研究实际有三个层面，一个是系统水平、一个是细胞水平、一个是分子水平。系统水平就是脑的组织结构，就是某一个脑区部位管什么；细胞水平就是脑区某一个部位是由细胞簇组成的，要研究细胞簇甚至每一个细胞是怎么工作的，是怎么和语言挂钩的，全世界都没有突破，搞不清楚，如果这个搞不清楚，只在系统水平层面，当然也有用，但毕竟还是不行；而脑细胞更深入的是分子层面，我们怎么把分子层面和语言挂钩？美国一些学者现在已经提出分子语言学，或大分子（蛋白质）语言学的概念，就是直接从分子层面与语言学结合，而不是神经语言学。因此，我讲中国的语言学家要为当代科学的迅速发展做好思想准备，我们应该做神经语言学，甚至去做细胞语言学、分子语言学。现在分子语言学变成最领先的，因为有一个突破，就是 FOXP2 的发现，就是这个基因的发现，一下子从分子这个层面和语言挂上钩了，这个领域你只要研究它，只要能入门去做，写出的文章就是顶尖的文章。

对策四，要勇于创新，摒弃浮躁。这个很重要，因为神经语言学当下基本上是一个热门科学，所以国内的很多高校都在做神经语言学，但是很多都沉不下心来，有些学者没有经过神经解剖学的训练，没有经过神经科学的训练，没有经过统计学的训练，没有经过影像学的训练，等于知道一点神经语言学这些事就买机器去做，整个的实验设计和目的不匹配，比比皆是。所以我们要摒弃浮躁和浮夸，杜绝学术不端甚至是学术造假，只要我们按照学术规律和学术规范去做，中国神经语言学的发展就会有坚实的基础。我有一个想法，实际上不只神经语言学，一切学问都处在变动中。从当年我们在失语症中发现的许多问题，到今天我们用很多现代科学技术手段去研究，发现有一些事情不是那么回事的时候，我们就认识到了，一切的科学发展都是在变动当中的，一切都没有定论，只要我们去做，我们就有可能出成果。所以我想中国语言学的同行，应该敢于创新，敢于探索这个可能存在的真理，这样我们才会有大的发展。我将之归结为三句话：一切都处在变动之中，一切尚无定论，一切皆有可能。当然我还要再次强调，神经语言学是前沿科学，不等于别的学科不重要，我现在自己也还同时做语法，做音韵学，只是这个前沿科学在当下是特别需要我们去关注的。我就向大家汇报我的这些想法，不一定正确，谢谢各位！

提问环节

问：杨老师的报告非常精彩，信息量非常大，对我们有很大的启发。我感触比较多的几个，一个学科的发展分前沿和非前沿，互相不是可替代的关系，所以我们做一些基础性的研究实际是与前沿科学有不同的分工和不同的贡献。杨老师本人也是做基础科学出身，现在仍然还在做，这一点对我们这种学科的发展阶段以及它的分布是一个很好的说法。我想问，刚才你提到了神经语言学和生成语言学，实际上它已经关注到语言有神经机制和基因机制。包括你刚才谈到的萨丕尔－沃尔夫假说，我们做民族语言学的，比较强调语言民族文化的差异，而您做的这套比较强调人类语言的共性。民族语言的差异有没有它的生理学的、神经学的基础？这个我不知道有没有这样的研究思路？

杨亦鸣：这个问题很好。实际上我说的，不同的理论决定不同的实验设计方案，假定我是生成语言学背景出身的，就会关注共性的问题，假定是从功能、类型的角度出发，就会关注不同的语言现象，我相信这两点都会存在。人首先作为人，他肯定会有一个共同的东西，但是不同的语言、不同的人种，种族或者民族，肯定会有各自不同的东西，只是哪个是更本质的，哪些是人作为人的本质的东西，哪些是人的外在特色的表现，我觉得这可能还是不一样的。

问：神经机制和基因机制应该是很稳定的吧？

杨亦鸣：应该是这样的，就结构来讲都是稳定的，但是结构的功能会有改变，就像我们研究语言成分一样，同样是这个结构，它的功能可能不一样，在不同语言的上下文意义可能不一样。大脑的结构一般都一样，如果结构不一样，就是发生病变了，那你就不是正常人。但是同样的结构，它的神经的回路可能不一样，你是这样的，他是那样的，这时候就会出现差异，包括民族的差异，文化的差异，这些学术界是有研究的，但是我没有做这个研究，所以不大清楚。相信这类文献会有很多，有一些人专门找不同的地方，但是他找"不同"是认可"同"是前提，如果没有"同"的前提就没有办法找"不同"了。所以您提的这个问题确实会有它的神经机制，这个神经机制是不同层面上的，本质上是回路上的，现在多数人都认为是神经回路可能不一样，但脑区的结构是一样的，但是它走的线路可能不一样。

问：就是结构差异不大？

杨亦鸣：结构差异不是太大，但是功能会有差异，然后功能差异往往是由神经回路决定的，回路实际就是一种机制，但不是结构。实验科学研究是这样的：知道就说知道，不知道就说不知道。所以自然科学家跟人文社会科学家不一样，他们经常说"Sorry, I don't know"，但是社会科学家不一样，他会解释，会想，想这个会怎么样，那个会怎么样。做实验研究的做派就是：这个我没有研究，我就不讲。我是介于两者之间，我又猜测了一下，按道理讲我没做过实验就说不知道就算了，他们是会这样回答你的。

问：昨天下午我们曾经讨论一个语言后天性的行为，人们有很大的差异，有的人学语言很有天分，很快就学会一种语言，有的人一辈子都学不好。后天性的差异，是人脑某一个机制的病变造成的，还是说是后天习得的各种环境干扰所造成的？我们现在要讨论的就是进行这个项目，可能这个问题是我们需要攻关的问题，您觉得研究前景如何？

杨亦鸣：孙老师您这就是科学前沿，为什么呢？这个研究很厉害，如果把这个问题解决了，人类很多问题就解决了。通俗地说，就是打一针就行了，你把这个东西研究透了，把它制成试剂，打一针就可以了。什么意思呢？就是人的脑部结构基本上是一样，但是有的人，脑的神经活跃程度不一样，比如这个脑区一共排列多少个脑细胞基本上都是一样，但是同样这么多脑细胞，他的活跃程度跟你的活跃程度不一样。比如他正巧在语言区很敏感很活跃，那么他学语言就很快。孙老师学语言就很快，您是苏州张家港人，但是您说话人家听不出来有南方口音。像昨天于老师，他是安徽人，他实际上是官话区，可他就en、eng不分。实际上脑子结构我认为都是一样的，遗传结构都一样，如果不一样就会发生人种变异。但是它每一个部分的活跃程度不一样，还有连接的速度也有可能不一样。比如有的人管语言的这块脑区的活跃程度很强，像赵元任，所谓的天才就是这样。但是有的人语言这块脑区不行，他可能在另一个地方很活跃，他动手能力、做机器的本领很强，他可能是一个工科的工程师，虽然在语言方面，他操着带本地方言口音的普通话，永远学不会标准音，但他们确实也是很机智的。如果把这个研究透了，就解决了怎样能够更好更快地学好语言的问题，比如我们调节他某个脑区的神经细胞活跃的程度，改造神经回路，用药物来治疗，那学习语言就很快了。前沿科学研究就是造福人类，并且在没事当中找事，这就都是比较前沿的东西，现在有很多人确实是这样研究的。

教育对天才是不管用的，有的天才你不用教他，他一听就会，确实有这样的，像爱因斯坦，20多岁就提出了狭义相对论，他也没有上过什么好大学，也没有做过博士后，他脑子就是能想这些东西，反过来有的人怎么教都教不会，这两头的人都不需要教，教育是管中间那部分人的。哪个老师说爱因斯坦是我培养出来的，哪个老师都没有敢这么讲的，讲爱因斯坦的人都没有说师承于谁。他就是在做专利事务所的时候，业余时间写几篇文章，发的杂志也不是什么顶级杂志，结果就改变了整个世界。我们现在之所以能够登月，宇宙飞船飞离太空，就是依靠他的相对论，超越了经典的牛顿力学他才能飞出太空。后来人们发现爱因斯坦的大脑的结构与常人基本上是一样的，但他的脑的褶皱很完美，现在用脑成像去研究，褶皱越复杂表面积就越大，就是比较聪明。

问：前天我看到一个消息，爱因斯坦的两个大脑有一个特点，就是左右脑极度靠近，所以他的速度回转比较快。

杨亦鸣：回路也是一个问题。有的人反应很慢，可能跟脑的神经回路慢也有关系，这不一定，我瞎猜的。但是我觉得这个问题就是科学前沿，就是要研究这些问题。另外我们是做民族语言研究的，其实我们很多研究如能够跟民族语言结合就会有很多的创新。我们最近做了一个研究，是有关语音的，我们有一个很重大的发现，也许我们不久后会发在比较好的杂志，现在美国和德国的一些科学院院士认为我们的这项成果是顶尖的成果，我们现在还没有发，还在继续研究。当时我们就想做一个汉语的和一个英语的，然后找一个中国少数民族语言来做。现在我们这个研究只是做了汉语和英语的，没有做少数民族的。因为觉得很难，语料设计我们也不会，我们不会这些语言，比如我们做汉语和英语，汉语我们可以自己做，英语我们可以请英国人把关。但是想要做一个民族语言的实验，却不知道语料怎么做，其实如果我们能够合作，就会产生新的东西。

主持人：民族发展论坛是我们所邀请顶级的专家来发表他们学术建树的这么一个讲台，所以我们希望各个学科的专家都到我们这里来，因为我们这研究所是一个综合性的研究所，特别是语言学有传统的优势，是一个基础学科。但是基础学科并不等于是一个落后学科，更不等于基础学科不能和最新的科学技术相结合。

我第二次听杨亦鸣教授的演讲，第一次他的讲座没有这么详细，但是也讲得挺好，当时是赵明鸣和民族语言编辑部他们邀请我去参加他们的会，所以第一次听的时候杨教授的演讲对我来说完全是一个新颖的报告，今天听得更有启发，对我们语言学发展的历史、语言学发展的前沿都有启发。一个多小时的时间可以掌握一条线，大家要真正了解就需要阅读大量的语言学大师的著作，掌握一些细节。

在这里我想多说一句，杨亦鸣教授讲的这些问题，其实不仅仅是对民族语言学有价值，对我们所的各个学科的发展，包括对我们搞科学研究来讲都有价值。我觉得最主要的是他分析的逻辑，也就是我们搞科学研究最主要的是方法，这个方法说来说去就是你怎么样把你的观点变成别人接受的事实和接受的结论。但是你的观点要让人家接受，必须用科学的方法推论、证明，所以神经语言学的证明是一种实验的方式，用科学的方式，用自然科学的方式，把结论和观念之间联系对应起来。医学是要治病的，刚才说的那个手术刀不能切掉语言的组织，否则那个组织就残废了。

现在科学研究也是这样，如果我们的观点不经过证实，那真正就是一些演绎性的东西，是一种空想的东西，是人文主义的东西，这些东西很重要，我们也不是完全无知。但是我们搞科学研究恰恰需要这种结构主义的、实证的、经过科学推论的结论。但是我们社会科学研究最大的麻烦在于我们不是实验室，语言还好一点，我们研究社会现象是非常宽泛、非常大，也没有办法控制一些变量，所以得出的结论就是大家一定要小心，我们的任何结论都很难说是科学的结论，只能抛出一些我们认为是接近事实的结论。也就是说，它把结论条件限制得越严格，你得出的结论越准确。我们研究的范围非常宏大，影响因素又很多，谁都不敢说我们得出的结论是特别准确和科学的。16世纪末写科学研究方法的时候，人们就把社会现象和社会现象之间进行关联，就是社会事实的证明，由这个社会事实绑定的一个社会事实，其实也需要用物理学实验的方法进行推论，才能推动各个学科的发展。

我们现在各个学科已经放到正面的是一些放之四海而皆准的结论，这些大而无当的结论放在哪里都准确，可能意义不大。我们的研究一定要深入，我觉得学科没有前沿不前沿之分，但是一个学科的水平是有前沿不前沿的区别的，所以我们不奔着前沿的水平去做就得不出前沿的结论。就像我们搞经济学，这个产业没有什么落后的产业和先进的产业，但是每个产业里面都有先进的技术、先进的产品，都有做得最好的。所以在这里，我们类比了语言学，我们每个学科都可以往最先进的水平、最先进的前沿发展，这样我们的学者才能走向学科领域里面的前沿，而不在于你这个学科是否前沿。但是如果我们所要是有这样的前沿学科，就像杨教授他们这样是一个前沿的学科，那我们所的学术地位、学术水平必然就上升了。前沿学科是什么？学者和研究水平是前沿的，才有这样的学科，才有我们研究所，才有我们国家科学的发展。所以对我感触最深的还是它的方法带给我的启发。而这些研究我觉得很多见解都是非常有价值的，而且这些都是验证出来的结论，对我们搞人文科学、社会科学的人来讲是非常有意义的。

刚才大家提了一些问题，其实都是一些非常重要的问题，和我们民族学、人类学关联非常密切，也就是我们研究的民族之间的关系、民族之间的文化差异和一些共性，没有共性只强调差异，就会把差异扩大化，所以共性是前提，在类型分析下，把每一个差异找出来，以供比较。这并不是把差异扩大化，反倒对我们搞研究是有好处的，因为不承认共性的前提下仅仅搞差异是不行的。

另外，杨教授谈到，他们做的英语和汉语的比较，我们民族所在民族语言这块具有先天的优势，所以杨教授到我们所的另一个目的是和我们签署2014年的协同创新基地建设的设想，我们应该全力以赴地支持，因为杨教授在这个学科里面，应该说在国内是前沿学科里面的前沿水平，所以我们和这样的学科结合起来，对我们是有帮助的。我们所的语言学应该说有非常悠久的历史，有非常深厚的基础，特别是我们各个少数民族的同志在我们的语言学研究里面具有先天的优势，所以我们说汉语的，可能会把汉语和英语进行比较，很多时候汉语、英语、本民族语言都是相通的，跟其他的民族语言都一样，如果我们有了这样一种思路和知识储备，有了这样的眼光，我们缺的是什么？缺的是我们这方面的人才。

但我说的不是现在的语言学科发展，因为我不是太懂这个专业本身，所以对这个没有发言权，但是从方法论的角度来讲，我们其实在语言学科里面还是大有用武之地的。特别是刚才杨教授谈到的，20世纪50年代之前，中国的语言学在世界上并不落后，甚至是领先的，这半个多世纪，我们在走下坡路，我跟语言学科的专家进行座谈，他们也讲，50年代民族所汇聚了许多语言学大家，我们为国家民族事业做了非常大的贡献，当时是我们所的高峰。语言学能不能跟这些结合，已经回答了这个问题，我们必须走到前沿的学术领域中去，创造出前沿的成果，才能恢复我们语言学的高峰，我觉得杨教授的演讲在这方面带给我非常大的启发。

第 十 五 讲

中国农村家庭参与环境保护项目的分析

〔法〕塞尔维·德玛格*

首先感谢王所长邀请我来到所里做这个演讲,非常高兴。我今天做的演讲是关于经济学方面的,希望我的演讲能够足够清晰,能够让大家理解。我还要跟大家表示抱歉的是,我今天演讲的内容和少数民族的关系不是很大,只是我的一个调查问卷里面,涉及西部的一个省份,以及内蒙古的一些相关内容。我这次演讲的内容,实际上是在我2006年与中国林业大学一起做的一次调查的基础上做的一个论文。论文的主要内容与退耕还林项目相关,我感兴趣的是被调查对象是否支持,是否是自愿和满意的,以评估这个项目是否具有可持续性。

一 项目介绍

首先我先简单介绍一下项目内容。这个退耕还林项目是一个被称为支付环境保护项目中的内容。在国际范围内,支付环保服务计划项目不仅在一些发达国家,而且在发展中国家大量地出现。对发展中国家来说,这个项目具有两项职能:一个是避免过度使用生态系统和自然资源,另一个是

---

* 塞尔维·德玛格(Sylvie Démurger),法国里昂大学经济系教授,法国国家科学研究中心(CNRS)研究员,德国波恩劳动力研究所(IZA)研究员,欧洲发展研究网(EUDN)成员。研究兴趣包括发展经济学、劳动力经济学、移民、不平等、自然资源经济学、应用经济学,研究对象是亚洲国家(如中国)。当前在研项目有"中国国内移民:动力和制约""中国的民族、经济发展和福祉""中国的集聚经济、空间排序和劳动力市场分割""森林资源保护和当地人口福利:来自中国的案例研究比较"。该讲座时间为2013年11月20日13:30~15:30。

促进生态保护和恢复生态以及扶贫。这个项目的原则或者方案也很简单，就是用经济支付的手段来补偿特定的人群，这样做的目的是营造一个积极的外部环境，能让接受资助的人产生对环境补偿的积极的行为。这个补偿主要包括货币的形式，对农村一些土地比较贫瘠的地方进行的项目等。在经济范围内，我们对每个家庭进行这样的研究，主要的目的是可以改变他们的动机，也就是积极地参与到环境保护中来。一般来说，这个项目持续的时间很短，在项目到期以后，这些政策也相应地停止了，这样的话，对项目的效力也会有不好的影响。对于发展中国家来说，这个项目的最终目标是在环保和扶贫两个层面上达到双赢。对于扶贫目标来说，扶贫一般包含两个层面的用意。一个是短期的经济补偿，是对贫困者短期的扶贫。另一个是通过这个项目，能够达到长期的扶贫的目的。但是我今天演讲的核心还是针对这个项目的可持续性，不是针对扶贫。

我主要是在三个省份展开这个项目的，一个是陕西，一个是甘肃，一个是四川，这是一个范围很大的区域，该项目于2002年进行。从长江到黄河，这一区域涵盖了25个省份和1897个县。我们的目标是评估土地使用变化的可持续性，这些变化是由政府财政支持的，支付环保服务项目方案推动的。我们对当地农民进行的补偿，不仅有经济方面的，还包括让他们从事一些非农业的工作。然后给农民的补偿包括三部分，第一部分是粮食，就是食物的补贴，也就是每退一公顷地每年补助1500公斤。第二部分是现金的补贴，每退一公顷每年补助300元。第三部分是免费苗木的发放，包括技术指导和培训等。从2004年开始，其他的补贴基本上已被现金补贴代替。这个项目的持续时间分别是生态林8年，经济林5年，草坪3年。我们主要在内蒙古地区进行考察，当地的政策是生态林补偿8年。

我这篇论文的目的是通过考察农民对该项目是否自愿和满意的态度，进行一种间接评估，评估土地使用变化的可持续性。评估的前提是这样一个假设：利益相关者对该项目产生的认识是他们是否继续遵守这个规定的决定性因素。也就是说他们是否继续愿意参与这样一个项目，很大的程度上是和他们的主观愿望相关的。对于这样一种研究的目的，重要的包括第一他们是否是自愿参与，以及自愿参与的程度；第二就是他们从这个项目中能获得利益的多少；第三就是他们对该项目是不是有一个总体的信任感。这篇论文使用的方法就是经济学中被称为时政的两步分析法。

二　分析方法

分析的方法分为两步，一是看参与的程度如何，二是看参与者的满意度如何。关于参与的程度，也就是说退耕还林家庭的比重，包括每户做了多少公顷的退耕还林。一是要看该项目的价值与家庭的特点，这是决定他们参与与否以及参与程度的指标。二是评价他们是被强制参与还是自愿参与的。关于参与的因素是什么，里面又包含了两个因素：一个是项目对家庭而言带来多少收益；二个是家庭自身的特点，也就是说这个家庭对项目的认识有多少，是非常熟悉还是不很了解。参与的家庭是否自愿，很大程度上决定着他们对这个项目最后的满意程度。家庭上报的满意程度，还要与实行退耕还林项目之前家庭生活的标准进行比较。也就是说哪些家庭是最有可能对这个项目做出评价的，我们要进行考察。

参与的程度如何？他们参与的程度是如何影响他们最后对该项目满意度的？要考察的一个方面是家庭成员在当地的政治身份（是不是村委会的成员），是如何影响家庭的参与程度和满意程度的。一般来说，凡是自愿参与这个项目的人，最后上报的满意程度都是非常满意；在外部影响下参与的家庭，最终一般也会上报满意。如果家庭成员中，在当地的村委会有干部或者是在村委会工作的话，他会在参与项目的过程中有很大的影响，最后也会影响到该家庭对该项目的满意程度。

三　分析结果

接下来我介绍结果。在介绍结果之前先插入相关的文献方面的内容。在支付环保项目以及环境与社会经济影响方面，包含两个方面的文献。一方面是在世界范围内关于谁参与了发达国家的支付环境服务项目的文献资料。但是这些资料有一个缺点，他们缺少发展中国家参与的案例。发达国家文献中的评价都比较积极，也就是说认为这个支付环境保护项目对减少贫困起到了很大的作用。但是在亚洲和一些发展中国家的案例中，这些结论不太明晰。关于中国的一些文献以及关于退耕还林项目的文献，关于农村家庭生活与食品安全的政策影响方面，我们有一些资料，关于农民收入也有一些资料。另一方面是关于贫困和转向非农业部门的劳动力的研究资料。在现有的文献中，对该项目长期可持续性问题没有进行充分的探讨。据我所知，只有 2009 年出版了一本书，对长期可持续性进行了介绍，我对这个项目的长期可持续性问题非常感兴趣。

下面我介绍一下我调查的情况。我调查的地区是在内蒙古的卓资县，2006 年 3 月与中国林业大学一起进行的调研，是面对面的入户采访，调查对象涉及 481 户。我选择这个地区的原因是，这个地区的环境被严重破坏，土壤腐蚀非常严重，贫困化程度也是内蒙古最高的一个地区。另外最重要的是这个地区实施了退耕还林。

我调查的内容包括几个方面：家庭人口、经济收入、参与退耕还林项目的细节，以及当地土地的特点以及用途等方面。关于这个调查的一些数据，我想跟大家说一下。最后我们发现当地的参与率是非常高的，有85.5% 的被调查家庭都参与到这个项目中来了。在退耕还林的面积方面，从2000 年到 2006 年有 43% 的耕地是被退还的。这个项目是 2000 年开始的，但是真正投入实际操作中是在 2002 年，所以说平均的持续期限是 4 年。我们曾经和一个当地的村干部进行过交谈，在政策初下来的时候，村干部是很难劝说当地的家庭参与到这个项目中来的，经过很长一段时间的劝说，才让一部分家庭参与到项目中。

我们在入户对这些家庭访问的时候，发现他们最初也不是自愿的，都是在村干部的劝说下才参与到这个项目中来的。在参与的家庭中，有一部分是完全被动参与的；一部分虽然是被动参与，但是他们也有主观意愿，就是还是愿意的；另外一部分是完全自愿的。其中有 32% 的家庭是完全自愿的，48% 的家庭是被动参与的，但是他们自己也愿意参与，另外 20% 是被动参与的。在对该项目是否满意的问题中，被访家庭中有 71% 声称退耕还林项目给他们带来了生活水平的改善，26% 的家庭声称没有变化，3% 的家庭报称更不如从前了。刚才提到了 71% 的家庭声称这个项目给他们的家庭生活带来的改善，但是我们的访谈对象总是倾向于比较积极正面的回应，这也不是一个很令人惊奇的数字。这个数字可能包含一定的水分，但是也代表了一个大体的满意程度。

关于参与程度，可以通过以下几个方面来呈现：第一个是关于项目的价值，其中包含的因素是行政方面的决定；第二个是家庭外部的影响因素；第三个是预期的或者是认为的参与该项目能带来的好处。项目的价值包含两个方面，第一个是土地的特点。土地的特点又包含两个方面，就是它所处的位置以及面积，是缓坡地带还是土地贫瘠的地区。土地的特点是参与这个项目的一个很大的决定因素，因为土壤是否肥沃，很大程度上决定了它将来是否有收益。一般来说，每个家庭所拥有的退耕还林的土地不是由家庭自己决定的，而是由行政，也就是家庭外部的影响因素决定的，比如村里分配的。第二个是家庭自身的情况，包括该家庭主要人员受教育的程度，他们的年纪，以及他们的住所是否比较偏远，还有接受信息的程度，他们是否比较熟悉政策，是否比较了解其中的具体细节。

总的来说，土地的特点决定了他们是否参与以及参与的程度。有缓坡地带土地的家庭，是比较倾向于参与这个项目的。这个结果是很容易理解的。也就是说，这个项目本身是退耕还林项目，那些拥有更多缓坡土地的家庭，会更多地参与到这个项目中，因为他们也会拥有很多的土地，拥有更多土地的家庭，就会拥有更多的耕地。另外一个决定性因素是，该家庭是否比较偏远。参与退耕还林项目年头越长的家庭，也更倾向于对该项目表示满意。另外我想指出来一个非常有意思的现象是，家庭成员中有在地方政府中工作的，这个非常关键。家庭成员在地方政府任职人数越多，他们的参与率也越高。在家庭成员中，家庭户主的年龄以及家庭的规模是以上我说的第二组关于参与程度的数据的主要决定因素。一般来说，越年轻的家庭，参与的程度越高。

现在我们来谈一下关于他们满意度的问题。对这个项目的满意度，我们从两个角度进行考察，一个是参与项目的经验角度，另一个是参与这个项目所获得的收益。关于参与的经验方面，有一系列的指标，包括参加项目的年份，他们的资产程度，还有就是参与的强度，最后一个是他们土地的特点。这个项目满意程度的决定因素，不仅包括参与经验的因素，还包括参与该项目可以给他们带来的收益的考量。因此参与收益这方面我们也有一些具体的指标，包括家庭的特点，是一个年轻的家庭，还是一个年长的家庭；或者他们收入的情况，他们家庭中是否有在地方政府任职的。我们的结果是，所有参与程度越高的家庭，往往也是对项目更满意的家庭；拥有缓坡土地越多的家庭，也是对该项目越满意的家庭；参与退耕还林年份越长、越自愿参与的家庭，对这个项目的满意程度也越高；越是富有的家庭，对这个项目满意程度越高。这是一个很有意思的现象，从这个项目的目标，也就是扶贫的目标来说，得出这样一个结论是非常有意思的。因为并不是更加贫困的家庭享受到较多这个项目带来的好处，反而是更富有的家庭享受到了较多这个项目带来的利益。实际上这个结果是和我们的初衷相反的，更贫困的人反而没有更多地享受到这个项目带来的益处。此外，年轻的家庭对项目的满意程度更高一些，而人口比较多的家庭对项目的满意程度要低一些。为什么呢？因为人口比较多的家庭，意味着他们的子女也比较多。对于年长的家庭来说，他们对项目的满意程度要低一些，为什么？因为年长的家庭意味着他们不能再从事某些体力的劳作。对于有子女的家庭来说，他们对这个项目不太有信任感，是因为他们的子女正在上学，他们不太确定这个项目是否可以持续地给他们带来经济上的部分补偿。

结　论

下面我做一个比较简短的结论。如果回头看该项目的长期可持续性问题，我们可以看到这个项目只有 1/3 的人是自愿的。这个结果说明很可能这个项目是一个自上而下推动的项目。另外，这个项目的参与程度也是很高的，有 85% 左右的家庭参与到这个项目中。但是，恰恰相反，从家庭参与的满意度来看，他们的满意度只有 71%。对于这个项目是否可持续进行下去又是一个很大的疑问。如果把满意度作为该项目可持续性的一个指示器的话，那么我们可以看到自愿的家庭更有可能声称对该项目是满意的。另外，长期积极参与这个项目也增加了满意的程度。这些都是比较积极的因素。在政治方面，如果是政策推动力比较强的话，他们就会比较积极地参与，如果政策推动力度不强的话，他们就不太积极。对于这个项目的目的来说，这个项目没有达到预期的目的，也就是说我们的初衷是让那些贫困的人，通过这个项目享受到更多的收益，但是实际的情况却是贫困的人对该项目有更低的满意度和更低的参与度。另外两个结论就是，地处偏远的家庭，参与程度较低，而富裕的家庭更倾向于对这个项目满意。也就是说从长远的角度看，这些都可能是降低对这个项目支持力度的因素。谢谢大家！

提问环节

主持人：我先简单地做一个小评。这个研究是对一个县退耕还林项目的问卷调查的相关分析。其实这个在我们社会学研究里面是很常用的。德玛格教授对变量之间的关系进行了数据的验证，也就是说实验科学，用数据验证结论是不是具有合理性。其实她提出来的变量之间的关系并不是太复杂，也就是说这个项目有没有可持续性，谁会从项目中受益。如果那些参与项目的人，在项目里面既自愿参加，又从中得到好处，对项目的满意度就高，项目的可持续性就强，她是想证明这样一个结论，这个项目是不是自愿参加的，而且通过参加项目，满意度是怎样的。她用数据证明之后得出来一些看法，我觉得这个看法是把三大类的特征进行了分类，第一个是家庭情况影响参与度和满意度。第二个是家庭资产，土地的特点，是怎么样影响参与度的。土地多的人，坡度多的、富裕的家庭，经济资产决定了参与度的。还有一个是家庭的政治情况。在社区里面，发言权跟对政策的了解情况也决定他们的满意度或者决定他们是否自愿。这个结论其实不很复杂，但是研究过程很严谨。我们将来做研究的时候可以借鉴。

另外一个，我觉得她的研究方法，体现了不同的学科之间的差异很大。社会科学的所有学科对象、学科领域，都是研究人类的行为。而经济学研究人们的理性行为，是研究他能够获益的事情，他就参加，一些非理性行为是不能解释的。在现实生活中，所有的社会成员，他们的行为基本上还是理性占大多数。这个理性行为呢，一大半人可以用经济学来解释。这也说明人类行为还是由经济理性决定的。当然，也有一些非经济行为，比如说宗教的行为、信仰的行为。还有一些短时间不能收益，但是可以带来长期收益的一些行为，不在这里解释。我觉得，我们通过多学科探讨人类的行为，非常有意义。

我想给德玛格教授提个问题，她是希望这个项目具有可持续性。由于这个项目 1/3 的人是自愿参加的，而且自愿参加的人中，受益的人更多是富人。所以她对这个项目的评价相对比较悲观一点，认为这个项目可持续性不太强。我想问，我们评价一个项目的时候，这个项目实际上是两个目标，一个是退耕还林，另一个是保护环境。第二个目标她没有作为一个评价的选项。她只是看到通过这个项目来脱贫。退耕还林不一定完全是为了脱贫，保护环境也是一个目标，对这方面您有什么样的评价？也就是说在退耕还林项目里面，很多富人，或者地多的人，他们愿意参加这样的项目，其实在环境保护方面，他们还是发挥了作用的。这个方面，她的研究里没有提到。还有一个问题，我们在研究中国政策和政策的效果时，既要看到问题，这是未来提建议时所需要的，又要对项目本身的效果进行评价。调查中的退耕还林项目在德玛格教授的研究结论中，是肯定这样一个项目，还是认为这个项目不可持续，只是说将来以扶贫为主？通过她的回答我想了解一下她有哪些政策主张。所以，我的第二个问题是您对这个项目本身的评价是什么？

塞尔维·德玛格：谢谢，我想澄清一下，我的结论也不是很悲观。因为一方面一些家庭还是很满意的，比如那些有缓坡的家庭，他们的满意程度更高一些。这本身也说明该项目的目标锁定很好，因为项目本身就是针对这些家庭的。所以这些家庭比较满意，也说明这个项目是可以持续的。另一方面，我也有比较悲观的地方，我们看到项目真正想扶助的对象，就是那些贫困家庭没有享受到服务，因此也造成了这些家庭的不满意。这些也有可能是造成该项目不可持续的因素。关于对项目本身在环境保护方面，我想是这样的。因为在环境保护方面，我是一个经济学家，不是生态学家。所以最初我们进行调查的初衷，就是对当地项目参与者的满意度和参与程度进行的关注，这是我们调查的核心内容。当然了，参与到项目中的土地，环境的确变得更好了。但是我想说的是，我是一个经济学家，我的初衷不是环境保护方面的一个课题设计。我想简单地概括一下我的回答。我们课题设计的项目，一方面是针对环境保护方面，另一方面是针对扶贫方面。我们锁定的目标就是研究扶贫方面的效果。我敢肯定，环境保护方面在这个项目中的效果肯定是积极的。另外可持续性的问题，从经济学角度讲，我们有两个考量。第一个考量就是这些家庭是否真正地改善了他们的土地？但是这方面我没有在我的这篇论文里体现，而是体现在另外一篇论文里。我在另外一篇关于宁夏的论文里提到了退耕还林与移民的关系调查。我补充一下，在宁夏的这篇文章里，我对政策的评价是比较积极的。另外我在其他省份也做了相关的一些退耕还林的调查。这些省份对该项目表现的最终结果也是积极的。刚才说到对家庭真正的改善，这与在退耕还林的地方种植作物的产出多少也有很大关系。刚才我说到的都是第一个方面。第二个方面，地方对该项目的扶持也很重要。为什么有一些自愿参加的家庭最后是很满意的，就是因为当地地方政策在很大程度上发挥了作用。总体来说，我觉得该项目还是很有可持续性的，但是毕竟还有一些家庭不满意，这些都是很贫困的家庭。至于他们贫困的原因也是多种多样的。所以，从这个角度看还是存在一些导致项目不可持续的因素的。

问： 我从去年就对湖南的湘西，还有贵州、广西做了大样本的抽样调查数据，做的是贫困研究。我的研究并不是以退耕还林为目的，我是以贫困为目的。我在考虑贫困决定因素的时候，就把退耕还林考虑进去了。我得到的结论是很乐观的，退耕还林是有利于减贫的，在那个模型里面，退耕还林是有利于减贫的。我想可能是中国西南和西北差距很大。在西南的话，因为土地是喀斯特地貌，山地多，退耕还林面积也比较多。而且退耕还林以后，大部分种了经济林，人们等于获得了两方面收益。一个是本身退耕还林的补助，还有一个是经济林的收益。对于那些比较富裕的家庭，他们很多是有外出劳动力的，他们基本不靠退耕还林的补助增加收入。而那些贫困户，退耕还林的收益，包括他种植的水果等收益，对他家庭收益的增长份额是比较大的。我就说这些。

塞尔维·德玛格： 非常感谢您提供的这些信息。事实上，2006年我在四川和内蒙古也做了关于退耕还林的项目，我也得出了类似的结论。有一些富裕的家庭根本不靠这些经济林维持生计，而是有其他的一些职业。

问： 非常感谢德玛格教授，我对您的结论还有一些比较迷惑的地方。因为刚才您也强调，您认为这个项目不可持续的因素之一，就是贫困的家庭并没有得到相应的帮助。我觉得，在您的演讲中，我实在没有搞清楚，为什么出现这样的状况。您也讲到了，这个项目参与度很高，达到85.5%，最后的满意度也达到71%，也就是说大部分家庭，不论是贫困还是富裕的家庭，大部分都参与了。我想问为什么贫困的家庭反而没有得到支持？是项目的制定过程中并没有针对这些贫困家庭制定一些政策呢？还是在项目实施过程中，就出现了一些影响因素？所以我希望您在这方面再给我们一些细节。

塞尔维·德玛格： 刚才我也说到了，这个项目最基本的目标是减贫。这个项目的目标有两方面的定位，一个是环保方面，另一个是扶贫方面。环保方面主要的目标锁定的是缓坡地带。扶贫方面主要锁定的目标是贫困户。在环保方面的目标，主要就是针对缓坡，但是拥有更多缓坡的往往是富裕户。所以贫困户在环保的目标推动下没有更多的机会享受到收益。对贫困户的这个目标，这个项目实施得不是很明显。因为这些贫困的家庭，他们往往居住得比较远，对政策的接受、信息的了解，也比较少，所以他们参与度也低，这也是一个原因吧。但是刚才说到了，居住越远的家庭往往更贫困，参与度越低，满意度也越低。越是富裕的家庭越满意，这也是和目标有冲突的地方。在这种情况下，出现一个富裕户和一个贫困户两个结果。也说明这个项目锁定的目标，并不是很明晰的。所以说，贫困的目标被锁定得是否清晰，也是该政策是否具有可持续性的重要因素。另外就是为什么是富裕的家庭，而不是贫困的家庭能更多地享受到收益，是因为这些富裕的家庭他们接受的信息要比贫困的家庭多得多。另外我想强调一点，我们刚才所说的富裕的家庭，实际上也是相对于那些特别贫困的家庭而言的，实际上就是不那么贫困的家庭。

问： 非常感谢您精彩的演讲，我有两个问题。中国的改革开放本身是一个巨大的扶贫工程，改革开放30多年几亿人脱贫了。我们回过头来，中国的生态文明建设也是一个巨大的工程，包括环境保护，包括退耕还林、退牧还草的措施。这样的措施，我个人认为主要的目的可能就是环境保护。至于说跟耕地拥有者的经济补偿，主要目的不是救助贫困，而是一种平等的协议关系。也就是说，这只是一种经济补偿。在这样一个质疑的前提下，我接着又有一个问题。假如这些贫困家庭在实施退耕还林以前已经贫困了，实施退耕还林之后，他也得到了应该得到的那份补偿，那么他的贫困状态没有得到改善，他就说对这个工程不满意，但是这个工程本身目的不是扶贫，而是环境保护，经济补偿仅仅是经济补偿。从这个意义来说，这些贫困户继续贫困和他对项目不满意，对项目可持续性是否有关联？

塞尔维·德玛格：我同意，扶贫不是主要的目标，或者我们可以称扶贫是这个项目的副产品。但是我想强调的是，这是一个补偿的机制，就是要刺激当地的人改造环境的机制。也因为环境不是靠政策一下子就能改造的，而是靠当地人改造的。所以说，这个项目只是一个工具，这个工具的主要目的是让当地人改造他们的环境。环境的问题和经济问题是密切相关的，而不是独立分开看的。如果这个项目能够减贫的话，就可以创造更多的退耕还林的面积，由此才变得可持续。对于家庭来说，他们应该从土地之外更多的途径来获得他们的收入。因此，他们的环境很大程度上取决于他们家庭的生活水平。所以，这个政策的目标是通过改善居民的生活水平，间接地达到环境保护的目的。

图书在版编目（CIP）数据

民族发展论坛.第 1 辑/中国社会科学院民族学与人类学研究所，
中国民族研究团体联合会编.—北京：社会科学文献出版社，2015.7
ISBN 978 - 7 - 5097 - 7166 - 2

I.①民… Ⅱ.①中… ②中… Ⅲ.①民族发展 – 研究 Ⅳ.①C951

中国版本图书馆 CIP 数据核字（2015）第 042160 号

民族发展论坛（第一辑）

编　　者 / 中国社会科学院民族学与人类学研究所
　　　　　 中国民族研究团体联合会
主　　编 / 王延中

出 版 人 / 谢寿光
项目统筹 / 宋月华　周志静
责任编辑 / 周志静

出　　版 / 社会科学文献出版社·人文分社（010）59367215
　　　　　　地址：北京市北三环中路甲 29 号院华龙大厦　邮编：100029
　　　　　　网址：www.ssap.com.cn
发　　行 / 市场营销中心（010）59367081　59367090
　　　　　　读者服务中心（010）59367028
印　　装 / 三河市东方印刷有限公司

规　　格 / 开　本：787mm × 1092mm　1/16
　　　　　　印　张：17　字　数：278 千字
版　　次 / 2015 年 7 月第 1 版　2015 年 7 月第 1 次印刷
书　　号 / ISBN 978 - 7 - 5097 - 7166 - 2
定　　价 / 79.00 元